Jeff Foster

Umarme dein Leben, wie es ist

vianova
Verlag Via Nova

Jeff Foster

Umarme dein Leben, wie es ist

Nicht das Glück suchen, sondern glücklich sein

vianova
Verlag Via Nova

Originaltitel:
The way of rest – Finding the courage to hold everything in love / Jeff Foster

This translation published by arrangement
with Sounds True and Agence Schweiger

Übersetzung aus dem Englischen:
Evelyn Horsch-Ihle

---

1. Auflage 2018
Verlag Via Nova, Alte Landstr. 12, 36100 Petersberg
Telefon: (06 61) 6 29 73
Fax: (06 61) 96 79 560
E-Mail: info@verlag-vianova.de
Internet: www.verlag-vianova.de
Umschlaggestaltung: Guter Punkt, München
Satz: Sebastian Carl, Amerang
Druck und Verarbeitung: Appel und Klinger, 96277 Schneckenlohe

ISBN 978-3-86616-421-5

Höre auf damit, dich heilen zu wollen,
dich in Ordnung bringen zu wollen,
ja sogar, dich zum Erwachen zu bringen.
Höre auf, den Film deines Lebens im Schnell-Lauf vorzuspulen.

Lass das „Lass los!" einfach los.
Heilung ist kein Ziel, das du erreichen könntest.
Sei einfach da.

Dein Schmerz, dein Kummer, deine Zweifel, dein Verlangen,
deine Gedanken, aus Angst geboren: Sie sind nicht falsch.
Vor allem sind sie nicht etwas, das du „heilen" müsstest.

Sie sind da, weil sie dich bitten, sie zu umarmen.
Jetzt, hier, ganz leicht,
mit den liebevollen heilenden Armen deiner Bewusstheit im Jetzt.

Jeff Foster

Inhaltsverzeichnis

Vorbemerkung des Autors

Beim Aufwachen grüßt dich ein seltsames und doch vertrautes Gefühl totaler Zerbrechlichkeit und Schutzlosigkeit. Die Widerspiegelung einer Widerspiegelung von etwas, an das du dich vage erinnerst, in einem Stück zerbrochenen Glases auf dem Bürgersteig, auf dem du zur Arbeit eilst, wie immer. Eine Diagnose, mit der du nicht gerechnet hast. Ein Freund, den du lange nicht gesehen hast und der plötzlich zurückkommt. Eine lange Beziehung, die zerbricht und Platz schafft für Neues. Die Hand eines Freundes, nach der du im Dunklen greifst und dem du hilfst, wo es ihm schwerfällt zu gehen oder wo er zögert, hinzugehen. Eine Tasse Tee mit einem geliebten Menschen. Dieser Ausdruck in den Augen deiner Großmutter, bevor sie hinüberging in die Unendlichkeit. Milliarden von Lichtjahren entfernt kommt etwas in absoluter Stille durch die Weite geschossen…

Es gibt so unendlich viel Schönheit, so unendlich viel Leid, so viel Schmerz und so viel Freude, so viel Kreativität, so viel zu fühlen und zu entdecken hier in dieser verrückten, wunderschönen Welt, die wir so oft als selbstverständlich hinnehmen. Vielleicht würde dein Herz nicht einmal in der Lage sein, all das in sich aufzunehmen, wenn du wirklich dieses ganze *Leben*, diese ganze *Erfahrung* fühlen würdest.

Vielleicht ist es nicht der Tod, den wir so fürchten, sondern *zu viel Leben* in uns.

Als du klein warst, war es nur ein Akt reiner, kreativer Intelligenz – ein genialer Akt, um es direkt zu sagen , anzufangen, eine Schutzmauer um dein schutzloses, empfindsames, wunderbar zerbrechliches und unschuldiges Herz zu bauen. Es war damals absolut sinnvoll, dich gegenüber der überwältigenden Intensität der Dinge, den positiven wie auch den negativen, abzustumpfen – deinen Schmerz abzublocken, deine Angst und deine Wut, dich abzulenken von deinen Einsamkeitsgefühlen, dich abzuschneiden von deinem Kummer und zu versuchen, ein stabiles und haltbares „Selbst" zu bauen, das zu dir passen würde, in dem du dich sicher fühlen konntest und angenommen. Es war doch nur natürlich, dass du versucht hast, dich zu kontrollieren, dich anzupassen, dich zu manipulieren und Teile von dir zu verbergen, damit du Liebe und Anerkennung von denen bekamst, zu denen du aufgesehen hast.

Du warst ein winziger, empfindsamer Krieger der Liebe, der nach Liebe außerhalb seiner selbst suchte – und das war nicht falsch. Aber vielleicht ist heute die Zeit gekommen, diese Selbstabkehr aufzugeben und die Liebe wiederzufinden, die in dir selbst liegt. Vielleicht sind all die hervorragenden Abwehrmuster deiner Kindheit, die Strategien, die du dir aufgebaut hattest, heute nicht mehr nötig. Vielleicht ist dein Herz heute – wie eigentlich schon immer – groß genug, *das ganze Leben*, den ganzen Kummer *ebenso wie* die *ganze* Seligkeit, die Todesangst *ebenso wie* die *ganze* Ekstase, die Langeweile *ebenso wie* die Erregung in sich aufzunehmen. Vielleicht bist du heute endlich bereit, alle Erfahrung in dich einströmen zu lassen, nicht nur die schönen Teile, die strahlenden Teile, die „spirituellen" Teile, nicht nur die glücklichen, positiven Gefühle, sondern *alle* Gefühle, sie endlich *alle* zu fühlen und nicht mehr zu fürchten, dass sie dich verletzen oder beschämen könnten. *Alle* deine Gedanken zu denken, sowohl die positiven *wie auch* die negativen, und dich für keinen von ihnen zu entschuldigen. Endlich deinen eigenen Weg zu gehen, mit deiner eigenen Stimme zu sprechen, laut hinein in die klare Luft, zu reden, ohne Kompromisse machen zu müssen.

Das ist Mut! Mut ist nicht die Abwesenheit von Angst oder von Wut oder von Zweifel, sondern die Bereitschaft, wahrhaftig zu leben, alles in dir haben zu dürfen, wirklich alles, die unordentlichen und schmerzlichen Dinge ebenso wie die anderen. Mut ist nicht die Auslöschung deiner verletzlichen Menschlichkeit, sondern die Bereitschaft, Fehler zu machen, zu fallen und wieder aufzustehen, weiterzumachen, selbst wenn du deine Landkarte verloren hast, selbst wenn du den Weg nicht kennst, selbst wenn du Angst hast und dich zerbrochen fühlst und zweifelst, dass du überhaupt noch so etwas wie gehen kannst.

Joseph Campbell sagte: „Wenn der Weg vor dir klar und eindeutig vor dir liegt, ist es wahrscheinlich der Weg eines anderen."

Wenn du die Nase voll davon hast, den Weg eines anderen zu gehen, wenn du einfach nicht länger deine Gedanken und deine Gefühle kontrollieren willst oder nicht mehr versuchen musst, einem überholten Secondhand-Bild zu folgen, das dir zeigt, was angeblich „Glück" ist oder „Schönheit", wenn du bereit bist, die Vorstellung davon aufzugeben, wie du sein solltest, und stattdessen anfängst, dich genauso zu lieben, wie du bist, mit all deinen Unvollkommenheiten, mit all deinen Fehlern, mit all deinen Zweifeln, mit all deinen Narben, deinen Geburtswunden, deinen Verletzungen, deinen Warzen und allem, wenn du Lust hast, dieses ganze verdammte Universum in all seiner Verrücktheit, in seiner Freude und seinem Leid, in seiner Traurigkeit und seiner Ekstase, in seiner Klarheit und seiner Verwirrung annehmen zu wollen; wenn du desillusioniert oder enttäuscht von den Versprechungen und Wegen wohlmeinender Autoritäten bist – Eltern, spirituellen Lehrern, Selbsthilfegurus, Weltführern – und dich stattdessen danach sehnst, wirklich authentisch und real zu sein –, dann bist du bereit für dieses Buch.

Die Botschaft dieses Buches ist sehr einfach: *Höre auf zu versuchen, glücklich sein zu wollen, höre auf, vor deinem Unglücklichsein davonzurennen, nimm dich ganz an, wie du bist, und entdecke das tiefere Glück in dir.* An dir ist nichts falsch und war es noch nie, ganz gleich, was man dir darüber beigebracht hat oder was du geglaubt hast. Du bist so, wie du bist, ganz, vollkommen sogar in deiner Unvollkommenheit, ehrfurchtgebietend in deiner Menschlichkeit, stark in deiner Zerbrechlichkeit. Deine Fehler sind wunderbar. Deine Zweifel sind heilig.

Es ist vollkommen in Ordnung, dich manchmal kaputt und verwundet zu fühlen, es ist wirklich in Ordnung. Dein Schmerz und dein Leid, deine Trauer, deine Wut sind keine Anzeichen dafür, dass du versagt hast – sie sind wichtige und kostbare Teile von dir, die sich schon lange Zeit danach sehnen, in Liebe angenommen zu werden. Es gibt keine Notwendigkeit mehr, dich deiner Wunden zu schämen, sie zu verstecken oder sie noch weiter wegschieben zu wollen und vorzugeben, dass du doch „glücklich" bist oder „okay" oder perfekt oder erleuchtet. Es gibt keine Notwendigkeit mehr, all dies vorzutäuschen. Du bist erschöpft von dem Kampf und der Flucht, müde davon, die Liebe außerhalb deines eigenen Herzens zu suchen, du hast genug davon, dich von dem gegenwärtigen Moment abzuspalten, und du sehnst dich nach Ruhe. Mein lieber Leser, dieses Buch ist deine Erlaubnis, dich auszuruhen, es ist deine Erlaubnis, zu fühlen, deine Erlaubnis, endlich zu leben… ohne erneut darauf zu warten, dass du die Erlaubnis von irgendjemandem bekommst.

Bitte nimm nichts von dem, was ich sage, als gegebene Tatsache hin – als unbestreitbare, absolute Wahrheit. Ich bin nur ein kleiner Vogel, der sein Lied singt und der dir diese unvollkommenen, aber herzerfüllten Worte schenkt. Ich schreibe sie aus meiner eigenen Erfahrung heraus – als jemand, der auch gelitten hat und seinen Weg durch dieses Leid gefunden hat, als jemand, der einst nur noch sterben wollte, der abgestumpft sein wollte, rein und erleuchtet, aber der sich nun in diese unvollkommene Menschheit verliebt hat. Ich erkenne, dass menschlich sein und spirituell sein eins ist, dass das Absolute und das Relative als untrennbare Liebende verbunden sind und dass Erleuchtung nicht etwas ist, was man irgendwann in der Zukunft erreichen kann, sondern etwas, was wir schon sind, das strahlende Licht, das auch unseren tiefsten Kern erleuchtet.

An viele Teile des Buches erinnere ich mich nicht einmal. Vieles floss einfach aus mir heraus, frei und spontan aus einem zutiefst stillen und ruhigen Ort in meinem Innern – auf vielfältige Weise hat dieses Buch sich eigentlich selbst geschrieben und ich habe nur dabeigesessen, zugeschaut, erstaunt. Ich habe mich nie als eine Art Experten gesehen, als unfehlbaren Lehrer oder als eine Art spirituellen Guru. Ich weiß, dass der wahre Lehrer der ist, den wir in unseren Herzen tragen, und dass die wahre Autorität das Leben selbst ist, der augenblickliche Moment, der durch alle Ideologien hindurchscheint, der vor allen Religionen des Menschen liegt, vor allen Gedankengebäuden, sogar vor diesen Worten.

Bevor du zu einem Erfolg wirst oder zu einem Versager, bevor du gut wirst oder böse, glücklich oder traurig, reich oder arm, spirituell oder unspirituell, stark oder schwach, zu einem Christen oder zu einem Buddhisten oder zu einem Atheisten, sogar, bevor du ein Mann wirst oder eine Frau, bist du Du. Du bist lebendig. Du bist wach. Du bist das Leben selbst, untrennbar von der Kraft, die die Blumen zum Wachsen bringt und die Galaxien ins Leben ruft. Du bist das Bewusstsein, genau das Bewusstsein, das es auch schon beim Big Bang gegeben hat – so bedeutsam bist du. Deshalb ist auch Glückseligkeit nicht etwas, das du verdienen könntest oder das dir von anderen gegeben werden könnte, sondern sie ist dein Geburtsrecht.

Ich hoffe, dass die Worte in diesem Buch dich inspirieren, herausfordern und ermutigen. Am allermeisten aber hoffe ich, dass sie dich erinnern, dass du lebendig bist und es wert bist, mit der Liebe geliebt zu werden, die auch die Sterne bewegt.

Jeff Foster
Brighton, England, Oktober 2015

Teil 1

Ruhe in der Unvollkommenheit

1 • Ein ganz neuer Tag

An alle diejenigen mit einem gebrochenen Herzen,
an alle die, die missverstanden werden.
An euch alle, die ihr Außenseiter seid und Eigenbrötler, an alle
Freaks und die, die es im Leben zu nichts gebracht haben.
An alle die, die man verspottet, auf die man mit Fingern
zeigt, die man auslacht und die man kreuzigt.
An euch alle, ihr einsamen, desillusionierten Poeten und verrückten Visionäre.
An euch alle, deren Welten auseinanderbrechen.
An euch alle, die das Licht nun schon so lange suchen und
dennoch merken, wie weit es noch weg ist.
An alle, deren unerschütterliche Absolutheiten
sich ins Relative verflüchtigt haben.
An alle die, deren Herzen gerade verbrennen.
An alle die, deren Träume auf dem Boden der
Wirklichkeit zerbröckeln und sich auflösen.
An alle die, die alles gegeben haben, um die Wahrheit zu finden.
An alle die, die den Weg der Kreuzigung und nicht
den des weltlichen Trostes gewählt haben.
An alle, die da draußen in der Dunkelheit sind –
Ich grüße euch.

Es liegt eine solche Würde in dem Weg, den du durchschreitest.
Der Ruf des Lebens ist an dich ergangen, damit du die tiefste
Art von Vertrauen in dein eigenes Erleben findest.

Dreh dich nicht weg.
Es ist die einzige Einladung, die du erfahren wirst.

Aus einer kosmischen Perspektive heraus betrachtet,
ist nichts falsch gelaufen.

Denn nur das Falsche kann sterben.

Aus der Perspektive des Herzens heraus betrachtet,
gibt es immer wieder einen neuen Tag.

Deine Schönheit liegt in deiner Bereitschaft zu zerbrechen.

Ich werde an eurer Seite sein,
meine perfekt zerbrochene Familie.

2 • Deine vollkommene Unvollkommenheit

Als menschliches Wesen bist du vollkommen unvollkommen, strahlend fehlerhaft, deine Geschichte bleibt für immer ungelöst. Du wirst niemals rechtzeitig einen Zustand von Vollkommenheit erreichen, und gerade deshalb bist du so liebenswert und menschlich. Deine Fehler sind das, was dir Persönlichkeit verleiht, deine Macken machen dich einzigartig, deine Falten und Kampfspuren singen von einem zutiefst gelebten Leben, von einer Welt, deren Geschmack du zur Gänze gekostet, von einem Lied, das du in seiner ganzen Fülle gesungen hast, von einer langen Straße, auf der du gereist bist.

Und dennoch, zur selben Zeit, jenseits deiner persönlichen Geschichte, deiner Erzählungen, deiner Werte, deiner Erinnerungen, deiner Pläne, deiner Träume von deiner Vergangenheit und Zukunft, bist du nichts weniger als das Bewusstsein selbst, wach und lebendig, hier und jetzt, lange vor deiner Identifikation mit einem getrennten „Ich", ein Suchender, unvollständig und auf der Suche nach seinem Zuhause. Du bist nicht getrennt von der riesigen Intelligenz da draußen, die die Planeten um ihre Achse rotieren lässt, untrennbar von dem, was „Ich bin" – und deine menschlichen „Fehler" verblassen im Vergleich zu deiner kosmischen Vollkommenheit, deiner unsterblichen und zeitlosen Natur, deinem ursprünglichen Gesicht, das sogar schon vor dem Big Bang da war.

Du bist so unvollkommen – und genau das ist es, was dich so vollkommen macht.

3 • Warum du wunderschön bist

Schau dich im Spiegel an – und du wirst anfangs vielleicht Enttäuschung spüren, Scham oder vielleicht sogar Abscheu, denn das hat man dir zu fühlen beigebracht. Erlaube dir dennoch, all dies zu fühlen, und spüre gleichzeitig, dass all dies nicht „du“ bist, sondern nur alte Energien, die sich in dir bewegen. Und dann lasse Gedanken in dir hochkommen, Gedanken wie „hässlich“ oder „fett“ oder „böse“ oder „Versager“ – und spüre, dass es nur Worte sind, Klänge, bekannte Worte – alt. Lass' sie in deinem Geist wegschnattern, wie ein Haufen vorbeiziehender Vögel.

Du musst lernen, dich zu lieben, indem du anfängst, auch den Teil von dir zu lieben, der noch nicht lieben kann, der noch nicht vertrauen kann.

Erlaube, dass alles widergespiegelt wird, was dich ausmacht.

Fange an, dich mit den Augen einer liebenden Mutter zu sehen, einer Mutter, die dich als ihr Kostbarstes sieht – selbst wenn du Pickel hast oder Verwachsungen oder einen Ausschlag oder Muttermale, selbst, wenn dir dein halbes Gesicht fehlt oder Gliedmaßen. Du musst dich mit diesen erweiterten Augen sehen, Augen voll liebender Aufmerksamkeit, Augen, die nicht bewerten, sondern auch alle Bewertungen einschließen.

Deine Augen sind bisher zu beschränkt gewesen. Du hast dich von Menschen lenken lassen, die sich selbst auch nicht liebten, und du bist von ihnen angesteckt worden.

Bis heute, wo du dich selbst erkennst.

Dein Heilmittel heute ist nackte, eindeutige Aufmerksamkeit – so raumgreifend zu sein wie der Spiegel selbst, Raum, in dem Gedanken aufkommen können, ohne dass du sie für Wahrheit hältst. Deine Schönheit besteht in deiner Bereitschaft, zu fühlen, und darin, über alle Zuschreibungen hinauszusehen. Spiegele die Ganzheit deines Bildes, so, wie ein Spiegel dies tut, ohne Widerstand, ohne Verstecken, ohne dich zu beschämen, ohne zu versuchen, dich passend zu machen für eine von anderen aufgestellte Vorstellung davon, was schön oder vollkommen ist.

Deine Unvollkommenheiten sind, in diesem Licht betrachtet, so vollkommen, deine Falten und deine Flecken sind das Werk einer göttlichen Kunst, faszinierend, wirklich und unendlich menschlich.

Schau hin. Und in diesem Schauen erlaube dir, auch gesehen zu werden.

Du bist wunderschön, ohne auch nur das Kleinste an dir zu verändern, und: Deine Schönheit ist nicht erworben, sondern echt.

4 • Ein absolut göttliches Chaos

Verneige dich vor deiner Unbeholfenheit. Knie nieder vor dem Altar deines Versagens. Lächele angesichts deiner Ungeschicklichkeit. Freunde dich an mit deiner Inkompetenz. Lache, wenn du stolperst und fällst. Dies alles sind vollkommen kostbare Wellen im unendlich weiten Ozean deines Selbst.

Vollkommenheit ist im Rahmen der Zeit nicht erreichbar, kann aber in der Gegenwart entdeckt werden, der Gegenwart der Unvollkommenheit, die dich real macht und beziehungsfähig. So bist du vollkommen. Du wirst unveränderlich sein, wenn du gestorben bist – bis dahin feiere dein albernes, altes Selbst, deine wunderbare Unfähigkeit, dich anzupassen oder überhaupt irgendeinem Bild zu folgen.

Langweile dich nicht, bis du in ein spirituelles Koma fällst. Sage die falschen Dinge, trau dich, wenigstens einmal. Es liegt eine solche Freiheit darin, etwas zu vermasseln, deinen Fehlern gegenüber freundlich zu sein, den Boden zu küssen, auf den du gefallen bist, und wieder aufzustehen, und sogar das Fallen selbst zu verehren.

Lass nicht zu, dass deine Spiritualität deine Menschlichkeit abtötet, deine Demut und, am allerwichtigsten, deinen Sinn für Humor.

5 • Manchmal…

…musst du versagen, um erfolgreich zu sein.
…musst du verlieren, um zu gewinnen.
…musst du brechen, um zu heilen.
…musst du schwach werden, um stark zu werden.
…musst du Unrecht haben, um Recht zu haben.
…musst du dich abwenden, um dich erneut zu verbinden.
…musst du aufhören, Dinge verändern zu wollen, um Dinge zu verändern.
…musst du Ja sagen zu deinem Nein.
…musst du aufhören zu suchen, um wahrhaft zu finden.
…musst du vergessen, um dich zu erinnern.
…musst du ein Narr werden, um weise zu werden.
…musst du fallen, um fliegen zu können.
…musst du dich hineinfallen lassen, um aufzusteigen.
…musst du sterben, um wirklich lebendig zu werden!

6 • Mache dich nie passend!

Stelle dich dem Gedanken: Du wirst niemals passend sein. Und das ist wunderbar.

Es gibt einen sehr guten Grund, aus dem du niemals passend sein wirst: Es gibt so etwas wie „passend sein“ oder „sich einfügen“ gar nicht.

Sieh mal, Objekte, Dinge können sich „einfügen“. Klümpchen Materie passen in Löcher. Holzblöcke passen in Behälter. Menschen jedoch passen nicht, es sei denn, sie haben sich selbst zu Klümpchen reduziert, haben sich selbst dem Leben und dem Abenteuer und der allzeit vorhandenen Möglichkeit der Selbstveränderung gegenüber gefühllos gemacht.

Menschen treten in Beziehung. Menschen fühlen. Menschen erleben das Leben aus erster Hand, sie berühren das Leben, wo es gerade geschieht, sie haben Einstellungen und Vorstellungen, die sich kontinuierlich verändern, sie haben Bedürfnisse, die sich kontinuierlich verschieben. Etwas Lebendiges oder Vitales kann nicht „passend“ sein, ganz gleich, wie sehr es dies probiert. Darin liegt die Reibstelle – und auch die Freiheit.

Das Geheimnis? Jeder versucht, sich passend zu machen, sich einzufügen, und niemand hat eigentlich den Wunsch danach… selbst wenn sie es scheinbar geschafft haben! Sich einzufügen ist nicht möglich, wenn du erkennst, dass du lebendig bist und deshalb kein festgefahrenes Selbst besitzt, keine konstante Form, kein „Loch“ mit deinem Namen darauf.

Denn selbst wenn du versuchen würdest, dich einzufügen, selbst wenn sie dich endlich in ihren Club aufnehmen würden – zu welchem Preis würde das geschehen, welche Folge hätte das für deine geistige Gesundheit, deine körperliche Gesundheit, deinen inneren Frieden, dein Erwachen? Würdest du nicht eine bestimmte Rolle spielen müssen, um „passend“ zu sein? Müsstest du nicht all deine kostbare Lebendigkeit aus dir selbst hinauspressen? Müsstest du nicht deine tiefsten Sehnsüchte und Bedürfnisse abtöten? Müsstest du nicht „brav“ sein? Deine Rolle spielen? Dich anpassen? Ein wirklich guter, wirklich freundlicher oder wirklich spiritueller Junge oder ein entsprechendes Mädchen sein? Immer das Richtige sagen? Verstecken, was du wirklich fühlst? Aufhören, Fragen zu stellen?

Versuchen, etwas zu sein, was du nicht bist? Deinen wahren Weg verleugnen? Aufhören, voll Entdeckerfreude zu sein? Dich selbst im Stich lassen?

Willst du wirklich passend sein, mein Freund? Wenn du angenommen würdest, gemocht, akzeptiert von anderen für die Rolle, die du spieltest, wäre dann die Persönlichkeit, die du kontinuierlich zu erschaffen versuchst, das „Selbst", das du vorgeben würdest zu sein, wirklich etwas, das dich befriedigen würde? Umgeben von einer Menge anderer, Tausender, die alle eine leere Rolle spielen, ohne echte Wahrheit – würde sich das nicht anfühlen, als wärest du ein Ausgestoßener, weit weg von zu Hause? In einer vollkommenen Beziehung, in der du jedoch deine innere Freiheit geopfert hättest, in der du deine kostbare Stimme zum Schweigen gebracht hättest – und würdest du dich dann nicht danach sehnen, wieder frei zu sein?

Es ist herrlich, genial, vollkommen, intelligent, dass du niemals Lust hattest, dich einzufügen. Es bedeutet, dass du immer lebendig warst und deshalb einzigartig und unersetzlich, gemacht, um jeder Art von Plakette zu widerstehen, die man dir aufkleben wollte, nicht bereit, dich aufspießen und in ein Raster stecken zu lassen oder dich in eine Kategorie einzupassen.

Um Groucho Marx zu zitieren: Du wolltest niemals einem Club angehören, der dich als Mitglied haben wollte.

Mein Freund, ich liebe dein rebellisches Herz!

7 • Sei das Licht!

Es gibt eine Liebe, die nicht sterben kann. Es gibt eine Kerze, die nicht ausgelöscht werden kann, die unberührt bleibt von der Zeit. Es gibt eine Intimität, die so stark und unmittelbar ist, dass wir unser Leben mit der Frage verbringen, wohin sie verschwunden ist.

Suche nicht nach der Freude, lass' sie dich finden! Lass' sie in deinen intimen Momenten in dir hochsteigen, unerwartet, lass' dich von ihr erreichen, gerade dann, wenn du dich ganz brüchig und verzweifelt fühlst und wenn du erschöpft davon bist, sie zu finden.

Liebe den Ort, wo du bist, liebe den Boden, auf dem du stehst, denn es ist genau der Boden, zu dem die Freude eilt, der Boden, aus dem dein neues Leben wachsen wird, selbst wenn du jetzt auf diesem Boden entdeckst, dass du nicht länger warten willst.

Halte dich offen gegenüber den Möglichkeiten der Gnade, denn sie kommt in rätselhaften Mustern und kann von niemandem eingefangen werden – so sehr er es auch versucht.

8 • Vertraue dem Leben!

Beurteile deinen Kummer nicht so schnell, sei nicht so barsch zu dir. Die Dunkelheit in dir zu ehren, ist nicht dasselbe wie, dich in ihr zu wälzen, und ein tiefes Vertrauen zu all dem rauen Wetter in dir zu kultivieren, einschließlich des Nebels, des Schnees, der Blitze und der Stürme, bedeutet nicht dasselbe wie eine „Selbstmitleids-Party“ oder eine Form von Maßlosigkeit.

Bitte, verstehe mich richtig: Dein Traum von einer unendlichen spirituellen Seligkeit ist wundervoll! Ich schätze deine Sehnsucht nach Vollkommenheit! Deine Fantasien über die Erleuchtung sind so intelligent. Du liebst eben das Licht! Und du möchtest so gerne strahlen! Und andere inspirieren!

Aber lass uns einen Gedanken an deine Unvollkommenheiten (wie du sie heute noch nennen würdest) verschwenden. Finde für sie einen Raum in deinem Herzen – für deine unerwünschten, ungeliebten, abgelehnten Aspekte deiner Erfahrung. Der obdachlose Mann auf der Straße ist nicht weniger heilig als der Papst und verdient nicht weniger Freundlichkeit. Die widerliche Hundekacke auf dem Bürgersteig ist genauso ein Kunstwerk wie die strahlenden Objekte, nach denen du so suchst. Es liegt eine solche Schönheit in den Missbildungen und Schönheitsfehlern, eine solche Kreativität in der Unterwelt, eine solche Macht in der Nacht! Wenn wir uns weigern, die Tiefen auszuloten, dann sind wir nur zur Hälfte lebendig, ganz gleich, wie „erleuchtet“ wir angeblich zu sein scheinen. Künstler, Musiker, Dichter und Schamanen aller Kulturen haben dies zu allen Zeiten verstanden.

Sieh dein Leben als eine Art Kunstgalerie an, mein Freund, als eine Lichtshow, voll Farben und Schattierungen. Erlebe das ganze Spektrum der Erfahrungen, vom Grau zum strahlenden Gelb und Blau, vom Sonnenschein bis zu den Stürmen, vom Heiligen bis zum Profanen. Bete für sie alle, erhelle sie alle mit dem Licht deiner liebevollen Achtsamkeit. Sei diese Achtsamkeit! Würdige die gesamte Schöpfung!

Vielleicht ist dein Kummer jetzt gerade da, um dich zu erinnern, dass es auch eine Freude gibt, die darauf wartet, auszubrechen. Vielleicht ist das Zusammenziehen, das du in deinem Bauch spürst, gerade dabei, den Weg für eine glorreiche

Ausdehnung freizumachen. Vielleicht will deine Frustration nur sich selbst total frustrieren und wartet nur darauf, ganz gefühlt zu werden. Vielleicht enthält dieser Augenblick keine Fehler! Vielleicht wird die Erleichterung, die du irgendwann spüren wirst, unendlich süßer sein, weil du so tief gelitten hast. Vielleicht bringt dir dein Leid die Demut bei, oder die Dankbarkeit, oder die Stille, oder ein mitfühlendes Verständnis für den Schmerz anderer, und Vertrauen – unverbrüchliches Vertrauen in die seltsamen Prozesse des Lebens.

Beurteile deshalb deine Traurigkeit nicht so schnell, deine Depression, dein Gefühl von Wertlosigkeit, und urteile auch nicht über den Kummer anderer, denn du weißt nicht wirklich, was das Beste für irgendjemanden ist, denn du kannst nicht mehr wissen als das Leben selbst. Das, was du zurückweist (in einem anderen oder in dir selbst) könnte vielleicht das dringend erforderliche Medikament sein, ein falsch verstandener Lehrer, der dich zu einer Selbstliebe einlädt, die viel tiefer reicht, als du jemals für möglich gehalten hättest. Es könnte der Schwellenwächter, der Türsteher, für ein vergessenes Königreich sein.

Welche Glorie des Lebens, wenn man sie vollständig fühlt!

Und zu deinen Dämonen sag: „Namaste!“

9 • Ein Guru, mit dem man nicht gerechnet hat

Eine „tödliche Diagnose" bedeutet nicht das Ende deines Lebens. Sie ist vielleicht das Ende des Lebens, das du für dich erhofft, erwartet, geplant, gewollt hattest oder das man dir versprochen hatte. Sie ist das Schnattern deiner Träume von gestern, als dir der Film mit dem Titel „Mein Leben" gezeigt wurde. Deine Geschichte geht jetzt in eine Richtung weiter, mit der du nicht gerechnet hast – mehr nicht. Du bist jetzt auf einem unbekannten und nie betretenen Pfad. Es wird einige Zeit dauern, ehe du dich darauf eingestellt hast – das ist sicher.

Dennoch ist der anfängliche Schock ein Gruß, mit dem etwas ganz Neues in deinem Leben beginnt, etwas, das authentischer ist, verbundener, ehrlicher, bewusster und erfüllt von Liebe. Wie „lange" Zeit du noch hast, bedeutet wenig, denn diese Reise zur Gegenwart erfordert keine lange Zeit. Vielleicht hast du so eine Einladung bekommen, dich an dich selbst zu erinnern, dich zu zentrieren, zu atmen und die Wurzeln der unnötigen Gewalt aus deinen Beziehungen und aus deinem Herzen auszureißen.

Du hast einen Weckruf bekommen, Licht in diejenigen Fächer des Leidens zu bringen, auf die du bisher noch nie geachtet hast. Es ist ein ziemlich raues Erwachen, so viel ist sicher. Manchmal magst du wünschen, den Film deines Lebens zurückspulen zu können oder wenigstens vorwärts zu einer Schluss-Szene, in der es vollkommene Heilung gibt oder Remission. Das wäre wunderbar. Aber vielleicht verpasst du gerade dadurch die Gnade der Reise und die Geschenke, die am Wegesrand auf dich warten.

Dein Leben ist nicht zu Ende, nur dein Traum.

Wahre Heilung geht tiefer als nur bis zu dem Punkt, wo Symptome verschwinden, tiefer sogar als bis zur vollständigen Remission oder dem Ende des Weiterwachsens, bis zu Krankheit oder Tod. Sie ist die Entdeckung dessen, was du wirklich bist, Krebs oder kein Krebs, Entzündung oder keine Entzündung, Operation oder nicht. Sie ist das Erinnern an die Liebe, die Verbundenheit, die Gelassenheit, die im Kern der Dinge zu finden ist, der Grund, in den du hineinatmest.

Du bist kein Opfer, kein Statist und wirst es niemals sein… ja, nicht einmal ein Überlebender. Keine Geschichte kann dich definieren, weder eine gute Geschichte noch eine schlechte. Du bist das Leben, jenseits aller Zuschreibungen, vollkommen bewusst über sich selbst in dieser unvollkommenen menschlichen Form und das Vorhandensein oder die Abwesenheit von Symptomen ist keine Entschuldigung dafür, deinen Ruf zu vergessen: der Welt zu zeigen, wie man lebt, und dann in Frieden zu gehen.

10 • Der zweite Blick

Alles, was du anschaust,
hast du schon einmal gesehen
mit den Augen der Liebe.

Mit diesem zweiten Blick
beurteile es nicht.

Denn du weißt nicht,
was dort wirklich deine Hilfe braucht.

Und du weißt auch nicht,
was darin vielleicht dir selbst Unterstützung bringen kann.

Nimm an, dass es Weisheit in jeder Zerstörung gibt,
eine erwachende Kraft in jeder Wunde.

Denn jedes Gefühl, das du von dir wegschiebst,
könnte genau die Arznei für dich enthalten, die du brauchst.

Sanftheit ist die einzige Antwort.

11 • Ein „Ja“ zum Leben

Dein Schmerz, dein Leid, dein verzweifeltes Suchen ist Energie, nur Energie. Manchmal sanft, manchmal heftig, manchmal sogar wie ein Vulkan, aber trotzdem immer Energie.

Streife die Worte und Konzepte ab, die nur aus zweiter Hand sind – Angst, Wut, Depression, Einsamkeit – und tritt mit dem in Kontakt, was in deinem Körper auch ohne Worte ganz lebendig ist, und zwar nicht gestern, nicht morgen, sondern jetzt.

Spüre „Traurigkeit“ – schon ehe es ein Wort dafür gibt. Spüre die Enge in deiner Brust, die Spannung in deiner Kehle. Spüre „Wut“, bevor sie definiert wird. Spüre das Brennen in deinem Bauch, das Pochen deines leidenschaftlichen Herzens. Spüre das Klopfen und die Anziehungskraft des Lebens, die Schwingung, die es zum Ausdruck bringt. Schaffe Raum für alle diese Empfindungen in deinem Körper, für die Urenergie, die Kraft, die Elektrizität, den Klang und die Raserei. Das ist das Leben, nur das Leben, immer das Leben. Beurteile diese Energie nicht, versuche nicht, sie wegzuschieben oder sie zu ignorieren, denn dann spaltest du dich in das „gute Ich“ und das „böse Ich“, das „kranke Ich“ und das „gesunde Ich“, das „spirituelle Ich“ und das „ignorante Ich“ auf – und der Krieg beginnt.

Geh über diese ganze „Ich“-Geschichte hinaus und ehre, was in deinem Körper lebendig ist, hier und jetzt, selbst wenn das, was du da so lebendig findest, sehr intensiv ist, ungemütlich oder einfach zu unbekannt, um es zu benennen. Lasse die Intensität deiner Körperempfindungen dich dorthin lenken, wo sie sind. Lasse zu, dass deine Aufmerksamkeit in den gegenwärtigen Moment fällt.

Widerstandsloses Begegnen mit dem Leben, absolute Selbstaufgabe in den gegenwärtigen, lebendigen Moment, ganz gleich, wie sehr dieser Augenblick abweicht von unserem Bild von „Vollkommenheit“ – das ist der Anfang deiner echten Heilung.

Lass dich scheiden von deinem Traum und heirate die Wirklichkeit.

12 • Sei genau das, was du bist

Versuche nicht zu vertrauen, vertraue einfach darauf, dass du eben im Moment nicht vertrauen kannst und dass du nicht weißt, wie es überhaupt geht.

Zwinge dich nicht, Dankbarkeit zu empfinden, sei einfach dankbar dafür, dass du nicht dankbar sein kannst, liebe es, dass die Forderung nach Dankbarkeit unnötig ist.

Liebe deine Unfähigkeit zu lieben vollständig, nimm dein Nicht-Akzeptieren an, gib dich deinem kompletten Versagen hin, dass du es auch heute nicht geschafft hast, dich ganz hinzugeben.

Das ist Freiheit, genau da, wo du jetzt bist – die Freiheit, dich unfrei zu fühlen, das Leben ganz an dem Punkt zu schmecken, wo es entstanden ist, genau das zu sein, was du bist, ganz gleich, wer oder was es ist.

Was immer auch in dir hochkommt, wie sehr es dir auch nicht willkommen sein mag, wie sehr es dich auch enttäuscht, wie sehr flüchtig und vergänglich es auch sein mag, sage: „Du bist niemand anders als das Leben selbst! Ich verneige mich vor dir!“

13 • Ein Chaos zum Umarmen

Du bist ein totales Chaos, mein Freund, unmöglich, dich zu reparieren.

Die Zeit für Lösungen ist vorbei. Dennoch bleibe hier – atme. Das ist nicht das Ende. Komme heraus aus allen deinen Vorstellungen von einer Zukunft – jetzt ist nicht der Augenblick für Zukünftiges.

Schau mal: Du bist ein Chaos zum Umarmen. Ein Chaos, das heilig ist bis in seinen tiefsten Kern. Du könntest niemals das sein, was sie aus dir machen wollten. Du warst immer zu lebendig, zu neugierig, geboren schon mit einem aufgebrochenen Herzen, offen für das Leben. Sie haben versucht, dich zu schließen, aber diese Öffnung wollte sich niemals schließen lassen.

Du warst niemals passend. Du warst kein Konformist. Du wolltest dich niemals in ihr Ideal von „Vollkommenheit" pressen lassen, in diese vollkommenen Gedanken und Gefühle, dieser „richtige" Weg zu sein, der Tanz, von dem sie dir sagten, du solltest ihn tanzen – dein Herz war schon immer zu groß dafür.

Lass nun alles in dich hineinfließen. Gib auf. Falle auseinander. Brich zusammen. Lasse die alten Träume von dir einen wunderschönen Tod sterben. Lasse all die verlorenen Fragmente Sicherheit in deinen liebevollen Armen finden.

Und in deinem Fallen finde dich.

In deinem Zerbrechen atme.

Und alle Geschöpfe in all den vergessenen Königreichen verneigen sich nun vor dir.

Vor ihrem Retter. Vor ihrem Geliebten.

14 • Wie man wunderbar versagt

Manchmal läuft das Leben nicht so, wie du es erhofft oder geplant oder erträumt hast – ganz gleich, wie gut deine Absicht war und wie hart du dafür gearbeitet hast.

Dein Herz bricht. Dein Verstand spielt verrückt. Du bist ganz verwirrt. Du kippst vor Enttäuschung um, total verzweifelt. Ein altes Gefühl von Furcht kriecht in dir hoch, ein altbekanntes Gefühl, verlassen vom ganzen Kosmos zu sein. Und in dir ist ein schutzloses, zittriges, versinkendes Gefühl im Bauch, eine Enge in der Kehle und ein Druck im Kopf.

„Ich hab's total vermasselt!"

Mitten in deinem Schmerz spürst du die Versuchung, deine Wut gegen die Welt zu richten oder gegen dich selbst. Irgendwem dafür die Schuld geben. Irgendjemanden angreifen. Rache zu üben, es jemandem heimzuzahlen. Oder dich selbst anzugreifen, mit irgendeinem Suchtverhalten. Schnell, weg mit dem Schmerz. Hier, trink etwas, iss etwas, kauf etwas, versuche, nichts mehr zu fühlen.

Du bezeichnest dich selbst als „schlecht" oder „falsch" oder „kaputt". Du nennst dich einen „Versager", jemanden, der „nur Platz wegnimmt" – Worte, die du gelernt hast, als du Kind warst. Und dann wirbelt dein Geist weg in die Zukunft. Es ist nicht nur heute da, dieses Versagen, sondern Jahre um Jahre des Versagens warten auf dich. Ein ganzes Leben nur Versagen, nur der Tod kann es beenden.

Du hast dann den gegenwärtigen Augenblick verlassen und hast dich ziehen lassen in eine dualistische Erzählung von Vergangenheit und Zukunft, Erfolg und Misserfolg, richtig und falsch, gut und schlecht.

Aber genau an dieser Stelle lade ich dich zu etwas ein: *Mach langsamer. Werde neugierig.*

Lade deine offene, neugierige Aufmerksamkeit ein, sich ganz in den gegenwärtigen Augenblick hineinfallen zu lassen. Kannst du dir erlauben, dieses derzeitige Gefühl des Versagens mit einem faszinierten Interesse zu untersuchen? Woher *weißt* du, dass es sich wirklich um Versagen handelt? Wo in deinem Körper kannst du es spüren?

Komme zurück zu diesem schutzlosen, zittrigen Gefühl, dem Schmerz in deinen Eingeweiden, der genau jetzt da ist. Komme zurück zu dem Gefühl von Übelkeit und Schwindel, zu der Schwere, dem Druck, dem herabziehenden Gefühl in deinem Bauch. Und dann, nur einen Augenblick lang, versuche dich nicht davon abzulenken, dich nicht zu betäuben, sondern bleibe ganz in diesem Augenblick deines Lebens. Interessiere dich wirklich für deine Empfindungen. Gib ihnen Raum, lass sie tanzen, sich bewegen. Lenke dich nicht von diesen kostbaren Aspekten deines Selbst ab. Sie sehnen sich doch nur danach, genau jetzt von dir Aufmerksamkeit zu bekommen.

Du verlässt damit die Geschichte, die überschrieben ist mit „Ich und mein Versagen". Du trittst dem Leben gegenüber und verbindest dich mit dir selbst, in einem Moment, in dem du deine Zärtlichkeit dir selbst gegenüber mehr als je zuvor brauchst.

Aus diesem Schutt schnatternder Erwartungen kann sich nun, ganz unerwartet, ein neues und anderes Leben entwickeln. Vielleicht zitterst du immer noch, fühlst dich kaputt, offen, dein Herz fühlt sich vielleicht schutzlos und zart an und deine Gewissheiten sind vielleicht zu Staub zermahlen worden, aber: Du bist lebendig und empfindsam, bereit, all das zu fühlen, was gefühlt werden muss. So kann dein schlimmstes Versagen sich in einen neuen Anfang verwandeln, in eine Zeit, in der du mehr als jemals zuvor über dich selbst lernst, in die Filmszene, in der du Demut entdeckst, Mut und eine radikale Selbstliebe.

Bleibe dir nah, du kannst dabei nicht versagen!

Teil 2

Ruhe im Nichtwissen

15 • Stopp!

Was immer auch gerade geschieht, in welchen Umständen du auch immer gerade lebst – halte an! Nur für einen Augenblick.

Bringe deine Aufmerksamkeit ins Hier und Jetzt.

Lasse den Moment zu etwas wirklich Faszinierendem werden. Beginne sanft wahrzunehmen, was wirklich geschieht, ja, genau hier, wo du bist. Komme heraus aus deinen Schlussfolgerungen über dein Leben, aus deinen Träumen über deine Vergangenheit und Zukunft. Beginne, die Empfindungen zu spüren, die Gefühle, die Gedanken, die gerade da sind, genau jetzt, genau hier. Lass dein Erleben der Gegenwart – die Dinge, die du sehen, die du hören und die du riechen kannst – zum spannendsten Tanz im ganzen Universum werden. Du bist es, der die Welt sieht, der sie schmeckt, der sie berührt, der sie hört – so, als ob es zum allerersten Mal wäre. Dies ist dein Garten Eden, dein chaotischer, intensiver, fröhlicher und herzbrechender Garten Eden, und endlich bist du wach genug, um ihn wahrzunehmen.

Höre auf damit, alles herausfinden zu wollen. Gib nach. Gib auf. Gib alles hin, in das Erleben dieses Augenblicks. Verliebe dich in das Nichtwissen.

16 • Unerwartete Vögel

Manchmal gehst du einen dir bekannten Weg an einem Frühlingsmorgen entlang und es stürmen Fragen auf dich ein, Fragen, die scheinbar sofortige Antworten erfordern. Was sollst du mit diesem kostbaren Geschenk deines Lebens anfangen? Wohin sollst du gehen? Was sollst du als Nächstes sagen? Welche Entscheidung sollst du treffen oder nicht treffen? Auf welche Stimme sollst du hören? Wie sollst du alles so schaffen, dass es in Ordnung ist? Wie sollst du alles zusammenhalten? Wie sollst du es vermeiden, draufzugehen?

Und dann plötzlich können die Fragen sich nicht zusammenhalten: Sie zerplatzen in Millionen Punkte, weil sich ein winzig kleiner Vogel auf den Weg vor dir gesetzt hat, sich gesetzt hat ins Hier und Jetzt und nicht ins Da und Dort, wo du die Antwort auf deine Fragen gesucht hast. Deine Augen treffen auf seine und du weißt plötzlich, dass mit dem Universum schon alles in Ordnung ist. Deine Fragen werden beantwortet oder nicht beantwortet werden, Lösungen werden sich einstellen oder nicht, aber jedenfalls genau zur richtigen Zeit, denn du wirst für sie verfügbar sein, genau wie du jetzt verfügbar bist für diesen kleinen, unerwartet herbeigeflogenen Vogel.

Vielleicht ist heute kein Tag für Antworten und unerschütterliche Gewissheiten, vielleicht ist es ein Tag für das Lied eines Vogels und der einfachen Verbundenheit mit den Fragen, die an diesem Frühlingsmorgen auf deinem bekannten Weg mit dir weiterwandern.

17 • Eine vollkommene Choreographie

Dein Denken kann eine Zukunft nur erraten. Sei darum bereit, nicht zu wissen, manchmal zu stolpern und dich vor dem Unbekannten zu verneigen.

Höre auf, dir deinen Weg durch dein Leben zu denken, immer zu versuchen, es hinzukriegen, bevor du es lebst. Leben ist dazu da, gelebt zu werden, nicht, um zu Tode analysiert zu werden.

Spüre alle Energien, die gespürt werden wollen, Energien, die schon so lange darauf gewartet haben, dass du ihnen deine wärmende Aufmerksamkeit schenkst und sie annimmst. Lass das Leben selbst durch dich hindurchströmen, die Freude ebenso wie das Leid, die Langeweile ebenso wie die Seligkeit.

Lasse die Fragen einfach da sein, versuche nicht, sie mit vorzeitigen Antworten auszulöschen. Die Fragen sind deine engsten Freunde, die Antworten sind jetzt noch Fremde für dich.

In der Wärme der Liebe der Sonne blühen Blumen im genau richtigen Moment auf, nicht einen Augenblick zu früh.

Lasse also die Wärme deines Bewusstseins diejenigen Teile von dir erhellen, die darum kämpfen, gelebt zu werden.

Erkenne die vollkommene Choreographie. Jetzt.

18 • Unentschlossenheit

Mein Freund, bitte,
versuche, dich jetzt nicht zu entscheiden.
Schließe nicht irgendeine Möglichkeit aus deinem Herzen aus.
Ehre diesen Ort des Nicht-Wissens.

Verneige dich vor dem blubbernden Chaos der Schöpfung.
Mach langsamer. Atme.
Sinke in die Verwunderung.
Freunde dich mit genau dem Ort an, an dem du gerade stehst.
Jede Entscheidung wird sich zur rechten Zeit von selbst einstellen.
Jede Entscheidung wird kommen, wenn deine Abwehr heruntergefahren ist.
Antworten werden nur dann erscheinen, wenn es der richtige Moment ist.
Dann, wenn die Fragen zutiefst geehrt und geachtet wurden.

Definiere diesen Ort nicht als „Unentschlossenheit".
Er ist viel lebendiger als dieses Wort.
Es ist ein Ort, an dem Möglichkeiten wachsen.
Es ist ein Ort, wo Ungewissheit heilig ist.
Es gibt Mut, dem nahe zu bleiben.
Es gibt Stärke, nicht zu wissen.
Es gibt eine Kraft im Zweifel.

Mein Freund, bitte, wisse,
dass es einfach jetzt noch keine Entscheidung gibt,
außer der, zu atmen und wieder zu atmen
und der Intelligenz zu vertrauen, die über das Denken hinausgeht.

Eine Entscheidung wird wachsen,
aber heute dünge erst einmal den Boden.

19 · Dieser Moment, mein Freund, dieser Moment

Mein Freund, ich weiß, dass es sich manchmal anfühlt, als würde alles auseinanderbrechen, und dass selbst die schönsten spirituellen Worte dann wie bedeutungsloses, blumiges New-Age-Gefasel klingen. Wir verlieren dann alles, von dem wir dachten, dass es uns ausmacht oder uns glücklich machen würde – alles, was bedeutsam für uns schien – und es scheint so zu sein, als würden wir uns nie mehr davon erholen. Wir bleiben zurück in vollständiger Verzweiflung, in Enttäuschung, Desillusionierung. Es scheint so, als wäre dies das „Ende" – ohne Hoffnung auf Heilung.

Und dennoch gibt es im Leben kein wirkliches „Ende", nur Veränderungen, neue Anfänge, die aus dem Schutt hervorgehen. Alte Träume sterben, Falsches löst sich auf, was wirklich entsetzlich schmerzhaft sein kann, natürlich, natürlich!

Zerstörung, Zusammenbrüche, Risse, Schocks und Verluste fühlen sich oft wie Feinde an. Aber sie enthalten immer Samenkörner des Neuen und manchmal braucht man nur einfach Zeit, um sich wieder zu erholen. Diese Verwüstung, durch die du hindurchgehst, diese Kreuzigung deiner Träume, die du erlebst, ist eine Gelegenheit, jede einzelne Vorstellung loszulassen, die du jemals in dir getragen hast. Vorstellungen darüber, wie dein Leben sein „sollte" – all diese liebgewordenen Träume, die schlichtweg falsch waren und dennoch wunderschön und nützlich.

Die Einladung, vor der du heute stehst, besteht darin, in deinem Leben gegenwärtig zu sein, aufzuwachen und dich dieser Unmittelbarkeit zuzuwenden, das zu würdigen, was gerade in diesem Augenblick geschieht, hier, wo du gerade bist. Wenn es da Einsamkeit gibt, die dich gerade besucht, hier und jetzt, dann wende dich nicht von ihr ab. Wenn es Angst gibt, dann schiebe sie nicht weg oder versuche, ihr zu entkommen. Wenn es Frustration gibt, Unruhe oder auch nur ein stilles Gefühl von Hoffnungslosigkeit, das sich in dir bewegt, dann weise diese Energien nicht ab. Sie wollen einfach nur gespürt werden, genau jetzt. Sie sind nichts Falsches. Sie sind deine verlorenen Kinder, die Waisenkinder des Erwachens, die sich einfach nur bewegen und wahrgenommen werden wollen. Manchmal lässt uns das Leben einknicken, sodass wir alles *fühlen* müssen, vor dem wir wegzulaufen versucht haben, unser ganzes Lieben lang. Und ja, dieses „Zusammentreffen" tut vielleicht weh. Aber vielleicht ist das Spüren dieses Schmerzes der Anfang deiner Heilung und nicht ihr Ende.

Achte auf dein Denken. Nimm wahr, wie es ständig kreist, sich wieder umdreht und nach vorn spult, wie es ständig die gegenwärtige Szene deines Lebens im Hier und Jetzt verlässt. Das Denken rennt ständig weg vom gegenwärtigen Moment. Es bewegt sich in Richtung Erinnerung – wie gut die Dinge doch früher waren und wie schön dein Leben damals war. Es sehnt sich danach, dorthin zurückzukehren. Es fühlt dann die Unmöglichkeit, dies zu tun. Und daraus resultiert Verzweiflung. Reue. Verlangen. Heimweh. Oder es spult sich nach vorn in die Zukunft, stellt sich alle möglichen Arten von Szenarien vor, viele vielleicht dunkel und angstauslösend, manche hoffnungsvoll, aber immer weit weg. Es bringt dich in Bereiche, die weit außerhalb deiner Kontrolle liegen.

Beide Bewegungen aber, die in die Vergangenheit und auch die in die Zukunft, trennen dich ab von dem, wo du jetzt gerade bist. Und dies ist alles, was wirklich ist. Sie bringen dich weg von deinem einzigen Kraftplatz – diesem Augenblick.

Dieser Augenblick ist alles, was existiert. Dieser Atemzug. Diese Empfindungen. Diese Klänge, Gerüche, Geschmacksrichtungen, Konsistenzen. Das augenblickliche Klopfen deines Herzens, das Gefühl, wie dein Rücken den Stuhl berührt. Der kleine Vogel, der auf dem Baum draußen singt. Das Summen des Fernsehers da drüben. Ein Gefühl des Zusammenziehens in der Brust, Zartheit in deiner Kehle. Ein Weckruf zur radikalen, radikalen Einfachheit. Dazu, das Nichtwissen zu ehren. Demut angesichts des Lebens zuzulassen. Geschichtslos zu werden, ohne Vergangenheit und Zukunft. Wenn du das zulässt, kannst du dann wirklich glauben, dass dein Leben „falsch gelaufen" ist? Denn es ist der Glaube, der im Kern von allem zu finden ist, nicht wahr? Glaube, dass dein Leben „falsch gelaufen" ist. Dass dieses „Ich" es irgendwie vermasselt hat. Dass das Universum grausam ist und sich gegen dich gewandt hat. Es ist schon eine intelligente Schlussfolgerung, die du da ziehst, zweifellos. Ich werde dich nicht dafür verurteilen. Aber vielleicht stimmt sie nicht. Vielleicht weiß der Geist nicht, wie das größere Bild beschaffen ist.

Mein Freund, deine Desillusionierung, deine Unfähigkeit, jetzt all diesen spirituellen Lehren zu glauben, einschließlich meiner eigenen, ist kein Fehler – es ist reine Intelligenz, die da am Werk ist! Deine Desillusionierung ist Teil deines Erwachens, nicht sein Ende! Desillusionierung ist heilig!

Du hast damit eine Einladung für ein tieferes Erwachen bekommen, als du es für möglich gehalten hättest. Du bist jetzt aufgerufen, alles infrage zu stellen – alles! – einschließlich deiner liebgewordenen spirituellen Lehren, die du bisher in so hohem Wert gehalten hast. Du bist aufgerufen, deine eigene Autorität zu finden, all diese überholten Vorstellungen davon, was das Leben ist oder sein „sollte", loszulassen. Du bist eingeladen, alles aus zweiter Hand loszulassen, alles Alte, alles, was du einmal bekommen hast – von deinen Eltern, von deinen Lehrern, von deinen Gurus, von den Medien, alles, was du im Gedächtnis gespeichert hast, um dem Leben ganz präsent gegenüberzutreten, schutzlos und nackt.

Manchmal müssen wir alles verlieren, um uns an unsere Demut zu erinnern, daran, dass wir nicht die Kontrolle haben und dass jeder Augenblick voll Wunder ist, ein Tanz in der Ungewissheit. Du bist jetzt auf einem Weg der Verwüstung – und das war genau das, was Jesus lebte und lehrte.

Das hier ist nicht das Ende für dich – es ist der Anfang eines neuen und anderen Lebens, ein neuer Weg, der Welt zu begegnen, ganz gleich, wie schwer es auch ist, das zu erkennen. Es ist eine Zeit der Erneuerung, der Entschleunigung, des Entdeckens der Fülle, die im Nichts enthalten ist. Eine Zeit, freundlicher mit dir selbst zu sein.

Da ist so viel Potenzial, das auf dich wartet, selbst wenn du es jetzt nicht glaubst.

Es hat in meinem eigenen Leben schon viele Zeiten gegeben, in denen ich mich unfähig fühlte, weiterzugehen, unfähig, dem auch nur standzuhalten. Ich fühlte mich dann so, als hätte ich alles verloren, dass nichts mehr ging, dass die Leere, das Nichts das Einzige war, das auf mich wartete. Aber ich hatte einfach keine Ahnung davon, was das Universum noch in seiner Tasche für mich hatte. Ich hatte buchstäblich keine Ahnung. Und ich wurde dann sehr demütig gemacht.

Auch wenn du dich einsam fühlst und verlassen, voll Angst oder Wut, mein Freund, wisse, dass viele andere mit dir gehen, an deiner Seite sind, und viele dich verstehen. Du wirst eines Tages dein eigenes Buch über die Transformation schreiben.

Dieser Moment ist es, mein Freund. Dieser Moment.

20 · Schönheit im Zusammenbruch

Oh ja, ganz sicher, es wird eine Zeit kommen, in der dein Herz zu brechen scheint. Und du wirst dabei lernen, aus deinem Kopf herauszukommen und in deine unmittelbare Körpererfahrung hineinzugehen, herauszukommen aus deinen Geschichten und Schlussfolgerungen in deinem Kopf und in Kontakt zu kommen mit der schutzlosen Energie des Hier und Jetzt, in der du unmittelbar die Zertrümmerung deiner Träume spürst, statt alles wegzuintellektualisieren. Die Trauer, die Wut und das Leid von Jahrtausenden durch deine Poren strömen zu lassen, statt all das als eine „Illusion" von dir wegzuschieben oder dich mit neuen, frischen Träumen abzulenken.

All deine vorgefertigten Weisheiten über „Erleuchtung" werden in Millionen Stücke zerplatzen, deine glückseligen Vorstellungen eines „spirituellen Erwachens" werden das nicht überleben, oh, nein! Du wirst in eine Begegnung von Angesicht zu Angesicht mit dem Leben selbst gezwungen, ohne den Trost von Mama oder Papa, ohne den Schutzschild deines Glaubenssystems, ohne den Schutz deines Ego, ohne die scheinbare Sicherheit fester Beziehungspunkte. Selbst deine am meisten geliebten Gurus und Philosophen werden dir hier nicht länger von Nutzen sein.

Der schutzlose Genuss und der Schmerz, der damit verbunden ist, wird endlich ungefiltert spürbar! Nicht länger taub wirst du genauso weich und verletzlich, wie du ganz am Anfang warst, noch bevor du gelernt hattest, was richtig oder falsch war, gut oder böse, Gott und der Teufel. Am Anfang wird das alles furchteinflößend sein, dieses vollständige Verlassen nur auf die innere Autorität, auf dein Bauchgefühl, auf deinen Bauch, auf deine Verdauungsorgane, diese absolute Offenheit dem Erleben gegenüber, dieses Ehren deiner selbst, aber du wirst lernen, diesem Weg zu trauen, der ganz ohne Weg ist, und du wirst dein Nest in dem warmen Busen der Ungewissheit bauen. Und alles wird sich in der tiefsten, der allertiefsten Stille abspielen.

Oh ja, ganz sicher wird irgendwann dein Herz brechen. Und dennoch wird genau da so viel Freude zu finden sein, eine Freude, die du dir bisher noch nicht einmal vorstellen kannst.

21 • Der Weg der Ruhe

Oh, mein süßer Junge, mein geliebtes, kleines Mädchen, ich weiß, du bist manchmal so vom Leben überwältigt, davon, wie groß alles ist, von der riesigen Weite der Möglichkeiten, von den Myriaden der Vorstellungen und Einstellungen um dich herum. Du fühlst dich manchmal so niedergedrückt von all den ungelösten Fragen, von all der Information, die du verarbeiten und in dir speichern sollst, von der Dringlichkeit der Dinge. Du wirst überwältigt von deinen kraftvollen Gefühlen. Du versuchst alles und jeden in deiner Umgebung zu kontrollieren oder wenigstens zu beeinflussen. Du versuchst, dich selbst zusammenzuhalten und zu erreichen, dass alles irgendwie „klappt". Du versuchst, alles rechtszeitig zu schaffen, die Dinge so schnell zu lösen. Du versuchst sogar, es nicht zu versuchen.

Du bist erschöpft, mein süßes Wesen, erschöpft von all diesem Versuchen und Nichtversuchen und du kämpfst darum, dem Leben wieder zu vertrauen. Das ist doch alles zu viel für deinen armen Organismus, findest du nicht? Du bist erschöpft, du sehnst dich nach Ruhe. Und das heißt nicht, dass du es nicht geschafft hast, kein schrecklicher Fehler von dir, sondern im Gegenteil etwas Wundervolles, das du annehmen solltest. Denn deine Erschöpfung ist reine, pure Intelligenz, die sagt: „Lass los, lass los! Höre auf, es mit aller Kraft zu versuchen! Sei präsent!"

Höre auf, jetzt zwanghaft nach Antworten zu suchen. Erlaube, dass JETZT alles in dir zur Ruhe kommt. Nimm dir eine heilige Pause. Erlaube, dass deine Fragen unbeantwortet bleiben, jedenfalls einen Augenblick lang. Erlaube, dass in dir Raum entsteht, damit du heute atmen kannst. Erlaube, dass heute mal alles außer Kontrolle gerät. Erlaube dir, dass du nicht in der Lage bist, alles aufrechtzuerhalten. Erlaube dir, nicht zu wissen wie, endlich mal nichts zu wissen. Erlaube, dass dein Herz bricht, wenn es dies braucht, erlaube dem Körper, wehzutun und deiner Seele, wach zu sein. Alles ist so okay, wenn du es zulässt. Ganz okay, jetzt.

Und wisse, dass du geliebt wirst, mein Kleines. Wisse, dass du immer geliebt worden bist, schon lange, bevor du einen Namen bekamst, schon lange sogar, bevor du geboren wurdest, lange, bevor die Überforderung kam, um dir den Weg zu zeigen.

22 • Mach langsam

Es gibt keinen Druck. Der Sommer eilt nicht auf den Herbst zu. Ein kleiner Grashalm versucht nicht schneller zu wachsen als sein Nachbar. Der ganze Planet kreist faul in seiner Umlaufbahn. Dieses uralte Universum ist nicht in Eile.

Aber der Geist, der sich von der Ganzheit so getrennt fühlt, braucht jetzt Antworten, will so dringend wissen. Er will zu seinen kostbaren Schlussfolgerungen kommen. Und letztlich will er immer die Kontrolle haben.

Aber du, du bist nicht nur dein Geist. Dein Geist ist ein Aspekt des Ganzen, aber er kann das Ganze nicht ergreifen oder begreifen.

Deshalb mach langsam, mein Freund. Nimm einen tiefen und bewussten Atemzug. Vertraue dem Ort, wo du bist, dem Ort, wo es „noch keine Antworten gibt", dem kostbaren Ort des Nichtwissens. Dieser Ort ist heilig, denn dort ist das Leben zu 100 Prozent. Er ist voll mit Leben, gesättigt mit Leben, das Leben tropft aus ihm heraus, er ist durchfeuchtet von Leben.

Versuche nicht, zur nächsten Szene in deinem „Ich"-Film zu eilen. Bleibe hier, in dieser Szene. JETZT – das ist die einzige Szene, die es gibt.

Jetzt ist der Ort, an dem die Fragen zur Ruhe kommen, der Ort, an dem kreative Lösungen sich auftun.

23 · Unbezweifelbar

Fürchte deinen Zweifel nicht.
Sieh ihn nicht als Zeichen deiner Schwäche,
oder als spirituelles Versagen.

Man braucht viel Mut, um zu zweifeln,
um weiterzuschauen,
wenn alle um dich herum
„Gewissheit!“ schreien.

Neugierig zu bleiben, fasziniert,
wenn alle um dich herum
so selbstsicher scheinen.

Bleibe deinem Zweifel nah.
Er ist eine Pforte zum Rätselhaften
und die tiefste Art Demut.

Dein Zweifel hält dich offen und jung im Geist,
und rettet dich letztlich
vor dem Schmerz, Recht zu haben,
vor der Scham, Unrecht zu haben,
vor der Arroganz vorzeitiger Schlussfolgerungen.

Jenseits des Randes deines Geistes,
jenseits der Grenzen von Richtig und Falsch,
gibt es das
unbezweifelbare Herz.

24 • Entscheidungen und Wunder

Heute hast du dich entschieden, eine Entscheidung zu treffen oder eben nicht. Du entscheidest dich oder du entscheidest dich nicht, dass jetzt nicht die Zeit für Entscheidungen ist. Vielleicht ist heute die Zeit dafür, die Ungewissheit zu ehren, sie nah bei dir zu halten, diesen sehr bekannten Ort, an dem du „keine Entscheidungen triffst", als einen heiligen Ort zu bewahren.

Es gibt keine Entscheidung außer der, genau hier zu sein, hier, wo du gerade bist, an einem alten Platz, wo sowohl Gewissheit als auch Unentschlossenheit erlaubt sind, wo es sowohl Entscheidungen gibt wie auch Entschlusslosigkeit, sowohl beantwortete wie auch unbeantwortete Fragen und auch allertiefste Zweifel. Es gibt keine Entscheidung, weil dieser Augenblick genau der ist, der er ist, dieser Atemzug, diese Gedanken, diese ruhmreiche Ungewissheit, diese Weite, in der alles möglich ist.

Du entscheidest, und du hast keine Wahl, du musst dich entscheiden. Oder du entscheidest dich nicht und du hast keine Wahl, außer der, dich heute in diesen Entscheidungsmangel hineinsinken zu lassen und dich vor ihm zu verneigen.

Und dann löst sich dieses ganze Konzept von Entscheidung und mit ihr das ganze Konzept von „einem, der sich entscheidet oder sich nicht entscheidet", auf – und wird zu Sonnenuntergängen und Schwalben, zum Duft von Lavendel und Lachen, und zum nächsten Ausatmen und zum nächsten Einatmen, zum Atem, der sich selbst atmet, und das ist das Zeitalter der Wunder.

25 • Als Erstes musst du fahren

Wieder und wieder wirst du dich auf dieser Straße wiederfinden, genau auf der Hälfte zwischen dem Leben, das du hinter dir gelassen hast, und dem Leben, das du noch nicht angenommen hast. Und für einen Moment, einen atemlosen Moment, wirst du vergessen, wohin du eigentlich willst, vergessen, wohin du gehst, weil dein Herz zerplatzt und der Wind in deinem Haar ist und die Welt nicht mit dir mithalten kann. Du bist zu schnell für diese Welt, zu lebendig, um über die Folgen nachzudenken.

Du hast alles riskiert, um auf dieser Straße zu fahren, du hast riskiert, lächerlich gemacht zu werden, zurückgewiesen zu werden und deinen kostbaren Ruf zu verlieren, du hast das Leben gewählt und nicht den Tod, die Freiheit und nicht den Beifall, die Geschwindigkeit und nicht die Stagnation.

Du hast dich erneut in das Ungewisse verliebt.

Das Ziel wird sich schon zeigen, ja, ein neues Leben wird sich zeigen, aber als Erstes musst du fahren, gelenkt nur von einem unbestimmten inneren Wissen, ein wenig ängstlich, aber in Ehrfurcht vor deinem eigenen Mut.

26 • Der Taumel der Freiheit

Der Regen fällt auf deinen Kopf und du hast dir nichts zum Schutz mitgebracht. Ausgeliefert, schutzlos, findest du dich selbst wieder, wie du den nächsten Schritt tust. Dein Herz bricht auf, zerrissen, entzwei, ein blutiges Chaos, das genau dadurch deinen erregenden Mut verrät, den du bei der Suche nach Trost vergessen hattest, und deine Freundlichkeit, die nur diejenigen verstehen, die ebenfalls leiden.

Diese seltsame Liebesbeziehung mit der Ungewissheit. Diese taumelige Weite der Freiheit. Diese klingelnde Lebendigkeit in deinen Eingeweiden, die du fälschlicherweise für eine Krankheit gehalten hast. Der Pfad, der nur ins Ungewisse führt, und alle Wegweiser sind fort.

Kein Pfad für Menschen mit schwachem Herzen, nein, aber einer für diejenigen, die nicht mehr länger lügen wollen. Und für diejenigen, die keine andere Wahl haben, als zu leben.

Wenn dich das zum Weinen bringt, wenn dich das zu Tode erschreckt, wenn dich das zum Kartenauszug deiner Identität bringt und dir das Gefühl gibt, du müsstest dich übergeben… nun, dann könnte das genau dein wahrer Weg sein.

Teil 3

Ruhe im Schmerz
und in der Verwüstung

27 • Wie du mit körperlichem Schmerz umgehen kannst

Dein Schmerz, dein augenblickliches Unwohlsein in deinem Körper, ist nichts, dessen du dich schämen müsstest. Er ist kein Zeichen deines Versagens, deines Zusammenbruchs, deiner Schwäche oder deiner Dummheit Es ist keine Strafe, kein Test, auch kein Pech oder Unglück. Es ist weder bedeutungslos noch die gesamte Bedeutung deines Lebens. Es enthält jedoch eine große Intelligenz, wenn du weißt, wohin und wie du schauen sollst.

Mein Freund, fange an zu sehen, dass es einen riesengroßen Unterschied gibt zwischen deinem körperlichen Schmerz, der Empfindung von Moment zu Moment in deinem physischen Körper, der gerade jetzt, in diesem Augenblick geschieht, und deinem Leid *rund um* deinen Schmerz, deinen *Gedanken rund um* deinen Schmerz, deinen psychischen *Widerstand* dem Schmerz gegenüber.

Frage dich: Wie sehr verbindest du dich heute und im Moment mit deinem Schmerz, wie achtsam gehst du mit ihm Augenblick für Augenblick um, wie sehr fühlst du die schutzlosen Empfindungen in deinem Körper und wie sehr *denkst du andererseits* an deinen Schmerz, wie sehr grübelst du über ihn nach, wie sehr sinnst du über ihn nach, nimmst ihn vorweg oder wiederholst ihn immer wieder in deinem Geist?

Wie sehr bist du präsent, was deinen Schmerz heute betrifft, und wie viel kreist du in deinem Denken um den Schmerz von gestern oder um sein Fehlen, wie sehr stellst du dir den Schmerz von morgen vor, den Schmerz heute Abend oder sogar den Schmerz im kommenden Moment, bereitest dich vor auf seinen Aufprall, so, wie er war? Wie sehr bist du in der Wirklichkeit und wie sehr bist du in deinen gedankenzentrierten Fantasien über einen Schmerz, der niemals weggehen wird, oder in der Vorstellung, dass er irgendwann unerträglich sein wird, oder im Denken an all die Dinge, die du „falsch" gemacht, den Schmerz so „verursacht" hast, oder an all die Dinge, die der Schmerz dir nun gestohlen hat. Das ist Leiden, das ist der unnötige Teil – die Furcht, die Schuldzuweisung, die Schuld, das Gefühl des *Versagens*, des *Falschseins*, das du um den Schmerz herum erzeugst.

Schmerz ist schlicht und einfach der Ruf des Körpers, dass du dich um ihn kümmern sollst: Kein Anzeichen dafür, dass du, als Mensch, falsch, defekt oder beschädigt bist. Er ist eine Einladung dafür, dass du anfangen könntest, deinen Schmerz als das, was er ist, anzunehmen. Nun lasst uns eins klarstellen: Annehmen bedeutet nicht notwendigerweise, dass du deinen Schmerz gerne mögen musst, sondern dich damit anfreunden sollst, dass er heute nun mal da ist. Das bedeutet nicht, dass du die Möglichkeit aufgeben solltest, dass sich der Schmerz morgen vermindern oder sogar ganz verschwinden kann, oder nächste Woche oder nächstes Jahr. Es bedeutet nicht, dass du nicht irgendwann eine „Heilung" für den Schmerz finden wirst. Es bedeutet nur, dass dein Friede nicht länger davon abhängig ist, ob dies nun geschieht oder nicht. Du besinnst dich nur auf dein Glücklichsein, und zwar heute, ganz gleich, was die Zukunft bringt.

Wenn du dich gegen deinen Schmerz wehrst, ihn geistig bekämpfst, vor ihm wegrennst, versuchst, ihn zu vermeiden, dich von ihm ablenkst, sein Opfer wirst, dann hat er Macht über dich, denn du erlaubst, dich behaglich darin einzurichten, dass er dich kontrolliert. Du gibst dem Schmerz Macht durch deinen Widerstand ihm gegenüber, durch deine Konzentration auf den Versuch, ihn loszuwerden, ihm zu entkommen, ihn auszulöschen, sogar durch den Versuch, ihn zu „heilen". Da gibt es eine innerliche Gewalt. Wie du bereits gesehen hast, hat dein Versuch, den Schmerz loszuwerden, bisher auch nur dazu geführt, es nicht zu schaffen. Dein Widerstand hat nicht zu einer wahren Heilung geführt. Er hat dich nur weiter und weiter vom wahren Frieden, von deiner Dankbarkeit, von der Liebe und vom Vertrauen in die Intelligenz und in die Heilkraft deines Körpers abgespalten. Und er hat dich erschöpft, deine Kraftreserven aufgebraucht. Denke einmal an all die Energie, die in deine fehlgeschlagene psychologische Kriegsführung gegen den Schmerz geflossen ist – Energie, die du nützen könntest, um dich zu nähren und wirklich zu heilen.

Heilung beginnt dort, wo du aus deiner Kopfgeburt um deine Geschichte herauskommst, dass „der Schmerz inzwischen längst weg sein müsste" (denn das kannst du gar nicht wissen) oder dass „der Schmerz niemals weggehen wird" (das kannst du auch nicht wissen). Das ist alles nur Vergangenheits-Zukunfts-Denken, es sind Alpträume und Träume. Du hörst auf zu vergleichen, wo du jetzt bist und wo du glaubst, sein zu sollen, du hörst auf, dich auf die immer weiter werdende Schere zwischen dem Jetzt und dem „Damals" zu konzentrieren. Du lässt die Geschichte los, dass du „anders hättest leben sollen", dass „du diesen

Schmerz erzeugt“ hast, dass „du schuld bist, schlecht bist, schuldig bist, versagt hast“. Wenn du das tust, spielst du dir immer wieder den Film deines Lebens vor, und du hast keinerlei Macht, ihn zu ändern. Nimm dir die Last der Zeit, indem du ganz in der Gegenwart ankommst.

Höre also auf, über deinen Schmerz nachzudenken, höre auf, in ein episches Hollywood-Spektakel mit dem Titel „Ich und mein Schmerz“ hineinzugehen, und verpflichte dich stattdessen, deinem Schmerz in dem jetzigen Augenblick zu begegnen. Bringe deine sanfte, neugierige, faszinierte, aufnahmebereite Aufmerksamkeit zu den schutzlosen Empfindungen, die du in deinem Körper finden kannst. Lass einen Moment lang das Wort „Schmerz“ fallen (es ist ein sehr schweres, negatives, bewertendes Wort aus deiner Vergangenheit) und erforsche und spüre unmittelbar die schutzlosen Empfindungen, die deine gegenwärtige Erfahrung ausmachen. Erlaube der Aufmerksamkeit, sich sanft in deine körperlichen Empfindungen hineinzubewegen. Wo in deinem Körper befinden sie sich? Fühlen sie sich eng an, zusammengezogen, zart? Haben sie eine Form, eine Größe, eine Farbe? Bewegen sie sich oder sind sie still, und wenn sie sich bewegen – wie tun sie es? In welche Richtung, mit welcher Geschwindigkeit? Sind sie schwer, warm, angespannt, kalt, dumpf?

Lasse dann sogar diese Beschreibungen los und bringe deine neugierige Aufmerksamkeit zu den jetzigen Empfindungen, ohne sie irgendwie zu benennen, mit einer Herangehensweise des Staunens. Erinnere dich: Du versuchst nicht, diese Empfindungen loszuwerden, andere Empfindungen zu erzeugen oder sie sogar zu heilen. (Selbst das Verlangen nach Heilung kann einen Widerstand gegen den gegenwärtigen Moment erzeugen!). Du bleibst dir selbst sehr nah und bringst die Wärme deiner Aufmerksamkeit für den gegenwärtigen Moment zu demjenigen Teil deines Körpers, der um deine Liebe bettelt. Du machst dich weich um die Empfindungen herum, gibst Raum für sie; du siehst sie nicht mehr grundlegend als deinen Feind an, sondern als Teil deines Körpers, nicht notwendigerweise einen Teil, den du gern magst, aber als einen, dem du vertrauen kannst.

Forsche weiter. Gibt es ein Zentrum für deinen Schmerz? Hat er bestimmte Grenzen? Klopft er, pocht er? Pulsiert er? Vibriert er? Wallt er auf und nieder, ist er stechend? Probiere aus, wie es ist, wenn du deine Aufmerksamkeit ins Zentrum deines Schmerzes bringst, um zu erkennen, ob er einen Kern hat. Wenn die Empfindungen sich zu bewegen anfangen, folge ihnen mit deiner Aufmerksamkeit, ganz gleich, wohin sie sich in deinem Körper bewegen. Wenn sie nun intensiver werden, okay – bleibe dabei, bleibe neugierig. Wenn der Schmerz sich zu irgendeinem Zeitpunkt unerträglich anfühlt, dann nimm dir die Freiheit, diese Übung abzubrechen, oder bringe deine Aufmerksamkeit zu einem sicheren Ort, wie beispielsweise dem Anstieg und dem Abfallen des Atems bei seiner Bewegung in deinem Körper, oder zu dem Gefühl in deinen Füßen, wenn sie den Boden berühren. Tue dies so lange, bis du wieder bereit bist, weiter zu forschen. Es gibt keinen Grund dafür, dich selbst zu sehr anzutreiben oder zu schnell weiterzugehen. Wenn die Empfindungen sich aufzulösen beginnen, dann erweitere dich, mach dich weich – wunderbar. Und bleibe dem Schmerz nahe.

Erwarte kein spezielles Ergebnis, sondern lasse zu, dass deine Erwartungen – und auch deine Enttäuschungen – erscheinen und wahrgenommen werden.

Nimm wahr, ob es irgendein Gefühl gibt, den Schmerz wegschieben zu wollen, ihn aus dem Körper zu pressen oder dich selbst dagegen zu wappnen. Lass auch diesen Widerstand zu. Es ist ganz normal, dass man sich gegen Schmerz wehrt oder dass man Angst davor hat, dass er noch stärker wird, also strafe dich nicht dafür. Nimm einfach deinen Widerstand und deine ängstliche Vorwegnahme wahr – mit einer Haltung des Interesses und der ehrlichen Untersuchung. Es ist eine alte Gewohnheit, den jetzigen Moment als Bedrohung wahrzunehmen.

Wenn du möchtest, dann kannst du spielerisch mit deinem Atem experimentieren. Während du ein- und ausatmest, stelle dir vor, dass ein Teil deines Atems in und durch den Bereich deines Schmerzes oder deiner Missempfindungen fließt, ihn mit Leben durchströmt und mit Sauerstoff, wobei er die Empfindungen mit Sanftheit umfließt, mit Wärme, mit Liebe. Du würdigst damit diesen empfindsamen Ort in dir. Du erinnerst dich daran, dass auch er ein Recht hat, da zu sein, ein Recht, zu deinem Atem und zu deinem Körper dazuzugehören und nicht daraus ausgeschlossen zu werden.

Es ist sehr liebevoll, wenn du in den Schmerz hineinatmest und ihn nicht wegschiebst oder ihn aushungerst, ihm keine Aufmerksamkeit schenkst oder keine Luft. Statt dich um den Schmerz herum zusammenzuziehen, dich selbst einzuziehen, um den Schmerz herum, atme in ihn hinein, durchflute ihn mit deiner Zärtlichkeit, gib ihm Raum, lass ihn seinen Tanz tanzen. Du ehrst damit das Vorhandensein des Schmerzes im JETZT, statt dass du seinen sofortigen Rückzug forderst. Der Schmerz ist nicht etwas, was dir zustößt – du bist der Raum, in dem sich der Schmerz ereignet. Du stellst den Raum dafür bereit. Du kannst damit aufhören, das Opfer deines Schmerzes zu sein, wenn du anfängst, dich wirklich für ihn zu interessieren.

Du kannst dann anfangen wahrzunehmen, dass der Schmerz in Wirklichkeit nicht etwas Festes ist, wie ein unveränderlicher Klumpen des Bösen in deinem Körper, sondern dass er eine lebendige gestaltlose Wolke tanzender Empfindungen in dir ist, die sich von Moment zu Moment verändert. Schmerz ist etwas Lebendiges. Manchmal wirst du herausfinden, dass deine Vorstellung über deinen Schmerz viel schlimmer war als der Schmerz selbst. Manchmal wirst du herausfinden, dass der Schmerz in Wirklichkeit gar nicht da ist. Manchmal wird der Schmerz durch deine freundliche Aufmerksamkeit und deine Sanftheit weicher werden, sich auflösen, sich entspannen, weniger scharf werden, diffuser, wärmer. Manchmal kann der Schmerz plötzlich intensiver werden, wie eine ansteigende Welle, dann einen Höhepunkt erreichen und dann abfallen. Manchmal wirst du so sehr von etwas anderem eingenommen sein – von einem Musikstück, einem Gespräch, einem Spaziergang in der Natur, einer wundervollen Tagträumerei – dass du vergisst, dass du überhaupt Schmerzen hast. (Ist der Schmerz nur „da", weil du ihn bemerkst?) Deine reale Erfahrung des Schmerzes verändert sich konstant, Tag für Tag, Stunde um Stunde, Moment nach Moment, er entwickelt sich, verschiebt sich, ist niemals derselbe.

Die Geschichte „Ich habe immer Schmerzen" oder „Der Schmerz ist immer da" ist nicht einmal der Anfang einer Beschreibung der lebendigen, Moment-für-Moment-Wirklichkeit des Schmerzes.

Denke daran, JETZT ist alles, was du in Wirklichkeit bist und was du vor dir hast. Kein lebenslanger Schmerz, nicht einmal ein Tag voll Schmerz, sondern ein Augenblick des Schmerzes, das ist alles, was dir gegeben worden ist. Der Rest ist in deinem Kopf.

Du kannst deinen Schmerz als deinen Feind betrachten, als gefährlich, im Kern „böse" oder „falsch", als einen „Fehler" oder „bösartig", als eine Art Terrorist oder als einen unerwünschten Eindringling in deinen Körper. Oder du kannst ihn als deinen Verbündeten sehen, sogar als einen Freund, als eine Art Meditationsglocke, die deine Aufmerksamkeit wieder in deinen Körper lenkt, der so oft ignoriert wird.

Viele sind zum gegenwärtigen Moment erwacht, nicht trotz ihres Schmerzes, sondern wegen ihres Schmerzes. Schmerz, ob er nun körperlich ist oder emotional, lehrte sie, langsamer zu werden, sich selbst oder Teilen von sich Aufmerksamkeit zu schenken, an die sie nie zuvor gedacht hatten, und aus ihren Geschichten über ihre Vergangenheit und Zukunft herauszukommen, zu atmen und sich in die Wirklichkeit hinein zu entspannen.

Schmerz kann dich zerstören oder er kann dich konzentrieren. Er kann dich tiefer in Schlaf und Depression treiben oder er kann dich aufwecken. Er kann dich in ein Opfer verwandeln oder er kann dir helfen, dich kraftvoller und mehr in deiner Mitte zu fühlen, mutiger, verbundener mit deinem wahren Weg als jemals zuvor.

Ich sage nicht, dass du versuchen solltest, deinen Schmerz zu mögen. Das ist unrealistisch. Ich sage auch nicht, dass du zu einem Masochisten werden solltest oder zu einem furchtlosen Krieger und deinen Schmerz „besiegen" solltest. Das ist nicht notwendig. Ich sage noch nicht einmal, dass du aufhören solltest, einen Arzt zu konsultieren, einen Heiler, einen Therapeuten oder einen hilfreichen Freund, der dir eine andere Sichtweise auf den Ursprung deines Schmerzes vermitteln kann. Ich bitte dich einfach – in der Zwischenzeit und nur für einen Augenblick – auf deinen Schmerz zu lauschen, seine Intelligenz in deinem Inneren zu entdecken. Herauszukommen aus der schwermütigen, aus Angst geborenen Geschichte, die deinen Schmerz umgibt. Aufzuhören, so viel über deinen Schmerz nachzudenken und es stattdessen mit ein bisschen Sanftheit zu versuchen, ihn zu erkunden, neugierig zu sein. Annahme – diese Haltung, das anzunehmen, was ist – schafft Raum für Empfindungen, Gedanken und Gefühle, kann deinen Schmerz niemals verschlimmern, sondern dich nur tiefer in das riesengroße Rätsel der Heilung hineinführen.

Und dann, eines Tages, nicht weit entfernt vom Jetzt, schaust du vielleicht zurück und dankst deinem Schmerz dafür, dass er dich auf dem Boden gehalten hat, dich neugierig bleiben ließ, offen dafür, dass er dich so nah bei dir gehalten hat, voll Aufmerksamkeit für deinen kostbaren Körper, nicht länger abgestumpft dieser verkörperten Erfahrung des Lebens gegenüber, die dich von Augenblick zu Augenblick trägt. Und du erkennst vielleicht, dass dein Schmerz nicht etwas war, das ein Hindernis auf deinem Weg dargestellt hat – sondern dass er dein Weg *war*, dein größter Lehrer.

28 • Du bist die Rettung der Welt

Jeden einzelnen Tag gibt es auf der ganzen Welt Gewalt, die über jedes menschliche Maß hinausgeht.

Wie kann man den ganzen Schmerz der Welt in seinem kleinen, zerbrechlichen Herzen halten? Sollte man ihn besser ignorieren? Ihn verleugnen? Ihn wegschieben als „nur eine Illusion"? Sich selbst sagen: „Es ist doch ihr Problem, nicht meins?" Andere zu den „Bösen" machen und sich von ihnen abtrennen? Dein Herz mehr und mehr verschließen?

Aber waren es nicht gerade die verschlossenen Herzen und die schnellen Bewertungen, die diese Vernichtung ursprünglich einmal hervorgebracht haben?

Wenn man die alltäglichen „Wirklichkeiten" dieses Planeten anschaut, dann könnte man versucht sein, aufzugeben. Heilung aufzugeben, Veränderung aufzugeben, die Menschheit insgesamt aufzugeben. Was soll das alles eigentlich? Es ist einfach zu viel Hass da draußen. Zu viel Unwissenheit. Zu viel Böses. Wir haben den Punkt der Umkehr längst hinter uns gelassen, sagst du vielleicht. Eine richtige Schlussfolgerung. Besser jedenfalls, als wenn wir unsere Mauern noch höher ziehen würden.

Und doch. Und doch. Viele haben die unglaublichsten Ungerechtigkeiten erlitten und haben dennoch weitergemacht.

Viele haben weitergemacht, sind gewachsen, geheilt und transformiert worden und haben dann ihre Transformation zu anderen gebracht und ihre eigenen Mauern zerbrochen.

Es gibt herzzerreißende Geschichten über bedingungslose Liebe, die weiterscheint, sogar in den undurchdringlichsten Bereichen der Nacht.

Konzentriere dich darauf, was „falsch" in der Welt ist – und du wirst dich verängstigt fühlen, gelähmt, hilflos, voll Wut. Konzentriere dich darauf, was „richtig" ist in der Welt – und du könntest den Kopf in den Sand stecken.

Jenseits von Richtig oder Falsch gibt es einen Bereich unglaublichen Lichts. Konzentriere dich auf diesen Bereich.

Konzentriere dich auf das Licht. Konzentriere dich auf die Welt, die in deinem Herzen brennt und nicht auf die vorübergehende Wirklichkeit, die du siehst.

Erkenne diese Wirklichkeit an, ja, aber setze sie nicht als Entschuldigung dafür ein, aufzugeben. Nutze sie als Entschuldigung, um sogar noch heller zu brennen, noch bedingungsloser zu lieben, noch radikaler zu vergeben. Jedes Gramm des Bösen, das man dich gelehrt hat, noch intensiver infrage zu stellen und jedes Gramm Gewalt, das noch in dir ist, auszulöschen.

Selbst eine winzig kleine Kerze kann ausreichen, um eine riesige Höhle zu erleuchten.

In den Augen des Universums ist nichts zu „winzig“.

Im Talmud steht geschrieben: „Derjenige, der auch nur ein einziges Leben rettet, rettet die ganze Welt.“

Die Welt mag kaputt sein, ja, aber du könntest ihr Retter sein.

29 • Der richtige Platz im Leben

Dein Herz ist gebrochen. Du fühlst dich nicht mehr zu Hause. Die Welt, wie du sie kanntest, ist zusammengebrochen. Du spürst, dass du etwas sehr Kostbares verloren hast, etwas, das dich ausgemacht hat, etwas, das dich zu „dir" gemacht hat. Es fühlt sich an, als ob ein Teil von dir fehlt. Das Leben scheint nicht fair zu sein, nicht freundlich, richtig oder nicht einmal mehr real. Du würdest am liebsten weglaufen, dich fortbewegen. Dahin zurückkehren, wo die Dinge noch im Vorlauf waren, in eine Richtung, wie sie eigentlich weiterlaufen sollten. Du fühlst dich abgetrennt, einsam, verloren, hilflos. Du glaubst, niemand könnte dich wahrscheinlich verstehen, denn niemandem geht es so wie dir.

Du fühlst dich so, als würdest du am falschen Ort sein, und auch noch in einer falschen Zeit.

Stopp. Atme. Nimm wahr, dass dies jetzt hier genauso ist, wie die Dinge sein sollen. Dies, dieser Augenblick, dieser Moment, ist das Leben, nicht eine Übertretung des Lebens.

Das Universum kann nicht „falsch" laufen. Das Leben scheint nur in deinem Denken „falsch" zu sein.

Komm aus deinem Nachdenken über Vergangenheit und Zukunft, Zeit und Raum heraus und drehe dich um, um einem heiligen Moment zu begegnen, diesem Moment, dem einzigen Moment, der wirklich ist. Fühle deine Gegenwart, hier und jetzt, so ruhig, so stabil inmitten des Chaos der Welt. Fühle, wie dein Körper pulsiert, wie er kribbelt, wie jede Zelle lebendig ist. Fühle seine Schwere, sein Gewicht, die Art und Weise, wie er vom Boden angezogen wird, nach unten gezogen zum Zentrum der Erde, wie er sich selbst der Schwerkraft hingibt. Fühle, wie dein Herz pulsiert, wie dein Bauch sich ausdehnt und zusammenzieht. Fühle das ganze ungeschützte Leben hier, um dich herum, das dich ausfüllt, das dich beseelt. Spüre den Druck in deinem Kopf, das flatterige Gefühl in deinem Bauch. Spüre deine Füße auf dem Boden, die Art und Weise, wie die Luft über deine Nasenflügel streicht. Lausche auf die Geräusche, wie sie überall um dich herum auftauchen und wieder verschwinden.

Spüre, dass der nächste Schritt nur von hier aus, dem Ort, wo du dich jetzt befindest, dem wahren Boden aller Böden, gegangen werden kann. Entspanne dich in das Wissen hinein, dass du nicht weißt, was der nächste Schritt sein wird, bevor du ihn wirklich tust. Vertraue darauf, dass du genau jetzt nicht vertrauen kannst, der nächste Schritt wird zu seiner eigenen Zeit irgendwann auftauchen. Der wahre Weg wird sich zeigen, das tut er immer. Sei hier. Jetzt.

Dein Herz mag gebrochen sein, mein Freund, deine alten Träume mögen sich in Staub aufgelöst haben, aber du bist dennoch genau am richtigen Ort im Leben.

30 · Aus der Asche

Verzweifele nicht, wenn du dich so weit von der Liebe entfernt fühlst. Du suchst nur eine Widerspiegelung deines eigenen Herzens. Die Liebe brennt jetzt sogar noch heller, selbst wenn sie sich gerade wie Schmerz anfühlt, wie Verlangen und Sehnsucht, wie chaotische Gefühle im Bauch, in der Brust, in der Kehle.

Wenn es Wärme ist, die du suchst, wenn es Nähe ist, nach der du dich sehnst, dann fange damit an, die Wärme deines eigenen, gebrochenen Herzens zu spüren, dich dort erneut mit der echten Quelle der Unverbundenheit zu verbinden, Präsenz zu finden in deiner eigenen Präsenz. Dein Geliebter ist dir nah, denn du beginnst, dir selbst nah zu sein.

Wenn du dich danach sehnst, außerhalb von dir nach Liebe zu suchen, dann drehe dich um, komme näher, komme in eine Intimität mit dir selbst.

Selbst wenn du glaubst, dass du genau jetzt vollkommen zerstört bist, dann wisse, dass selbst ein zerstörter Ort Samenkörner der Gnade enthält und den Duft der Erneuerung. Du kannst sicher nicht zurückgehen, da das Leben sich nur vorwärts bewegt. Würdige diese Bewegung, die dich immer nach vorn treibt. Die Kraft, die es im Moment des Big Bang gab, ist immer noch in dir, du bist nicht getrennt vom Kosmos. Auch in deinem Zweifel liegt Kraft.

Wisse, dass neues Leben nur von der Erde aus wachsen kann, auf der du jetzt stehst. Ein neues Gemälde muss immer mit einer Leinwand beginnen. Nutze also die Leinwand, die dir jetzt gegeben ist. Selbst eine alte Leinwand kann neue Farbe aufnehmen.

Wenn du von einem neuen Morgen träumst, dann erscheint dir dieser Traum jetzt, in diesem Augenblick. Behalte dein Ziel im Auge, ja! Aber verliere nie die Beziehung zu seinem Ursprung, diesem Moment, dem Ort, von dem aus die Ziele erkannt oder nicht erkannt werden, festgehalten oder losgelassen.

Präsent zu sein steht nie im Konflikt damit, eine Vision von einer besseren Zukunft in deinem Herzen zu tragen, denn dieses Halten in deinem Herzen kann nur in der Gegenwart geschehen. Die Gegenwart hält die Zukunft, im Jetzt.

Und dann, aus der Asche von Ground Zero, aus diesem dunklen Ort, den man nur mit Tod und Zerstörung verbindet, kann plötzlich eine neue Lebensweise auftauchen und sich, zusammen mit Liebe und Vertrauen, zu manifestieren beginnen.

Gib deshalb im Leben niemals auf, denn das Leben gibt dich niemals auf, selbst dann nicht, wenn du aufgibst. Und wisse, dass dein Herz vielleicht gebrochen, aber immer noch heil ist, gebrochen, aber immer noch strahlend. Erlaube, dass es jetzt, im Augenblick, verschlossen ist, und es wird sich wieder öffnen, wenn es so weit ist, nicht einen Moment früher.

31 • Der Beginn der Liebe

Das Ende einer Beziehung zu einem Partner oder Ehepartner kann sich anfühlen wie Sterben. Sterben, ohne wirklich zu sterben, was vielleicht noch seltsamer und desorientierender ist als der wirkliche Tod.

Du fühlst dich, als hättest du keinen Boden mehr unter den Füßen. Du wachst morgens auf und fragst dich, wo er denn hingegangen ist. Du suchst nach ihm und findest nur seine Abwesenheit, die dir überall entgegenstrahlt, alle Freude aus deinem Tag nimmt. Alles erinnert dich an ihn. Die Art und Weise, wie das Blatt im Wind flattert. Eine wohlbekannte Melodie. Ein Witz, über den ihr einmal gemeinsam gelacht habt. Die bleibende undeutlich geteilte Hoffnung auf eine gemeinsame Zukunft.

Es fühlt sich so an, als ob du jetzt in der falschen Wirklichkeit lebst, so, als ob es eine Art Riss in deinem Raum-Zeit-Kontinuum gegeben hätte oder dass das Universum einfach aus dem Gleichgewicht ist. Seine Abwesenheit ist in deinem Erleben so fühlbar und dein Geist sehnt sich so danach, zurückzukehren, dahin, wo die Dinge noch so waren, wie sie richtig waren, oder sich wenigstens so schnell vorzuspulen, dass du in einer Zukunft ankommst, wo alles sich wieder „richtig" anfühlt.

Du beobachtest, wie dein Geist herumwirbelt, wie er versucht zu verarbeiten, zu verstehen, Strategien zu entwerfen, herauszufinden, wann sich alles in die falsche Richtung entwickelt hat, wie du dich selbst anklagst oder ihn, wie du dich rechtfertigst, wütend wirst, abstreitest…

Aber warte. Vielleicht ist das Brechen deines Herzens tatsächlich der Zusammenbruch all deiner Träume. Und du wolltest eigentlich nie in einem Traum leben. Deshalb ist das jetzt vielleicht dein wahrer Weg, der sich zeigt, der lebendig wird für dich, der Weg, auf dem du dir selbst näher kommst. Vielleicht bist du jetzt aufgerufen, die alte Wirklichkeit loszulassen und deinen Geliebten in der neuen Wirklichkeit des Hier und Jetzt zu treffen – nicht so, wie du ihn haben wolltest, sondern so, wie er wirklich ist. Ihn zu erkennen mit all seinen Fehlern, mit Blut und Gedärmen, die alle heraushängen. Das wirkliche ER, das wirkliche DU, nachdem alle Fantasien weg sind. Vielleicht schenkt dir das Leben durch die

Zerstörung und durch deinen Herzschmerz und durch deinen Verlust und das einsame Gefühl in deinem Magen, das einfach nicht verschwinden will, einen Raum für eine liebevollere und wahrere Verbundenheit mit dir selbst, und vielleicht auch mit ihm.

Deshalb atme in die Zerstörung hinein. Spüre deine Füße auf dem Boden. Vertraue. Vielleicht kann wahre Liebe niemals verlorengehen. Selbst der Tod kann sie nicht berühren. Auch ein Ende kann sie nicht stoppen. Du hast geliebt und du hast verloren – aber kannst du das Verlieren jetzt in dein Herz nehmen, kannst du es lieben? Kann „das Verlorene" von dir gehalten werden? Kannst du deine Trauer lieben, deine Zweifel, selbst deine Wut, sie lieben, als wären sie deine allerliebsten Kinder? Und wenn du es nicht kannst, kannst du dann wenigstens deine Unfähigkeit zu lieben lieben, jetzt, in diesem Augenblick? Ist denn wirklich die Liebe selbst verlorengegangen? Ist sie dir nicht näher, als sie dir jemals war?

32 • Die unerwarteten Geschenke des Schmerzes

„Warum tut mir immer noch alles weh? Was stimmt bloß nicht mit mir?"

Manchmal, wenn du versuchst, deinen Schmerz zu heilen oder ihm zu vergeben oder ihn loszulassen oder ihn vielleicht auch nur zu „akzeptieren", ist das, was du in Wirklichkeit tust, etwas anderes: Du versuchst ihn *heimlich loszuwerden*. Und das ist ein Widerstand gegen dein Erleben der Gegenwart.

Du kannst diesen Augenblick nicht so annehmen, wie er ist. Dieser Augenblick ist dein Feind, ja, sogar deine Todesgöttin, deine Nemesis. Du möchtest jemand anderer sein oder irgendwo anders: in einem anderen Körper, in einem anderen Leben. Du hast dich in zwei aufgespalten: In *„mich" und in „mein Schmerz"*. Du meinst, dein Schmerz sei ein Hindernis zu deinem Gefühl von Frieden und Ganzheit, eine Art kosmischer Fehler. Es fühlt sich so an, als sei dein gesamter Organismus gegen dich, du glaubst, dass du versagt hast und deshalb deine Heilung weit von dir entfernt ist, dass du ein Opfer bist, ein verlorener Fall.

Schmerz wird oft mit Gefühlen von Versagen gleichgesetzt, mit Verlassenheit, Scham, Verzweiflung, *Falschsein*. Unangenehme Gefühle im Körper verbinden sich oft und unnötigerweise mit Denkmustern im Geist von „Schlechtsein" oder „Versagen".

Bitte verstehe Folgendes: Heilung bedeutet nicht notwendigerweise, dass dein Schmerz verschwindet. Nein, Heilung kann auch bedeuten, dass dein Schmerz heute bei dir bleibt. Vielleicht wird er sogar stärker. Denn Heilung ist kein letztliches Ziel, sondern eine allzeit vorhandene Einladung, dich daran zu erinnern, wer du wirklich bist. Sie ist ein Aufruf zur Liebe, in jedem Augenblick unseres Lebens. Und in der Liebe wird der Schmerz nicht attackiert, verleugnet, weggeschoben, sondern er bekommt in dir ein Zuhause. Du bist nicht „voll" Schmerz, sondern der Schmerz ist „in dir", gehalten in der Weite deiner Liebe. Er wird umfangen, ja, sogar geehrt für das, was er ist: ein machtvoller Ausdruck des Lebens selbst, ganz gleich, wie unerwünscht er ist oder wie unerwartet, ganz gleich, wie intensiv oder wie unerträglich. Er ist nicht grundsätzlich gegen dich, sondern ein angsterfüllter Teil von dir, der sehnlichst darauf wartet, in dir aufgenommen zu werden, gehalten. Er ist keine Bedrohung, sondern vielleicht dein größter Lehrer, dein mächtigster Aufruf, präsent zu sein, dem Leben selbst gegenüber.

Das ist eine schwierige Liebe, ganz sicher. Eine uralte Einladung, all das loszulassen, was du an Träumen in dir getragen hast, darüber, wie dein Leben heute aussehen sollte, um das zu ehren, was es heute und in Wirklichkeit ist. Eine Einladung, dich zu erweitern, weit genug zu werden, um die Freude genauso in dir zu umfangen wie den Schmerz, den Herzschmerz ebenso wie die Seligkeit, die Langeweile ebenso wie die Aufregung des Lebens. Und vielleicht eine Einladung zur Dankbarkeit dem Leben gegenüber, das du führen durftest, Dankbarkeit für jeden einzelnen kostbaren Atemzug, für das Essen, das du essen durftest, für die Fähigkeit zu lieben, zu vergeben, dich zu verbinden, Ruhe zu finden selbst in den dunkelsten Orten.

Vielleicht enthält dein Schmerz deine eigene, ursprüngliche Medizin, seine eigene, dringend notwendige Lehre, langsam zu werden und präsent und nichts selbstverständlich zu nehmen. Benenne ihn nicht vorschnell als „negativ“ und versuche ihn nicht zu überwinden oder zu verdrängen. Du hast hier eine Einladung erhalten, heute ein wenig freundlicher zu ihm zu sein, auch wenn er noch so sehr in dir brennt. Galoppiere nicht weg und versuche nicht, ihn auszulöschen, sondern werde langsamer, werde neugierig, spüre sein Feuer, die Würde in seiner Grausamkeit, seine pure Lebendigkeit.

Vielleicht ist dein Schmerz morgen schon weg. Das ist möglich, auch wenn wir dir keine falschen Hoffnungen machen wollen. Wir sind nur an der Wahrheit interessiert. Nun, Schmerz verlangt Wahrheit, lebendige Wahrheit, die Wahrheit von heute. Und heute verneigen wir uns vor deinem Schmerz, solange er da ist. Wir sagen nur, dass er ein Gast ist, keine Bedrohung.

Präsenz ist die großartigste Art von Medizin – ganz gleich, was für eine Art von Medizin wir ansonsten bei unserer Suche nach körperlicher Erleichterung nehmen oder nicht nehmen. In der Gegenwart, verbunden mit unserem Atem, im Gespür für unsere Verbindung mit der Erde, hören wir auf, Opfer zu sein, denn wir sind im Einklang mit dem, „was ist“. Wir stehen auf der Seite des Lebens, ergeben uns einem strahlenden und rätselhaften Universum. Darum geht es bei wahrer Heilung: das Jetzt zu umfangen. Ja zu sagen.

Dein Schmerz könnte genau das sein, was dir Heilung bringt. Dein Schmerz könnte da sein, um dich daran zu erinnern, dass du mutig bist. Vielleicht soll er noch nicht verschwinden. Vielleicht hat er noch eine Aufgabe vor sich, eine Therapie, die er anbieten kann.

33 • Heilung: Vertraue dem Prozess

Manchmal musst du bereit sein, dich erst einmal schlechter zu fühlen, damit du dich dann besser fühlst. Manchmal musst du sogar die Hoffnung aufgeben, dich irgendwann besser fühlen zu wollen, und dann fängst du an, dich besser zu fühlen. Manchmal bedeutet Heilung, sehr präsent zu bleiben, während mächtige Energiewellen sich in deinem Körper bewegen. Manchmal zittert der Körper, zieht sich krampfartig zusammen, schüttelt sich, schwitzt, brennt, während er die Giftstoffe ausleitet und angestaute Spannung abführt.

Der Geist sagt: „Mir geht es schlechter!" Aber im Herzen weißt du, dass es genauso richtig ist.

Wahre Heilung besteht nicht darin, dass du deine Oberflächensymptome eliminierst, sondern im Mut, deinem Körper zu vertrauen, in der Verbindung mit deinem Atem und dem Wissen, dass deine Symptome sich auch verschlimmern können, bevor sie verschwinden. Vielleicht verschwinden sie auch niemals. Dennoch kannst du dich in dich verlieben, so, wie du jetzt bist, trotz der Zukunft, die vor dir liegt, und du kannst auf die Knie fallen vor Dankbarkeit, denn dir ist ein weiterer Tag auf dieser wunderschönen Erde geschenkt worden.

Vielleicht war die Tatsache, dass sich deine Schmerzen verschlimmert haben, das größte Geschenk, das du bekommen konntest. Denn du hast vielleicht niemals zuvor so klar die Gegenwart der Liebe in dir gespürt, dein Pfad hat noch nie so klar vor dir gelegen und du hast dich noch nie so lebendig gefühlt.

34 • Den Schmerz abschütteln

Ich sprach mit einer Frau, die schon ihr ganzes Leben lang einen schrecklichen und anhaltenden Schmerz in ihrem Nacken und in ihren Schultern hatte. Sie war schon bei allen Ärzten gewesen, hatte alle möglichen Tabletten genommen, hatte jeden möglichen spirituellen Lehrer besucht, hatte alle Methoden probiert, jede Praxis, jedes Mantra. Alles brachte ihr nur vorübergehend Erleichterung.

„Warum habe ich immer noch solche Schmerzen? Nach all dem, was ich schon getan habe, nach all dem, was ich darüber weiß?"

Ich habe solche Klagen von vielen Menschen gehört, überall auf der Welt: Wir haben alles versucht, waren bei allen Heilern, hatten jede Art von spirituellen Einsichten und Erfahrungen und dennoch haben wir unseren Schmerz noch immer nicht überwunden. Er ist „immer noch da". Wir sind inzwischen so enttäuscht. So, als ob wir versagt hätten und so weit von einer Heilung entfernt wären. So, als ob wir „etwas falsch gemacht" hätten.

Aber Heilung ist niemals weit von uns entfernt. Ich lud die Frau ein, sich darauf einzulassen, das unangenehme Gefühl in ihrem Nacken und in ihren Schultern wirklich zu spüren, es wirklich tief zu spüren. Präsent zu bleiben mit jedem Gefühl, das sie dort in sich trug, schutzlos, von Augenblick zu Augenblick. Genau in dieses Gefühl hineinzuatmen, durch es hindurch, um es herum. Ihm Raum zu geben, Raum, zu leben. Neugierig zu sein, ihm ihre liebevolle, sanfte, empfängliche, keinen Widerstand leistende Aufmerksamkeit zu schenken. Ihm zu erlauben, stärker zu werden, wenn es dies wollte. Ihm zu erlauben, sich zu bewegen, aufzubrechen, zu flattern, zu pulsieren, zu brennen, sich auszubreiten. Aber ihm nahe zu bleiben, präsent zu sein: ihn zu erlauben, ihm zu vertrauen, zu atmen.

Plötzlich quoll eine schreckliche Angst in ihrem Körper auf. Eine alte Furcht, überwältigt zu sein, zu sterben, verrückt zu werden, auseinanderzubrechen. „Lass es zu. Vertraue. Atme auch in diese Angst hinein", erinnerte ich sie. Ihr gesamter Körper fing an, sich zu schütteln, sich krampfartig zusammenzuziehen. „Atme. Vertraue. Ich bin hier, bei dir…" Die Krämpfe gingen einige Minuten lang weiter. Ich blieb nahe bei ihr.

Dann hörte das Schütteln auf, ebenso plötzlich, wie es begonnen hatte. Sie öffnete die Augen. Sie fing an zu lachen, vor Erleichterung zu weinen. „Wow!", sagte sie, einfach nur: „Wow!" Es gab keine weiteren Worte. Der Schmerz in ihrem Nacken und in ihren Schultern war verschwunden. Ihr ganzer Körper war plötzlich ruhig, entspannt, gegründet, warm. Was jetzt in ihr hochkam, waren Liebe und Dankbarkeit.

Statt zu versuchen, ihren Schmerz zu „heilen" oder „zum Verschwinden zu bringen" (das hatte sie selbst schon jahrelang versucht), war sie nun endlich in der Lage, ihm stattdessen zu begegnen, ihm in sich ein Zuhause zu geben, ihn zuzulassen, ohne auch nur die kleinste Erwartung, dass er „weggehen" würde. Ihr Schmerz hatte sich mit vielen Emotionen verbunden – Angst, Wut und, darunter einem großen Leid, ja, sogar Verzweiflung. Diese Emotionen waren in ihrem Körper ganz festgehalten worden, seit sie ein kleines Kind gewesen war, und als es nicht sicher war, sich zu erlauben, das zu fühlen, was sie fühlte. Deshalb hatte sich die Energie in ihren Schultern blockiert. In den „Schmerz" hineinzufühlen, war die Einladung an diese alten Energien, sich endlich in ihr frei bewegen zu dürfen. Ihr Körper wurde wortwörtlich durchgeschüttelt und setzte die alte gebundene Energie frei. In der Sicherheit des gegenwärtigen Moments, in der Sicherheit unseres Beziehungsfeldes.

Sie war nun in der Lage, sich selbst wieder zu vertrauen, ihrem Körper zu vertrauen. Der Macht der Gegenwärtigkeit zu vertrauen. Jemand anderem zu vertrauen, der bei ihr blieb, auch wenn sie ins Feuer ihrer Erfahrung hineinging. Sogar dem Schmerz zu vertrauen und die Intelligenz, die er besaß, zu entdecken. In diesem Raum liebevoller Aufmerksamkeit war sie nun in der Lage, anzufangen, das Unerträgliche zu ertragen, sodass das Unerträgliche nicht länger unerträglich war. So geschieht Heilung – durch Liebe, durch Präsenz, durch den Mut, wirklich nahezukommen.

35 • Vom Mut, heil zu werden

Heilung sieht nicht immer gut aus oder fühlt sich nur gut an, hübsch oder freundlich. Wahre Heilung bedeutet fast immer das Wiedereröffnen alter Wunden, den Tod der Illusionen und eine mutige Konfrontation mit deinem Schmerz.

Einer der am wenigsten hilfreichen Mythen, die wir von unserer Kultur ererbt haben, ist der, dass Heilung sich immer „gut anfühlen" muss. Nein, das ist keineswegs immer so. Manchmal verstärkt sich unser Unbehagen sogar, wenn sich die Dunkelheit zeigt und ans Licht kommt, wenn unbewusstes Material sich seinen Weg in die Bewusstheit bahnt, wenn unsere alten Illusionen verbrennen. Schmerz ist nichts Falsches, kein Fehler oder ein Zeichen, dass wir verurteilt sind, so zu bleiben. Schmerz kann in Wirklichkeit anzeigen, dass unser Heilungsprozess sich intensiviert, nicht zum Stillstand kommt, dass wir in Wirklichkeit wacher und empfindsamer werden als jemals zuvor, tiefer verbunden mit dem Hier und Jetzt und weniger bereit, wegzugucken.

In unserer Kultur gibt es eine so starke Tendenz, Unbehagen jeder Art zu vermeiden, uns selbst davon abzulenken, es als „falsch" oder „negativ" zu bezeichnen oder es sogar „unspirituell" zu nennen, es wegzumeditieren oder Medikamente dagegen einzunehmen. Ein großer Anteil unserer westlichen Medizin ist darauf ausgerichtet, Symptome zu beseitigen, Störungen zum Schweigen zu bringen, Chaos zu betäuben und uns bei unserer Reise zu einem gesellschaftlich akzeptierten Gefühl von „Normalität" zu unterstützen.

Aber manchmal, mein Freund, haben wir kein Interesse mehr daran, „zur Normalität zurückzukehren"! Das „Normale" war ja genau das Problem, nicht die Lösung! Der Status quo brauchte eine Veränderung. Er war instabil und falsch. Alte Träume hielten uns gefangen und begrenzten uns.

Manchmal muss unsere Normalität aufbrechen und zu Chaos und Krise werden, unser Schmerz, unser Leid, unsere Frustration, unsere Erschöpfung und unsere Zweifel müssen gespürt werden, und zwar stärker als jemals zuvor, bevor das Herz wirklich aufbricht, voll und ganz.

Unser Schmerz ist keine Strafe eines verurteilenden Gottes, kein Fehler in einem kaputten Universum, kein Beweis dafür, dass wir versagt haben und unwissend und unerleuchtet sind, sondern eine tiefgründige lebendige spirituelle Lehre.

Schau dir Jesus am Kreuz an. Das Mittel seiner Folter wurde zu seiner letzten und höchsten Einladung, heil zu werden – der Wiederentdeckung seiner eigenen, unverbrüchlichen Präsenz vor seiner Inkarnation als Mensch, vor der Zeit selbst.

Nimm einmal die Möglichkeit an, dass in deinem Leid auch eine Einladung an dich enthalten ist, etwas loszulassen, aus dem Traum der Normalität zu erwachen, das Leben in all seiner Brüchigkeit und seinem Wunder anzunehmen. Dich in das zu verlieben, was du gerade bist. Aus der Geschichte deiner Vergangenheit und Zukunft herauszukommen und dich dem gegenwärtigen Moment zuzuwenden, dem Ort, wo du dich jetzt gerade befindest.

Lass den Wind blasen, lass den Sturm toben, lass alles, was falsch ist, sich reinigen, und lass alles, was tot ist, tot sein, lass das Leben dort explodieren, wo du bist. Du bist nur einfach eingeladen worden, dich tiefer zu heilen – auch wenn es sich wie Schmerz anfühlt, auch wenn das Herz zart und verletzlich wird, selbst wenn du dein Morgen nicht erahnen kannst.

Teil 4

Ruhe in Melancholie und Einsamkeit

36 • Eine erlesene Melancholie, ein Tempel des Feuers

Es gibt ein Alleinsein, das keine Einsamkeit ist und keine Verzweiflung und das die westliche Medizin erst jetzt anfängt zu verstehen. Es ist so etwas wie eine profunde Nähe zu deinem eigenen Sein, eine Intimität mit diesem stillen Verschwinden von Dingen, eine Freundschaft mit dem Zerbrochenen und dem Vorübergehenden, innen und außen.

Während du still über deine verlorenen Träume von gestern trauerst, Träume, die du von einer Zukunft hattest, die nun niemals kommen wird und niemals kam, kannst du das Heute so nah bei dir, in deinen Armen halten. Du bist die Mutter des Heute.

Das ist eine Zerbrechlichkeit, die keine Schwäche ist. Eine erlesene Empfindsamkeit der traurigen Majestät dieser gewöhnlichen Welt gegenüber, eine verletzliche Offenheit, die nichts zu tun hat mit der Frage, wie viel Geld du verdient hast, wie du auf deiner Suche nach Vollkommenheit erfolgreich warst oder versagt hast oder wie schön oder immun gegenüber Krankheiten dein Körper ist, sondern die etwas zu tun hat mit der Zartheit, mit der du bereit bist, die kaputten Teile der Welt anzunehmen, die Tiefen des Alleinseins, in die du bereit bist, dich fallenzulassen.

Es ist eine erlesene Melancholie, die keine Depression ist, die keine Pathologie enthält, denn sie enthält überhaupt kein Selbst. Es ist, als ob das Herz aufbricht und sich nicht mehr schließen kann, niemals. Wie alles, das aus dem feinsten Kristall besteht und in jedem Augenblick in Stücke springen kann. Die Sonne könnte ohne vorherige Warnung plötzlich herunterbrennen, der Atem könnte sich verkrampfen, ein geliebter Mensch könnte in deinen Armen ruhig und still sterben. Dieser winzige Vogel in dem Baum da drüben ist aus einem feingewobenen Faden gemacht. Die nicht beachtete Wasserlache bei der Supermarkttür besitzt unergründliche Tiefen, aber keine Oberfläche, keine Oberfläche. Die Motte wird in deinem Traum zu einem Geist und alles ist so nah. Du kannst den Horizont berühren und in die Galaxien flüstern.

Diese Melancholie kommt manchmal ganz unerwartet zu dir, mitten in der Nacht, wenn du nicht schlafen kannst und das Mondlicht zarte Schatten auf deinen Unterarm malt; oder sie kommt manchmal, wenn du mit deinem Hund durch den Wald wanderst – du liebst es so sehr, wie er so vor sich hin schnuppert, weil er jetzt alt wird, dein kleiner Gefährte – und du erinnerst dich, wie es sich anfühlt, frei zu sein oder wenigstens lebendig; oder sie kommt unerwartet am Esstisch, wo du mit Freunden sitzt, mit einem Entzücken über … das Salz, ja, das Salz, wo dich entzückt, dass es so etwas überhaupt gibt. Dass es eine Welt gibt, in der Salz ist, und gutes Essen und Freunde und die Möglichkeit, sich zu treffen.

Bringe diese Melancholie nicht mit Medikamenten weg. Gehe vielmehr tiefer in sie hinein. Sie enthält Informationen, wichtige Informationen und sehnt sich danach, ihre heilenden Kräfte zu entfalten. Nein, sie werden dich damit natürlich nicht verstehen, sie werden dich deprimiert nennen, selbstverliebt, verrückt, aber du wirst lächeln, denn du bist wie eine Osterglocke und du wolltest auch nie verstanden werden. Dein Wesen ist viel zu weit, viel zu groß, um verstanden zu werden. Du ziehst dieses unvollkommene Leben einem Nicht-Leben vor, du wirst diese kaputte Welt mit Dankbarkeit vorziehen einer vollkommenen Welt, die nur zum Teil berührbar ist und nur zum Teil erinnerbar, und die Bewertungen von anderen werden nur ein geringer Preis sein, den du bezahlst, weil du nie in der Lage bist, dich abzuwenden.

Nackt durch die Straßen laufend, auch das letzte deiner Kleidungsstücke abwerfend, wirst du lachen, wenn sie kommen, um dich wegzusperren. Du bist frei! Du bist frei! Und die wundervolle Melancholie wird dich davor bewahren, dein Herz jemals wieder zu verschließen.

37 • Unsere andere Hälfte ist in unserem Inneren

Viele Menschen suchen nach einem Seelengefährten, nach ihrer „anderen Hälfte". Sie fühlen sich unvollständig, einsam, „allein" ohne diesen „besonderen Menschen" in ihrem Leben.

Aber du bist nicht die Hälfte eines Ganzen, mein Freund. Das bist du nie gewesen. Das war gelogen. Du bist vollständig, ganz, denn das ist dein Wesen, wer auch immer dazukommt oder dein Leben wieder verlässt.

Wenn du nach einem Partner suchst – oder mit einem zusammen bist –, weil du dich nur „halb" und nicht ganz fühlst, weil du Angst vor dem Alleinsein hast und unglücklich bist mit deiner köstlichen Einsamkeit, wenn du versuchst, die Leere in dir zu vermeiden, dann wirst du deinen Partner in dein Feld des Unglücklichseins hineinziehen und Angst und Unruhe werden im Untergrund euer Zusammensein bestimmen.

Finde dabei dein Glücklichsein in deinem Inneren. Mache das Glücklichsein zu deinem Feld, in dem du lebst und dein Wesen feierst.

Entdecke die Freude deines Alleinseins, den Reiz deiner Einsamkeit. Erfreue dich an deinem Atem, an der Art und Weise, wie dein Körper sich bewegt, fühle deine Gefühle und warte nicht auf jemanden, der sie an deiner Stelle für dich fühlen kann. Solange du vor deinem Alleinsein wegläufst, wirst du immer einsam sein, ganz gleich, wie übervoll dein Leben ist, denn du wirst vor dir selbst weglaufen und das verursacht den größten Schmerz von allen.

Sei dir selbst dieser „besondere Mensch" – derjenige, den du immer gesucht hast. Dann und nur dann und wenn du bereit dazu bist, erlaube einem anderen lieben Menschen, dein Feld zu betreten. Lass ihn mit dir abhängen, spielen, bleiben, wenn er das möchte, und gehen, wenn er das möchte. Lasse seine Freiheit dein Entzücken sein. Verbinde dich tief. Sprich deine Wahrheit und höre seine. Nimm wahr, wann du glücklich bist, aber gib ihm nicht den Bonus dafür. Nimm wahr, wann du unglücklich bist, aber mache ihm keine Vorwürfe deswegen. Keins der beiden ist sein Verdienst oder seine Schuld.

Hilf ihm dabei, seine eigene Einsamkeit lieben zu lernen, erinnere ihn daran, dass er auch dieser „besondere Mensch" für sich selbst ist.

Vielleicht wirst du ihn deinen Freund nennen, deinen Partner, deinen Geliebten. Vielleicht wirst du ihn heiraten, vielleicht werdet ihr miteinander leben, vielleicht werdet ihr eine Familie gründen, vielleicht werdet ihr euch nie wiedersehen. In der Glückseligkeit einer tiefen Verbindung kommt es nicht darauf an, welches Etikett du auf diese Verbindung klebst, und die Zukunft kümmert sich schon um sich selbst.

Du wirst deine eigene „andere Hälfte" in deinem Inneren gefunden haben. Und die Angst vor der Einsamkeit wird sich in Sonnenuntergänge, in Berge und in den Atem auflösen, der kommt und geht.

38 · Die Pforte des Leidens

Manchmal ist es okay, wenn du einfach nur traurig bist,
ohne zu wissen, warum du dich so fühlst,
oder wie die Traurigkeit überhaupt gekommen ist,
oder wie lange sie wohl bei dir, in dir sein wird.

Es ist ganz okay, traurig zu sein, ohne zu versuchen, es nicht zu sein,
ohne dich überhaupt irgendwie zu bewerten.

Spüre ganz unmittelbar die verletzliche Energie in deinem
Körper, ohne zu versuchen, ihr einen Namen zu geben,
Spüre die Zartheit in deiner Brust, den Knoten in deiner
Kehle, das unsichere Gefühl in deinem Bauch.
Wehre dich nicht gegen diese Energie und mache dir
keine Sorgen über deinen Widerstand.
Erlaube der Energie zu fließen, zu wachsen, wenn das so sein
soll, und sich zu gegebener Zeit von selbst aufzulösen.

Sei geduldig mit deiner Traurigkeit.
Lass sie näher an dich heran, lasse sie dich durchfluten,
wenn es notwendig sein sollte.
So lange, bis es keine Trennung mehr gibt zwischen „selbst“ und „Traurigkeit“.
So lange, bis du sie nicht einmal mehr „Traurigkeit“ nennen kannst.
So lange, bis es nur noch ganz große Nähe gibt.

Sei die Annahme der Traurigkeit, ihr liebevoller
Elternteil, ihr Zuhause, ihr Schutz.
Ja, Traurigkeit hält dich weich und biegsam.
Sie erinnert dich, wenn du es vergessen hast,
an all die wundervolle Zerbrechlichkeit,
die allen Dingen zugrunde liegt.

Es ist die Weichheit des Herzens in seiner Fähigkeit zu lieben.

Traurigkeit ist nicht das Gegenteil von Freude,
sondern der Durchgang zu ihr.

39 • Die Einsamkeit des letzten Dinosauriers

Hab' keine Angst vor der Einsamkeit. Sie ist nicht so, wie sie aussieht.
Sie ist deine Rettung.

Riskiere alles, mein Freund, riskiere alles, weil du die Wahrheit suchst.
Lasse die Einsamkeit das Ende von „dir" sein, so, wie du dich selbst kennst.
Oder lasse sie wenigstens die Vorstellung von Trennung beenden, Trennung von der Ganzheit.

Du kannst dir nicht einreden, dass du nicht einsam bist.
Du musst dir als Erstes die Illusion nehmen, dass du in irgendetwas sicher bist.

Durch Verlust, durch Trennungen, durch Krankheit, durch den Tod deiner Träume, durch das Sterben all dessen, von dem du annahmst, dass es niemals sterben würde, wirst du eingeladen sein, deine Melancholie zu finden, deinem Leid in seinem ganz ursprünglichen Zustand zu begegnen.

Und du wirst eine großartige Gelegenheit geschenkt bekommen.

Denn dein Alleinsein ist lebendig.
Baue keine Mauern um es herum.
Stumpfe dich nicht ab.
Falle nicht in Zerstreuung oder Ablenkung.
Lasse es sich nicht als „meine Einsamkeit" materialisieren.
Werde nicht „der Einsame".
Das, gegen das du dich wehrst, wird dich in zwei Teile zerbrechen.
Lasse die Einsamkeit atmen. Gib' ihr Sauerstoff.
Lasse dich in ihre Tiefe fallen.

Fange an, mit ihr zu reden, sie ist nicht scheu.
Tu das, was du tun musst oder was du nicht tun musst, um
dem Alleinsein ohne Vorurteile zu begegnen.

Spüre die Einsamkeit aller lebendigen Wesen.
Spüre Jesus am Kreuz. Das Leid unter dem Bodhi-Baum.
Die Einsamkeit des sterbenden Sterns, des letzten Dinosauriers,
der seiner zerbrochenen Welt adieu sagt.

Spüre die erlesene Einsamkeit dieser wundervollen Erde, die
sich so elegant in der Weite des Weltraums dreht.
Spüre die Einsamkeit der Zeit selbst, ohne Ende, ohne
Anfang – eines Universums, geboren in Unschuld.

Atme in den Big Bang hinein ein, atme einen Kosmos aus.
Sterbe und werde wiedergeboren.
Komme erneut in die Welt, aus deiner tiefsten Nähe heraus.

Nenne es nie wieder „Einsamkeit", das Wort lässt
dem keine Gerechtigkeit widerfahren.

Kannst du wirklich einsam sein, wenn jedes
Lebewesen gemeinsam mit dir atmet?

40 • Allein und dennoch verbundener als je zuvor

Auf dem Weg des Erwachens kannst du dich manchmal einsamer fühlen als je zuvor. Aber dies ist kein Alleinsein, das zu einem getrennten Selbst gehört. Es ist keine Einsamkeit, keine Isolation, kein Gefühl, dass der gesamte Kosmos dich verlassen hat. Es ist die Einsamkeit eines ganzen Universums, eine erlesene und intime Einsamkeit, die im brennenden Kern der Existenz selbst verborgen liegt.

Eine ontologische Einsamkeit, die vollkommene Zurückgezogenheit ist, die wiederum im Streicheln des Herbstwindes auf deinem Gesicht spürbar ist, im Gesang eines kleinen Rotkehlchens, das den Beginn des Morgens verkündet, in einem Spaziergang entlang einem unbekannten Weg zu einem ebenso unbekannten Ziel.

Nichts und niemand hat die Macht, dein Alleinsein zu lindern, das stimmt. Du sinkst tiefer und tiefer in diesen magischen Ort der Einsamkeit, wo du das Leben zum ersten und einzigen Mal berührst, nackt und ohne Schutz, ohne jegliche Verteidigungsmechanismen – endlich! Niemand da, der dich retten könnte, niemand da, der eigentlich auch gerettet werden müsste. Vergangenheit und Zukunft sind eine Milliarde Kilometer weit weg und du fragst dich, ob überhaupt irgendetwas vor dem hier jemals existiert hat. Du hast dein wahres Zuhause gefunden, dein zentrumsloses Zentrum.

Du fühlst dich einsamer als jemals zuvor. Dennoch, genau in diesem Augenblick, fühlst du dich auch verbundener als jemals zuvor, jedem anderen Wesen nahe, denn du weißt in deinen tiefsten Zellen, dass wir alle aus derselben Essenz bestehen. Dein Alleinsein trennt dich nicht, sondern verbindet dich, zieht alles in dich hinein, empfänglich, den Tag aufnehmend, wie er sich zeigt. Du suchst nicht länger nach Liebe und Verbundenheit, weil sie schon da sind, in dir, in deinem Herzen der Herzen. Du versteckst dich nicht länger vor der Welt, weil du die Welt bist und du dich vor dir nicht verstecken kannst, und so kannst du zutiefst in das Herz dessen eintauchen, was Beziehung ist. Dort gibt es keine Angst vor einem Verlust der Liebe und so wird die Wirklichkeit, mehr als jeder Trost, mehr als jede Sicherheit, mehr als jeder vorübergehende Genuss, zur Grundlage aller deiner Begegnungen.

Du bist einsamer als jemals zuvor und dennoch sind deine Beziehungen näher als jemals zuvor, tiefer, nährender… und mutiger.

Deine Einsamkeit rettet dich vor dem Alleinsein. Es scheint dir vielleicht paradox zu sein, aber es ist kein Paradox für dich. Und du erwartest nicht, dass dich irgendjemand versteht. Du hast dich so verändert, seit ich dich zum ersten Mal getroffen habe. Verstehe einfach, dass sie dich gerade jetzt nicht verstehen können. Und liebe sie trotzdem, genauso, wie du das kleine Rotkehlchen geliebt hast, das dir die Ankunft des Tages verkündete, in vollkommener Einsamkeit.

41 • Die verborgene Einladung der Einsamkeit

Wenn du dich einsam fühlst,
dann ist es nicht die Präsenz eines „anderen Menschen“, die du vermisst,
es ist deine eigene, warme Präsenz.

Wenn du jemand anderen suchst,
dann hast du dich von dir selbst getrennt –
und das ist der größte Schmerz, der möglich ist.

Wende dich also um und komme zu dem Ort, wo du bist.
Verbinde dich erneut mit deinem Atem. Mit dem Morgenwind. Mit dem Klang der Regentropfen. Mit der stillen Tasse Tee. Mit dem tanzenden Gefühl in deinem Bauch, in der Brust, im Kopf.

Sei hier. Sinke ein in diese Freundlichkeit. Beobachte deine Einsamkeit und lasse zu, dass sie sich in All-Einssein auflöst – und in einen neuen Morgen.

Sei allein, verbunden mit dem Wunder des Lebens selbst.

42 • Von liebenden Armen umfangen

Wenn du dich scheinbar ohne Grund traurig fühlst,
dann nimm die grundlose Spontaneität deiner Traurigkeit an!

Im ersten Morgenlicht,
wenn du einen Vogel sein spontanes Morgenlied singen hörst,
dann drängst du ihn doch auch nicht, schneller zu singen.

Traurigkeit kommt nicht auf, weil du sie heilen sollst.
Sie kommt, weil sie wahrgenommen werden will.

Sie kommt, weil sie angenommen werden möchte,
hier, jetzt, von den liebenden Armen deiner Achtsamkeit.

43 • Raum für Traurigkeit

Deine Traurigkeit sagt nicht: „Repariere mich bitte, mach mich heil" oder „Lass mich los." Sie sagt auch nicht: „Bitte, lass mich gehen, stumpfe dich mir gegenüber ab, tue so, als wäre ich nicht da." Und sie sagt ganz gewiss nicht: „Bitte, werde schnell erleuchtet, damit ich endlich sterben kann!"

Traurigkeit kommt nicht, weil sie dich strafen will oder dir zeigen möchte, was für ein „spiritueller Versager" du bist. Traurigkeit ist auch keine Unreinheit oder ein Zeichen dafür, dass du unentwickelt oder weit entfernt von jeder Heilung bist, von jedem Erwachen, von der Erleuchtung, vom Frieden. Traurigkeit ist auch kein Zeichen dafür, dass du etwas falsch gemacht hast, dass du beschädigt bist oder kaputt oder dass du weit von der Freude entfernt bist, die du suchst.

Die Traurigkeit flüstert nur: „Darf ich eintreten? Ich bin so müde, ich würde mich gerne ausruhen."

Und du antwortest: „Aber, Traurigkeit, ich weiß doch gar nicht, wie ich dich hereinlassen soll."

Und die Traurigkeit antwortet: „Das ist schon okay. Du musst es gar nicht wissen. Ich bin schon hereingekommen. Spüre mich nur, in deinem Bauch, in deiner Brust, in deiner Kehle."

Und wir verneigen uns dann vor der Traurigkeit. Wir erkennen, wie sie schon hereinkommen durfte, wie es mehr als genug Platz in uns für diese Traurigkeit gibt, wie wir nicht „der Traurige" sind, wir nicht von Traurigkeit erfüllt sind, sondern der Raum für die Traurigkeit sind, ihr weiter Raum, ihr Zuhause, ihre Rettung, ihre liebevolle Umarmung, nicht als Ziel, sondern als unsere derzeitige Natur.

Präsenz ist kein Ziel, deshalb sind auch Gefühle niemals eine Blockade.

Heile dich nicht von deiner Traurigkeit, lasse die Traurigkeit vielmehr dich heilen. Lasse zu, dass sie dir den Weg zeigt, wenn du ihn verloren hast. Lasse sie dir die Tiefen der Liebe eröffnen, lasse zu, dass sie dich an die Weite deines Herzens erinnert, an deine Weigerung, dich von irgendeinem Teil deines Selbst abzuspalten, an deine Verpflichtung gegenüber deinem Körper. Lasse sie dir als Einladung dienen, die größere Glückseligkeit zu spüren, die du getanzt hast, als du jung warst.

Teil 5

Ruhe im Unbehagen und in der Unzufriedenheit

44 • Das alles geht vorbei

Deine Traurigkeit, deine Angst, deine Einsamkeit und sogar deine Verzweiflung – sie alle sind so zerbrechlich, mein Freund. Sie können in jedem Moment aufbrechen.

Eine einzelne Note in einem Musikstück kann das auch. Ein freundlicher Blick von einem Fremden. Das Gefühl des Frühlingswindes auf deinem Gesicht. Der Schatten eines Vogels, der vorüberfliegt. In jedem beliebigen Moment kann dein Leid ins Nichts zerspringen, denn es besitzt nicht mehr Wirklichkeit, nicht mehr Substanz als der Schatten des Vogels.

Je mehr du dich auf dein Leid konzentrierst, auf deine Ängste, je mehr du über sie sprichst, sie analysierst, dich mit ihnen identifizierst, dich über sie beklagst, dich gegen sie wehrst, desto „wirklicher" scheinen sie dir, desto fester und unabhängiger von dir scheinen sie zu sein, desto mehr Macht scheinen sie über etwas von dir Getrenntes zu haben, das „Du" genannt wird.

Auf der Suche nach einer Lösung für deine Probleme erzeugst du ein Problem, das du „Ich habe ein Problem" nennst.

Sei offen für das Aufbrechen deines Schmerzes, Freund. Glaube nicht, dass er nur für einen Augenblick da sein wird – oder lange bleibt. Erlaube, dass alles, worunter du leidest, einschließlich der Idee selbst, dass es ein „Ich" gibt, das leidet, erscheint und wieder verschwindet.

Dies alles wird vorübergehen, denk daran, dies alles wird auch wieder vergehen.

45 · Sterne

Du bist müde, mein Freund.
Dein Körper tut weh und will ruhen.

Gib nach.
Du hast schon so lange darauf gewartet, dass du zerbrechen kannst.

Lass deinen Widerstand los.
Sei durchsichtig und authentisch.

Dein Zynismus hat dich vielleicht geschützt.
Deine Angst hat dir gut gedient.

Deine Träume von Erleuchtung waren schöne Träume.
Aber es gibt keinen Grund, jetzt noch dein „Selbst“ zusammenzuhalten.

Gib dich hin.
Oder höre einfach auf, vorzugeben, dass du nicht weißt, „wie“.

Scheitere.
Scheitere.
Die Weite wird dich halten.
Nur Illusionen können verschwinden.

Je tiefer das Herz bricht,
desto mehr Liebe kann es einlassen.

Sage mir nicht, du seist es nicht wert.
Sage mir nicht, du seist nicht aus Sternen gemacht.

46 · Komme darüber hinweg

Glaube nicht der größten Lüge von allen: der, dass du „jetzt mal langsam" über etwas oder jemanden „hinwegkommen" solltest, dass du dich „jetzt mal langsam" besser fühlen solltest, dass du „jetzt mal langsam" immun gegenüber deinem Schmerz sein solltest, geheilt oder wenigstens „etwas mehr erleuchtet".

Wenn du „über" etwas hinweg sein sollst – wer, bitteschön, ist dann „unter" etwas? Wenn du dich „mal langsam besser" fühlen sollst – wer, bitteschön, fühlt sich schlechter? Wenn es so ein Ziel überhaupt gibt – wer hat es denn überhaupt einmal erreicht? Spalte dich selbst nicht auf!

Versuche nicht, „über deine Trauer hinwegzukommen", über dein Leid, über deine Verwirrung, über das Gefühl von Leere in dir. Spüre diese Freunde und Verbündeten in dir voll und ganz, erlaube diesen heiligen und missverstandenen Energien, sich durch dich hindurchzubewegen, wie ansteigende und absteigende Wellen der Gnade. Sie sind nicht „negativ", sie sind nur Teile des Bewusstseins, Bruchstücke der Ganzheit, die in deiner Weite zutiefst gefühlt werden wollen. Sie sind gekommen, um dich zu reinigen und zu heilen, nicht, um dich zu strafen. Höre also auf, ihnen Bezeichnungen zuzuschreiben, sie zu bewerten, und fange an, ihre ursprüngliche, unverfälschte Kraft zu spüren.

Vergleiche dich nicht – mit niemandem. Du bist einzigartig und erwachst in deiner ganz einzigartigen Art und Weise.

Von der Perspektive des Universums aus betrachtet, gibt es kein „langsam mal". Es gibt nur das Jetzt und kein Bild davon, wie dieses Jetzt aussehen „sollte".

In dem Moment, in dem du eine Welle im Meer fotografierst, ist sie auch schon wieder verschwunden.

47 · Das Ende der Vorwürfe

Deine Gefühle, die lebendigen Energien in deinem Körper, die genau jetzt spürbar sind, wurden nicht von irgendjemandem „verursacht" und niemand anders kann sie dir auch nehmen. Nun, wo du erwachsen bist, ist niemand außer dir verantwortlich für deine Gefühle. Diese Erkenntnis kann das ganze Spiel der Vorwürfe ein für allemal beenden und dich an deinen wahren Kraftort versetzen – den gegenwärtigen Moment.

Ja, ein anderer löst vielleicht in dir Schmerz und Leid aus, die schon latent in dir vorhanden waren, aber er kann nicht *verursachen*, wie du dich jetzt fühlst. Er kann keine Gefühle in dir erzeugen und er kann ganz gewiss nicht deine Gefühle für dich verarbeiten. Deine Verantwortung liegt darin, wie du auf ungemütliche Gedanken und Gefühle reagierst – die Art der Beziehung, die du zu ihnen hast. Niemand kann dich glücklich *machen*, niemand kann dich unglücklich *machen*. Du bist nur eingeladen, immer wieder und beständig, dem zu begegnen, dem du in dir noch nicht begegnet bist, das zu berühren, was du niemals in dir berühren wolltest.

Andere dafür verantwortlich zu machen, wie wir uns fühlen, ist der Anfang aller Gewalt, sowohl innerlich als auch äußerlich, der Anfang aller Konflikte zwischen Menschen und letztlich der Beginn aller Kriege zwischen Nationen.

Lass andere also vom Haken. Ehre das, was in dir hier und jetzt lebendig ist. Lerne, deine Gefühle ebenso anzunehmen wie ein geliebtes Kind, ganz gleich, wie sehr sie brennen und um Aufmerksamkeit schreien. Feiere die Lebendigkeit in deinem Schmerz, die wirbelnde Kraft in deiner Enttäuschung, die Elektrizität deiner Traurigkeit. Knie nieder vor der Kraft deiner Wut, ehre ihre feurige Kreativität.

Aus diesem Ort tiefer Akzeptanz heraus wirst du niemals schwach oder passiv werden. Ganz im Gegenteil. Du betrittst einfach die Welt von einem Ort der Gewaltlosigkeit aus, von einem Ort immenser kreativer Kraft und du bist offen für die Möglichkeit, zutiefst zuzuhören, einen ehrlichen Dialog zu führen und unerwartete Veränderungen zuzulassen.

Wenn du im Leid bleibst, wirst du klein. Wenn du in die Liebe gehst, wird alles möglich.

48 • Die Abmachung

Je intensiver du deine Lebensfreude fühlst,
desto intensiver wirst du auch das Leid spüren.
Das ist die Abmachung.

Wenn du nur das halbe Leben willst,
wenn du nur Licht willst, aber keine Dunkelheit,
Genuss ohne Schmerz,
Non-Dualität ohne das Spiel der Polaritäten,
dann willst du dem Ganzen vielleicht jetzt den Rücken zukehren.
(Aber die Tür ist immer offen, mein Freund.
Komme zurück, wenn du des Wartens müde bist.)

Aber wenn du bereit bist, ohne einen Bezugspunkt zu leben,
wenn du bereit bist, alles sterben zu lassen, was du zu wissen glaubst,
wenn du vermutest, dass du größer bist, als man es dir jemals beigebracht hat,
wenn du alles, was du bist, schmecken möchtest,
das Leid ebenso wie die Freude,
den Schmerz ebenso wie den Genuss,
dann kommst du an den richtigen Ort.

Und dein gesamtes Leben
mit all seinen Höhen und Tiefen,
mit all seinen Erfolgen und Misserfolgen
ist eine perfekte Vorbereitung dafür gewesen.

49 • Die Gabe der Enttäuschung

Enttäuschung kann dein wichtigster Lehrmeister und dein bester Freund sein.

Du hast dein ganzes Leben lang immer wieder Enttäuschungen kennengelernt – hast sie in verschiedenen Formen erlebt, manchmal subtil, manchmal aufrüttelnd. Ihre Ausdrucksformen reichten von dem sanften: „Oh, na gut…" bis zu der schrecklichen herzzerreißenden Verzweiflung, als deine Welt in Stücke brach. Manchmal hat die Enttäuschung dich mitten in der Nacht besucht, als alle deine Verteidigungsmauern abgebaut waren. Manchmal ist sie tagsüber aufgekommen.

Natürlich können wir beten, uns einstellen, träumen, meditieren und alles manifestieren, was wir wollen. Wir können versuchen, das perfekte Leben zu erschaffen, es zu kontrollieren und es in uns zu tragen. Und dennoch verläuft das Leben trotz unserer besten Mühen nicht „unseren Plänen zufolge". Unsere Träume zerplatzen. Unsere Fantasien liegen in Trümmern. Ein Untersuchungsergebnis bricht ganz unerwartet über dich herein. Ein Versprechen wird eingehalten oder nicht eingehalten, gebrochen oder zurückgenommen. Ein Plan klappt nicht. Worte werden ausgesprochen oder nicht gesagt. Etwas, von dem du angenommen hast, dass es wahr sei, war niemals wahr. Etwas ist verlorengegangen oder wird plötzlich gefunden oder wir entdecken, dass es niemals wirklich existierte. Und das Ego ist gedemütigt, der Suchende fühlt sich bedroht, das Selbst ist lächerlich gemacht. Der Weg ist plötzlich unklar. Die Gewissheit zerplatzt.

Unsere Tendenz besteht dann darin, vor dem Leid wegzulaufen, es zu vermeiden, vorzugeben, es sei gar nicht da, so zu tun, als sei „alles schon okay". Oder uns abzulenken, abzustumpfen gegenüber dem Leid mit Alkohol, Drogen, Sex, Spielen, Einkaufen. Aber der Schmerz der Enttäuschung ist kein Fehler, ist keine Blockade, sondern wird dich öffnen, wenn du es nur zulässt. Er wird dich weich halten, biegsam und, was am wichtigsten ist, demütig.

Die Wahrheit ist: Du weißt es einfach nicht. Du hast es nie gewusst. Und du hattest eigentlich auch nie die Kontrolle. Dich in dieses Nicht-Wissen sinken zu lassen, statt es zu bekämpfen, kann deine größte Befreiung sein. Weißt du, sich gedemütigt zu fühlen ist nur einen Atemzug entfernt von Demut. Und was zu

Ende geht, ist nichts weniger als ein neuer Anfang, nur dass er sich noch verkleidet hat.

Stelle dir vor, dass es in deiner Enttäuschung irgendeine Logik gibt, dass sie eine Einladung ist, dich tiefer zu verbinden – mit dir selbst, mit anderen, mit dem Leben selbst. Du hattest einen Traum, der sich nicht verwirklicht hat, und du musst trauern um deine verlorene Zukunft, wirklich. Aber wende dich nun, mitten in deiner Trauer, zur Gegenwart um. Nimm deinen Schmerz, der jetzt da ist, wahr, aber halte dich nicht daran fest oder gib ihm nicht mehr Bedeutung, als er braucht. Lasse zu, dass die Enttäuschung dich aus deinem Kopf und in dein Herz bringt, in deinen lebendigen Körper. Atme. Sei präsent. Spüre deine Füße auf dem Boden. Sei dir selbst ganz nah, es ist eine Zeit der Veränderung. Fühle alles. Das verletzliche, zitternde Gefühl im Unterbauch. Die Enge in deinem Herzen. Die Zartheit in deiner Kehle. Den Druck im Kopf. Alles.

Versuche nicht, zum nächsten Schritt zu springen. Vielleicht gibt es Geschenke in diesem Schritt hier.

Spüre, dass diese Krise nur der Tod deiner Träume ist, nicht mehr und nicht weniger. Und dass das Leben viele Überraschungen bereithält.

Bleibe neugierig. Weine, schreie, brülle, jammere, haue auf ein Kissen, wenn du musst, aber bleibe neugierig.

Wenn du bereit bist, dich kopfüber in die Enttäuschung zu stürzen, könnte es sein, dass da plötzlich gar keine Enttäuschung mehr ist.

50 • Wenn das Unbehagen anklopft

Bleibe einfach mit dem Unbehagen sitzen, versuche, nicht vor ihm davonzulaufen oder es innerlich abzutöten, auf keine wie auch immer geartete Art und Weise. Bleibe so, ohne Erwartung, ohne irgendein Ziel in dir, ohne irgendetwas zu wollen, auch nicht die abstrakte Idee von „Trost". Das hier jetzt ist der Ort der Fülle, der Ort deiner kreativen Transformation, der Ort, wo das Neue aufscheint.

Viele Jahre lang habe ich mit meiner Trauer verbracht, mit meiner Frustration, meiner Wut, meiner Angst, meinem Schmerz, meiner Einsamkeit. Ich bin einfach dabeigeblieben, ruhig und atmend, atmend in dieses blubbernde Chaos, Stunde um Stunde, ohne zu versuchen, wegzulaufen oder mein Erleben zu reparieren, ohne Hoffnung, ohne einen Traum, ohne auch nur zu versuchen, die Erfahrung zu „akzeptieren", sogar ohne Zeit... bis ich in der Mitte des Sturms den Frieden entdeckte – jenen unerschütterlichen, nichtkonzeptionellen, allgegenwärtigen Frieden, der Ich Bin (und immer gewesen bin), den offenen Himmel, der den ganzen Tumult umfängt.

Statt zu versuchen, dem Unbehagen zu entkommen, lassen wir zu, dass das Unbehagen sein tiefstes Geheimnis enthüllt. Wir sitzen mit dem Unbehagen zusammen und beobachten alle Grenzen und wie sie wegschmelzen, alle Grenzen zwischen „mir" und „meinem Unbehagen", so lange, bis es das Gefühl des „Ich sitze hier mit meinem Unbehagen" überhaupt nicht mehr gibt, ja, bis es niemals da war – es gibt dann nur noch das unaussprechliche Umfangen des Unbehagens. Wir sitzen mit unserer Frustration an einem Ort, wo sie sich noch nicht verkörpert hat zu: „Ich bin frustriert". Wir sitzen mit unserer Angst vor ihrer Auferstehung zu einem Bild mit dem Titel: „Ich bin derjenige, der voll Angst ist". Wir sitzen mit der Wut vor der Geburt unserer Identität als „der Wütende".

Wir erkennen uns als den weiten, offenen Raum, als den grenzenlosen und identitätslosen Ozean, der alle seine Wellen willkommen heißt, diese ursprünglichen, lebendigen Empfindungen und Gedanken, wie seine geliebten Kinder, die endlich heimgekommen sind, ja, die endlich heimgekommen sind.

Unbehagen kann als unser größter Guru angesehen werden, der an die Tür klopft und uns zu einem größeren Trost einlädt, dem Trost des Zuhauses.

51 • Das Herz des Leidens

Wenn du merkst, dass du leidest, dann unterbrich diese Wahrnehmung einmal einen Augenblick lang und erinnere dich an all die Menschen auf diesem Planeten, die zur Zeit durch einen ähnlichen Schmerz gehen. Erinnere dich an alle deine Brüder und Schwestern in allen Teilen dieser Welt, deren Herz gerade auch zerbrochen ist. Dann denke an all die Wesen in allen Universen und im ganzen Kosmos, die das kennen, was du gerade durchlebst. Sieh dich nicht als eine isolierte Einheit und diese Situation nicht als ein isoliertes Ereignis, ohne Sinn oder Wert, sondern erinnere dich an deine Verbindung zu allem, was ist, zu allem, was war und zu allem, was sein wird. Spüre im Herzen deines Leidens, dass du nicht allein bist.

Nutze diese Gelegenheit, um dich zutiefst mit deinem Mitgefühl zu verbinden – dem Verständnis und dem Wissen, dass du nicht von irgendetwas anderem getrennt bist, dass wir alle auf derselben grundlegenden Reise sind und dass es in Wahrheit keine „anderen" außerhalb unseres Herzens gibt. Um dieses Mitgefühl für andere zu entdecken, musst du dich selbst nicht verlassen. Im Gegenteil, um dich mit anderen zu verbinden, musst du dich selbst viel intensiver kennenlernen. Die Reise nach innen ist die Reise nach außen, und was du in dir selbst annehmen kannst, kannst du auch in anderen annehmen.

Gehe auf diesem Pfad weiter, verbunden mit deiner wahren Familie. Umfange und halte sie alle in deinem offenen, zerbrochenen Herzen, während du dir erlaubst, dir selbst für das zu vergeben, was du nicht kontrollieren konntest.

52 • Heilige Erschöpfung

Deine Ermüdung enthält Würde! Deshalb pathologisiere sie nicht vorschnell oder versuche sie nicht wegzuschieben, denn sie enthält eine immense Logik, vielleicht sogar ein Heilmittel für dich.

Du bist auf einer langen Reise herab von den Sternen gekommen, mein Freund. Deshalb verneige dich jetzt vor deiner Ermüdung und bekämpfe sie nicht länger.

Du brauchst dich nicht dafür zu schämen, dass du zugeben musst, dass du nicht mehr kannst. Selbst der Mutigste muss einmal ausruhen.

Denn eine große Reise liegt vor dir. Du wirst dazu alle deine Kräfte brauchen.

Komm, setze dich ans Feuer der Präsenz! Lasse deinen Körper sich strecken: Falle in die Stille, die hier herrscht. Vergiss das Morgen, lass die Reise los, die noch vor dir liegt, und sinke in die Wärme dieses Abends.

Jedes große Abenteuer erhält seinen Antrieb aus der Ruhe.

Deine Erschöpfung ist also edel, mein Freund. Sie enthält heilende Kräfte... wenn du nur zuhören würdest...

53 • Bleibe bei deinem Gefühl

Komme in Kontakt mit einer körperlichen Empfindung,
ohne sie zu beurteilen.
Denke nicht über die Empfindung nach, versuche sie nicht
zu analysieren, sondern sei einfach bei ihr.
Du hast sie nicht erschaffen.
Du bist nicht für sie verantwortlich.
Es ist nicht deine Schuld.
Du hast nichts falsch gemacht.

Es ist nicht deine Aufgabe, sie zu heilen, sie zu reparieren,
sie loszuwerden oder auch nur herauszufinden, „warum" sie da ist.

Wie der Morgentau oder der Verkehrslärm draußen
vor deinem Fenster ist sie nichts Persönliches.

Denke weniger. Fühle mehr.
Verpflichte dich diesem Augenblick.

Komme heraus aus deiner Geschichte des Schmerzes,
die aus Schuld und Reue besteht.
Komme heraus aus deiner Geschichte deiner Zukunft,
die Angst enthält und Vorherbestimmung.
Spüre deine ursprünglichen Empfindungen, jetzt, das Leben
in seiner reinsten Form, als einen Tanz der Energie.
Es ist hier, einen Augenblick lang.
Würdige seine vorüberfließende Erscheinung.
Sei der Raum, in dem es erscheinen kann, sein Behältnis,
seine Gegenwart, seine warme Umarmung.

54 • Das Aufbrechen der Depression

Bist du deprimiert?
Dann, einen Augenblick lang, nur einen Augenblick lang,
fühle dich deprimiert,
ohne zu versuchen, dieses Gefühl loszuwerden,
ohne irgendeine andere Erfahrung haben zu wollen.

Versuche, das Etikett mit der Aufschrift „Depression“ von dir zu entfernen.
Beginne, die Lebendigkeit in deinem Körper zu spüren.
Fühle, ganz unmittelbar, das verletzliche Gefühl in deinem Bauch,
in deiner Brust, in deiner Kehle, in deinem Kopf.
Fühlen sich diese Empfindungen prickelnd an, schmerzlich, scharf, rund?
Pulsieren sie, vibrieren sie, sind sie zittrig, bewegen sie sich langsam oder schnell?
Verändern sie sich, wenn du deine Aufmerksamkeit auf sie richtest?
Erlaube den Empfindungen zu tanzen, sich zu bewegen,
sich zu verstärken, sich aufzulösen.
Erlaube all deinen Gedanken, deinen mentalen Bildern, deinen
Träumen, den Bruchstücken deiner Geschichte, auch da zu sein.
Erlaube ihnen, zu bleiben, erlaube ihnen, zu gehen.
Lasse sie Wellen sein im Ozean deines Du.
Gib den erschöpfenden Kampf auf, das zu verändern, was „schon da ist“.
Finde Ruhe inmitten dieser Ruhelosigkeit.
Achte auf das, was gegenwärtig ist, nicht auf das, was fehlt.
Sei das Licht, das beleuchtet, die freundliche Achtsamkeit, die feiert.

Versuche nicht, genau in diesem Augenblick, die Depression loszuwerden.
Lausche, wie der Augenblick sein Lied singt,
das Lied der ständigen Veränderung.

55 • Sei sanft zu deiner Wut

Sei sanft zu deiner Wut. Verneige dich vor ihr. Sie
ist nicht das, was du gedacht hast.
Lasse sie näherkommen, lasse sie in dich eintreten, wenn du es brauchst.
Spüre ihre Kraft. So lange, bis es keine Trennung mehr gibt zwischen „dir“ und
„deiner Wut“. So lange, bis du sie überhaupt nicht mehr „Wut“ nennen kannst.
So lange, bist es nur noch Feuer gibt, Leidenschaft. Aber keine Gewalt.

Wut ist das Brüllen des Löwen, der Schrei des Universums,
das sich danach sehnt, geboren zu werden.
Sie erinnert dich, wenn du es vergessen hast, dass die
Lebenskraft sich durch dich hindurchbewegt.
Dass du wichtig bist.
Dass deine Stimme nicht zum Schweigen gebracht wird.
Dass du Selbstrespekt besitzt und es verdienst, mit Würde behandelt zu werden.

Drücke deine Wut nicht weg, nenne sie nicht „negativ“, „unspirituell“
oder sogar „ungesund“. Gib nicht vor, dass sie nicht in dir ist.
Spüre das Stampfen deiner Wut, ihr Schwingen, ihr Feuer, ihre
Sehnsucht danach, wertgeschätzt zu werden, gehalten.
Entdecke deinen Mut in ihrem brennenden Kern.
Den Mut, du selbst zu sein. Auf deinem Weg zu bleiben, ohne Furcht.
Für diejenigen zu sprechen, die keine Stimme haben. Für deine
Wahrheit einzustehen, für deine Rechte, für die Rechte deiner Brüder
und Schwestern, leidenschaftlich, aber ohne Gewalt. Mit Liebe zu
brüllen, sicherzustellen, dass die Welt endlich deine Gebete hört.

Wisse, dass dein Herz weit ist und viel Raum enthält und dass die
Wut, die so oft missverstanden wird, ein Zuhause in dir hat.
Sei ein Heiligtum für Löwen.

56 • Ein Moment der Vergebung

Versuche nicht, jetzt in diesem Moment, dir selbst oder irgendjemand sonst zu vergeben. Vergebung ist kein Ziel, nicht etwas, was du „tun" kannst, nicht etwas, was du übergehen könntest. Als Erstes nimm an, dass dieser Moment genau richtig ist, so, wie er ist. Und dass die Vergangenheit das war, was sie war.

Akzeptiere, dass du manches jetzt und heute nicht akzeptieren kannst. Vergib dir deine Unfähigkeit, genau jetzt zu vergeben. Spüre deinen Atem, die Empfindungen in deinem Bauch, das Leben, das hell in dir brennt.

Jeder tut sein Bestes, selbst wenn es so scheint, dass er sein Schlimmstes tut. Jeder träumt oder hat einen Alptraum, kämpft mit seinem Schmerz, den du vielleicht niemals verstehen kannst. Du musst die Handlungen des anderen nicht rechtfertigen. Du bist vielleicht nicht in der Lage, ihn aufzuwecken. Du musst nicht mögen, was geschehen ist.

Komme einfach aus deiner Illusion heraus, dass es besser irgendwie anders gewesen sein könnte. Du bist heute sowieso anders. Konzentriere dich nicht auf etwas, über das du keine Kontrolle hast. Die Vergangenheit ist ein Land, das weit entfernt liegt.

Bringe deine Aufmerksamkeit zurück in diesen Augenblick, an die Quelle deiner wahren Kraft. An den Ort deiner Verbundenheit.

Wache auf aus dem Traum, dass irgendjemand ausreichend Macht hat, deinen inneren Frieden zu zerstören.

Lasse das Bedürfnis, Recht zu haben, fallen. Umarme das Bedürfnis, frei zu sein. Komme heraus aus der „Geschichte meines Lebens". Besinne dich erneut auf diesen Moment.

Vergebung entsteht in ihrem eigenen süßen Moment und dir wird vergeben, wenn du etwas anders siehst.

57 • Werde ein Freund deiner Angst

Wenn du dich ängstlich fühlst, dann versuche nicht, die Angst wegzumachen, denn das füttert sie nur und fügt dir zusätzliches Leid zu. Schließlich wird es so sein, dass du Angst davor hast, ängstlich zu sein.

Das, wovor du wegläufst, wird dich immer weiter verfolgen. Deshalb bedecke dein Unbehagen nicht oder versuche nicht, dich davon abzulenken oder vorzugeben, „schon klarzukommen" oder „glücklich" zu sein. Essen, trinken, shoppen, Tabletten nehmen, unaufhörliches Reden, Pfeifen, in Eile sein, ohne nachzudenken, immer wieder deine Nachrichten zu checken oder einen Freund zu kontaktieren, um dich selbst zu kreisen und um deine Geschichte von „Ich und mein geschäftiges Leben" – all dies sind Wege, um deine Angst zu vermeiden, Arten und Weisen, dich selbst zu verlassen, während du dich selbst eigentlich dringend bräuchtest.

Atme. Spüre deine Füße auf dem Boden, deinen Bauch, wie er sich bei jedem Atemzug hebt und senkt. Denke nicht über deine Angst nach und wie du sie am besten loswerden könntest – das ist dein altes Muster. Spüre im Gegenteil deine Angst vollständiger!

Kannst du deine Angst im Körper lokalisieren? Ist sie im Bauch, in der Brust, in der Kehle, im Kopf? Lasse das Wort „Angst" los (denn es ist ein abstrakter Begriff, gleichzeitig überladen und viel benutzt) und spüre dagegen die lebendigen Empfindungen, die da sind, Augenblick für Augenblick, ohne zu versuchen, sie loszuwerden oder sie anzuhalten. Ja, ohne sogar zu hoffen, dass sie sich irgendwann auflösen. Erlaube dir, neugierig zu sein auf das, was in deinem Körper lebendig ist, und zwar genau jetzt, neugierig auf die körperlichen Empfindungen dieses Augenblicks. Komme heraus aus der Vergangenheit und Zukunft und tauche ein in die Gegenwart. Atme in die Empfindungen hinein, würdige sie mit deinem Atem, mit Sauerstoff, mit dem Leben, mit deiner freundlichen Aufmerksamkeit.

Hast du Schmetterlinge im Bauch? Sind deine Muskeln angespannt? Welche genau? Kannst du etwas liebevolle Aufmerksamkeit und Atem dorthin bringen?

Lasse die Empfindungen wissen, dass du ihnen erlaubst, da zu sein, dass sie Teil deines Lebens sind, dass du schließlich nicht den Plan hast, sie zu zerstören, dass sie bleiben können, jedenfalls jetzt. Und es gibt nur das Jetzt.

Wenn deine Gedanken außer Kontrolle geraten und durcheinanderwirbeln und Party machen, wenn es viele Denkwolken im Himmel deiner Achtsamkeit gibt, dann ist das wunderbar. Versuche nicht, diese Gedanken zu stoppen, diese Stimmen zum Erlöschen zu bringen und auch nicht deine Bilder, deine Erinnerungen, Fantasien, denn das wird dich nur noch ängstlicher machen. Nur Gedanken würden versuchen, Gedanken anzuhalten. Sei stattdessen der Himmel, in dem die Denkwolken tanzen können. Gedanken sind keine Wirklichkeit, keine Wahrheit, nicht das, was du wirklich bist. Sie sind nur Klänge und Bilder.

Gedanken können in die Zukunft zischen oder in die Vergangenheit, aber das ist okay – so arbeitet eben der Geist, er wälzt die Gedanken ständig von vorne nach hinten um und umgekehrt. Aber du, du bist jetzt hier. Du bist genau hier und hier ist der Ort, wo die Gegenwart lebt. Erlaube deinen Gedanken, hier bei dir zu sein, allen Klängen, allen Gefühlen, allem Wollen und Drängen. Erlaube sogar deinen Gefühlen von Nicht-Akzeptanz, deinem Drang, diesem Augenblick zu entkommen, da zu sein. Und während dein Körper die Anspannung loslässt, könnte es sein, dass dich ein Zittern überläuft, dass du gähnen musst, dass du dich vielleicht sogar schüttelst oder zutiefst zur Ruhe kommst…

Wenn du dich selbst nicht vollständig annehmen kannst, wie du bist, kannst du dann deine Unfähigkeit, dich anzunehmen, vollständig annehmen? Und wenn du das auch nicht kannst, kannst du dann erkennen, dass sogar diese Unfähigkeit Teil des Lebens, Teil dieses Momentes, Teil der Bewegung des Universums ist? Erinnere dich, in Wahrheit musst du dich gar nicht annehmen, oder diesen Augenblick annehmen, denn er ist schon angenommen. Er ist nämlich schon da, schon lebendig, genau in der Art und Weise, wie er ist.

Ängstlichkeit ist nur ein kleines Kind, das in deinem Raum angekommen ist. Sie ist nicht gekommen, um dich zu ruinieren oder zu verletzen, sondern um dich zur Liebe zu erwecken. Sie möchte nur angenommen werden, gehalten werden, zugelassen werden in der Weite dieses Augenblicks.

Die Ängstliche sehnt sich nach einem Heim in dir. Willst du weglaufen, wenn die Ängstliche wieder zu dir kommt, dich ablenken oder ihr gegenüber abstumpfen? Oder bist du bereit, dich umzudrehen und sie endlich zu begrüßen, sie willkommen zu heißen und herein zu bitten und sie wissen zu lassen, wie kostbar sie ist?

58 • Der Pfad der radikalen Aufnahme

Alles, was du in dir wegschiebst, drückt sich erneut gegen dich: Es drückt, um deine Liebe zu bekommen, wie ein Baby im Bauch der Mutter, es drückt, drückt, drückt, um geboren zu werden, bereit, ans Licht des Bewusstseins zu kommen, im Wunsch, gesehen zu werden. Wenn du also etwas spürst, was drückt, tritt, schmerzt – eine Spannung, eine Furcht, ein Zweifel, eine Sorge, ein Schmerz – dann sieh das nicht als Fehler an, auch nicht als Feind oder als Strafe, etwas, das gegen deinen Körper ist oder ein Zeichen, das du noch weit von der Heilung entfernt bist: Sieh und erkenne es als dein Kind, als dein eigen Fleisch und Blut, als deinen eigenen Körper, ja, wirklich, als eine richtige Entwicklung, die sich nach Angenommenwerden sehnt, nach Liebe, nach Aufgenommenwerden, nach freundlicher Aufmerksamkeit.

„Nimm mich an", wispert jeder Gedanke, jede Empfindung, jedes Gefühl von Freude, jedes Leid. „Nimm mich auf in deine Weite, ich bin es wert. Höre auf, gegen mich anzukämpfen, und ich will mich in deine liebenden Arme werfen und du wirst mich erkennen, du wirst wissen: Ich bin dein Geliebter, ich war immer schon dein Geliebter..."

59 · Sei sanft zu deiner Angst

Sei sanft zu deiner Angst. Sie ist ein Kind des Unbekannten. Sie hat Lichtjahre zurückgelegt, um dich zu finden.

Habe keine Angst, sie in ihrer ganzen Fülle zu spüren. Sie wird dir nichts tun. Lasse sie näherkommen: Lasse sie dich sogar durchdringen, wenn sie dies wünscht.

Spüre ihre Lebendigkeit, ihr pochendes Herz, ihre Vibrationen und ihr Klingeln im ganzen Körper. So lange, bis es keine Trennung mehr gibt zwischen „dir" und „deiner Angst". So lange, bis du sie nicht einmal mehr „Angst" nennen kannst. So lange, bis da nur noch das Leben selbst ist, ungeschützt und unmittelbar, namenlos und wohlmeinend.

Furcht bedeutet, ins Unbekannte aufzubrechen, ein Zerbrechen der Gewissheiten. Es ist das Sichtbarwerden eines neuen Weges in der Weite der Nacht. Es ist die Aufregung, wach zu sein.

Furcht erinnert dich, dass du am Rande eines Rätsels lebst. Dass du aus der Quelle der Möglichkeiten trinkst. Dass dein Sein riesengroß ist. Dass nur das Falsche in dir sterben kann.

Schiebe deshalb deine Furcht nicht weg, bezeichne sie nicht als „negativ" oder „unspirituell". Gib nicht vor, dass sie gar nicht da wäre. Beeile dich nicht, sie zu löschen, sie zu transformieren, oder auch nur, sie zu heilen. Sie ist nicht dein Feind, sie ist kein Fehler. Sie ist uralt und sehr weise. Verneige dich vor ihr.

Lasse deine Furcht Furcht sein, vollständig sie selbst. Habe keine Angst. Lass zu, dass dein Körper sich schüttelt, lass das Herz beben. Und wisse, dass du ganz im Hier und Jetzt bist. Und öffne dich, öffne dich.

Lasse die Furcht, die so falsch verstanden wird, herein und lasse sie in der Weite deines Herzens ruhen. Lasse sie mit dir wandern. Wenn sie sich nicht willkommen fühlt, dann halte sie eng bei dir.

Du stehst auf der Schwelle und du machst den ersten Schritt in die Leere.

Du zitterst, aber du bist so verdammt lebendig.

60 · Die Wurzeln der Sucht

Du kannst alles haben, was du willst, vielleicht nur nicht in materieller Form.

Der einzige Grund, aus dem du das willst, was du meinst, haben zu müssen, aus dem du verlangst, wonach es dich drängt – die Zigarette, den Drink, das neue Auto, die Beförderung, den spirituellen Durchbruch, den nächsten „Hit“ – besteht darin, dass du denkst, dann anders zu sein, besser, vollständiger, ganzheitlicher, als du es jetzt bist. Von einem Ort des Mangels aus betrachtet, suchst du Ganzheit in Form von Objekten.

Was du aber wirklich ersehnst, ist in Wirklichkeit nicht das Objekt: Es ist der Zustand, in dem du glaubst zu sein, wenn du endlich das Objekt *hast* – das Gefühl von Lösung, von Erleichterung, von Vollständigkeit, von Verbindung zur Liebe und zum Leben. Endlich wirst du dich ausruhen können, endlich hat deine Suche ein Ende. Was du wirklich ersehnst, ist also das *Ende der Suche*, das Gefühl, vollkommen still und präsent zu sein und erfüllt, ruhend im ewigen Jetzt.

Die Wurzel der Sucht also liegt in dem Verlangen, der Sehnsucht nach Liebe. Was wir in Wahrheit suchen, ist unsere eigene Präsenz. Dennoch, wie wir alle wissen, kann kein Objekt, kein Mensch, keine Substanz, kein Ereignis uns diese Liebe schenken. Einige Augenblicke lang, einige Minuten, Stunden später, fängt das nagende Gefühl des Suchens wieder an. Du willst dann das nächste „Objekt“, den nächsten Treffer, den nächsten Gipfelpunkt, die nächste Erfahrung, das nächste Level erreichen.

Der Mechanismus des Suchens ist durch das Erreichen oder Erwerben des Objektes nicht ausgeschaltet worden, er hat nur vorübergehend Pause gemacht und hat dann noch mehr Verlangen in dir erzeugt.

Aber es gibt eine andere Möglichkeit. Lasse das Verlangen zurück in seine Quelle fallen. Alles Verlangen ist in Wirklichkeit das Verlangen nach der Präsenz selbst, nach dem Geschmack deines eigenen Seins, diese kosmische Nähe, dieses großartige Gefühl von Lebendigkeit, Wachheit und Offenheit. Kein Objekt, kein Mensch kann dir das vermitteln, obwohl du manchmal vielleicht einen vorübergehenden Geschmack davon bekommst. Aber manchmal macht dich dieser Geschmack nur hungriger, als du vorher schon warst – du willst die ganze Mahlzeit.

Es gibt jetzt auf diesem Planeten viele Menschen, die alles zu haben scheinen, aber sich leerer fühlen als jemals zuvor, verloren. Das einzige, nach dem sie sich sehnen, können sie nicht erlangen, können es nicht einmal finden. Präsenz, Stille, bedingungslose Liebe, das Gefühl, endlich zu Hause zu sein und zutiefst verwurzelt im Körper, in der Erde, im Kosmos, ganz gleich, wie wenig oder viel du auch besitzt – das ist das tiefste Verlangen jedes menschlichen Herzens.

Wisse, dass jedes Drängen, jedes Verlangen, jede Sehnsucht, jeder Suchtimpuls in Wirklichkeit ein Ruf ist, Präsenz zu erfahren. Keine Präsenz irgendwann in der Zukunft, sondern Präsenz. Jetzt! Statt dein Verlangen zu betäuben oder ihm geistlos in eine Zukunft zu folgen und gewohnheitsmäßig die Hände auszustrecken, um die ersehnte Form endlich greifen zu können, werde neugierig. Das ist der mittlere Weg. Atme in die unangenehmen Gefühle im Körper hinein – in den Bauch, in die Herzgegend, in die Kehle – und erlaube allen Bildern in deinem Geist, all den vorgestellten „Zukunftsszenen" von Zufriedenheit und Befriedigung, in dir aufzusteigen – und auch wieder abzusteigen.

Es gibt eine tiefere Zufriedenheit, die daraus resultiert, dass du dich jetzt nicht verlässt, eine tiefere Befriedigung, die daraus resultiert, dass du näher bei denjenigen Teilen deines Selbst bleibst, die nach deiner freundlichen Aufmerksamkeit weinen. Nicht zu suchen, sondern bei diesem brennenden, sehnsuchtsvollen Drängen zu bleiben, lauschend auf das, was es wirklich braucht.

Aus diesem Ort deiner Präsenz kannst du immer noch träumen, wenn du das willst, du kannst Sehnsucht haben, dir Ziele vorstellen, Dinge begehren. Etwas zu ersehnen, ist auch etwas Heiliges – lasst uns nicht zu Asketen werden. Aber die Qualität des Wollens ist jetzt sehr anders geworden. Sie kommt aus der Quelle, aus der Präsenz. Sie steigt empor aus deiner Ganzheit, nicht aus deinem Mangel. Es ist jetzt mehr eine spielerische Haltung , weniger Druck, mehr Neugier, weil du jetzt weißt, dass du sowieso ganz bist, ob du „das Ding" nun bekommst oder nicht, das du gerne wolltest.

Du bist jetzt nicht einmal einen Herzschlag entfernt von deiner Erinnerung an deine eigene süße Präsenz, an den Ursprung und das Ziel deines tiefsten Verlangens.

61 • Du hast dein Bestes getan

Du hast dein Bestes getan. Du hast alles getan, was du tun konntest. Du hattest keine Wahl.

Wenn du in Betracht ziehst, was du zu jenem Zeitpunkt geglaubt hast, welche Gefühle du in dir hattest, wie du mit deinem Atem verbunden warst, mit deinem Körper, mit deiner Wahrheit, mit dem Weg, wie verwurzelt du warst in dem gegenwärtigen Moment, wie klar du gesehen oder nicht gesehen hast, wie viel Schmerz in dir war, wie offen und verletzlich deine Wunden waren, wie viel Widerstand du gespürt hast, wie eng oder weit deine Perspektive war, wie festgefahren du in deiner persönlichen Geschichte warst, dann könntest du merken, dass du nicht anders hättest sprechen oder handeln können.

Du hast dein Bestes gegeben, angesichts der Bewusstseinsebene, aus der heraus du gehandelt hast.

Ist das eine Entschuldigung? Nein. Es geht darum, dass du die volle Verantwortung für das, was geschehen ist, übernimmst, aber ohne Schuld, indem du die Hoffnung aufgibst, noch „eine bessere Vergangenheit" zu erhalten. Ist das eine faule Ausrede? Nein. Es geht darum, dir selbst zu vergeben. Das loszulassen, was „hätte sein können" und dich mit dem anzufreunden, „was ist", dich selbst im Jetzt zu verwurzeln, dem einzigen Ort, an dem wahre Veränderung geschehen kann, an dem neue Antworten auftauchen, an dem echte Heilung geschehen kann.

Trauere über die Vergangenheit, das ist ganz in Ordnung. Lerne deine Lektionen, auch das ist ganz in Ordnung. Höre anderen zu, wenn sie ihr Leid klagen, natürlich. Spüre alles zutiefst. Leiste Wiedergutmachung, wenn du kannst. Entschuldige dich, wenn es angebracht ist.

Aber glaube auch nicht einen Augenblick lang, dass die Vergangenheit anders hätte sein können. Glaube nicht einen Augenblick lang, dass das Universum falsch gelaufen ist. Lass die alten Geschichten los, die heißen: „Ich bin schlecht" oder „Ich habe es vermasselt" oder „Mit mir stimmt etwas nicht".

Du bist, wo du bist. Jetzt. Ein neuer Tag beginnt, ein neuer Anfang, eine neue Chance, deinen echten Weg zu finden.

Bewaffnet mit dieser neuen Erkenntnis, mit dieser neuen Perspektive, einem demütigeren und vergebenden Herzen und mit einer Haltung der Neugierde gehe der Zukunft entgegen, gegründet in dieser liebevollen Präsenz, offen für alle Möglichkeiten.

62 • Wie man glücklich ist

Versuche nicht, glücklich zu sein. Damit machst du dich nur unglücklich. Du wirst dann deine gegenwärtige Erfahrung vergleichen mit der vorhandenen Version deines Geistes darüber, was „Glücklichsein" bedeutet, und du wirst jede Art von Unglücklichsein in dir bekämpfen, sodass du dich in zwei Teile spaltest. Das wird dich noch weiter vom Gefühl des „Glücklichseins" entfernen.

Wahres Glücklichsein ist die Abwesenheit jedes Versuches, glücklich sein zu wollen oder zu versuchen, irgendeiner abgenutzten Version eines Bildes vom Glücklichsein zu entsprechen. Es ist die Einladung, ganz zu sein, gut gegründet, präsent, genau da, wo du jetzt bist.

Glücklichsein ist kein Ziel, kein Endpunkt, wo man ankommen muss, kein Ruhepunkt irgendwo in der Zukunft. Es ist kein Zustand, nicht einmal ein positives Gefühl. Es kann nicht vermittelt werden und kann einem auch nicht genommen werden.

Glücklichsein ist ein Feld: ein großes Feld, in welchem Freude und Leid, Erregung und Langeweile, Einsamkeit, Zweifel und ein tiefes Gefühl von Verbundenheit, Wut, Furcht, Ungewissheit, ja, selbst Verzweiflung zugelassen sind, wo sie tanzen dürfen, spielen, wachsen, sich ausdrücken, leben, bleiben, ruhen und sterben, und zwar in ihrer eigenen, kostbaren Abfolge.

Alle Gedanken sind willkommen, sowohl die positiven als auch die negativen. Klänge, sowohl die angenehmen wie auch unangenehmen, ebenso.

Glücklichsein ist etwas Großes, es ist nichts Kleines. Es ist Meditation, ein weiter, großer Raum. Es ist liebevolle Aufmerksamkeit, Langsamkeit, Ruhe. Es ist der Atem, hineingehen, herausgehen. Es ist das Gefühl, lebendig zu sein. Es hat kein Gegenteil, denn es umfasst alles. Es ist dein wahres Wesen, nicht eine Form weitentfernter Utopie. Es ist du, noch bevor du deinen Namen bekamst, bevor du gelernt hast, dich selbst in Zweifel zu ziehen.

Versuche also nicht, glücklich zu sein. Umfange dein Unglücklichsein, lass es leben, biete ihm Asyl in dir an und ein Heiligtum.

So wirst du ein tieferes Glücklichsein erfahren, eins, das unter der Bezeichnung Liebe bekannt ist.

Teil 6

Ruhe in der Unbeständigkeit und Wandlung

63 · Wie man eine Traumwelt verändert

Du hast schon sowohl Freude als auch Leid kennengelernt, die größte Ekstase und das tiefste Herzzerbrechen. Manchmal war die Freude so intensiv, dass dies fast dein Herz gebrochen hätte, und manchmal war die Verzweiflung so überwältigend, dass du in ihrem Kern eine seltsame und unerwartete Freude empfunden hast. Manchmal waren Freude und Leid nicht voneinander zu unterscheiden und du wurdest so an das erinnert, was beiden zugrundeliegt – deine unerschütterliche Präsenz.

Die Welt hat dir so viel geschenkt, mein Freund, mehr als du jemals für möglich gehalten hättest, und du möchtest gerne etwas zurückgeben. Du möchtest gerne eine Heilkraft sein, du möchtest erheben und erschaffen, aber da sind so viele Fragen, die du plötzlich ganz im Privaten in dir spürst: Wie soll man die Welt verändern, ohne gegen den derzeitigen Zustand anzukämpfen, in dem sie sich befindet? Wie kann man den Planeten durch Liebe und Annahme verwandeln, nicht durch Intoleranz und Krieg? Musst du über den derzeitigen Zustand wütend werden, Position beziehen, ein wütender Missionar werden, als erschöpfter Suchender leben, in ständiger Unzufriedenheit, damit du eine schöpferische Transformation bewirken kannst? Ist das der effektivste Nutzen, den du aus deinen Gaben ziehen kannst? Musst du deshalb in Furcht leben, in Wut und in Anklage?

Eine große Heilung beginnt oft, wenn wir uns mit dem Universum, wie es im Moment ist, in Einklang setzen und dennoch gleichzeitig in unserem Herzen die Vision bewahren, von der wir wissen, wie es sein könnte, und wir einfach aufhören, die beiden miteinander zu vergleichen. Halte deine Augen auf den Preis gerichtet, aber lehne dich nicht gegen den gegenwärtigen Moment auf – darin liegt das große Paradox der Wandlung und das Geheimnis, wie man die Welt verändert, indem man sie überhaupt nicht verändert.

Es ist unmöglich für deinen Geist, zu verstehen, wie kreative, intelligente, mitfühlende und spontane Handlungen aus einem Ort hervorgehen können, an dem man das Jetzt vollständig akzeptiert, wie Tun ohne Mühe und Anstrengung hervorgehen kann aus dem Nicht-Tun.

Akzeptanz bedeutet nicht, Toleranz oder Passivität zu üben – sie macht dich vielmehr radikal lebendig und leidenschaftlich engagiert für diese unglaubliche Traumwelt.

64 • Singe, Welt, singe!

Brich mich auf, Leben!
Zerschlage meine immer noch vorhandenen Abwehrmuster gegen dich!

Du hast Pracht und Herrlichkeit ins Zentrum meiner Verzweiflung gesetzt.
Du hast die Stärke eines Vulkans in meine Verletzlichkeit gepflanzt.
Selbst meine Zweifel vibrierten voll Mut.

„Verlasse das Bekannte
ohne Hoffnung auf Wiederkehr?"
Natürlich!
Ich habe keine Angst, ich hatte niemals Angst!

Ich ging einmal einen wohlbekannten Weg,
den Weg der Selbsterschaffung.
Jetzt gehe ich einen Weg der Gnade und Zerstörung,
des Weinens über den Gesang eines Vogels,
den Weg der Wahrheit, die ich sage.

Ich werde niemals umkehren!

65 • Die wundervolle Leere grollt

Alle unsere Liebsten werden sterben oder sich verändern oder dich verlassen – deine Mutter, dein Vater, deine Kinder, deine besten Freunde, dein intimster Geliebter, deine Lehrer, deine Schüler. Oder du wirst dich verändern, dich entwickeln oder dein Gedächtnis verlieren, oder dein Körpersystem wird zusammenbrechen.

Alle äußeren Quellen des Glücks sind den Gesetzen der Veränderlichkeit, der Vergänglichkeit unterworfen. Alle Formen sind ihrem Wesen nach flüchtig, Meereswellen existieren nur einen Augenblick lang, bevor sie ihre Form verändern. Das ist nur „deprimierend" oder „negativ", wenn man den Gesichtspunkt des Ego annimmt, das blüht, wenn es um Anhaftung geht, und das sich an Menschen und Objekten und Substanzen festhält, damit es überleben kann. Das Ego braucht immer Zeit und macht aus der Zeit einen Feind oder die allerhöchste Sucht.

Aber von einer Perspektive dessen betrachtet, was du wirklich bist, von Seiten der Unkontrollierbarkeit der Dinge, der Unvorhersagbarkeit anderer, der wunderschönen Zerbrechlichkeit der Form, wird jeder Augenblick unendlich kostbar. Verlust ist dann kein Feind, sondern ein Freund, der mit sich die Einladung bringt zu erwachen.

Wir besitzen vielleicht kein Morgen, aber wir haben das Jetzt – und jetzt ist alles.

Und so werden wir für immer in die Dankbarkeit gezogen, zerbrochen auf dem Altar der furchtlosen Liebe, in Kontakt mit einem Ort, wo wir nie zerbrochen sein können: in der Präsenz selbst.

66 · Wo wir stehen

Du bist verloren, ohne Hoffnung. Dein Herz ist heute in eine Million kleinster Teile zerbrochen worden und du kannst das Puzzle deines Lebens nicht mehr zusammensetzen, ganz gleich, wie sehr du dich abmühst, du hast einfach keine Bezugsgröße mehr. Zweifel und Fragen wüten wie ein Waldbrand im riesigen Feld deines Wesens. Du kannst nirgendwo mehr einen Ort der Verbundenheit finden. Selbst das Lied eines Vogels zum Tagesanfang scheint auf einem entfernten Planeten zu sein. Alles, was so dauerhaft schien, ist zerschmettert worden, alle deine Gewissheiten haben sich plötzlich in Luft aufgelöst und niemand scheint mehr Antworten zu haben, nicht einmal die Gurus und Selbsthilfeexperten, die einst so vielversprechend zu sein schienen.

Diesmal biete ich dir mit meinen Worten keine Führung an. Keine Hoffnung, kein Versprechen, keinen Traum, dass diese Zerstörung jemals aufhören wird. Du bist verloren, ohne Hoffnung, mein Freund, und was nun übrig ist, ist einzig die radikale Verbindlichkeit dem Boden gegenüber, auf dem du stehst, eine Eheschließung mit der Demut gegenüber deinem Ursprung, deinem Geburtsort und dem Ort gegenüber, wo du deine endgültige Ruhe finden wirst.

Manchmal zersplittern wir und manchmal, während wir noch zersplittern, erinnern wir uns viel klarer, dass wir mit unseren Füßen noch verwurzelt sind: In der Erde. Im Boden. Gehalten von der Schwerkraft, immer noch fallend, ja, aber dennoch irgendwie unterstützt. Manchmal werden wir auf die Knie gezwungen und aus der Perspektive des Bodens heraus ist eigentlich nichts passiert, ganz zu schweigen von dem Gesang eines Vogels oder dem ersten Morgenlicht.

67 • Ein Weg des Mutes und des Vogelgesangs

Eine Krebsdiagnose. Der Verlust des Lebensunterhalts, des Wohlstands, des Ansehens, der Macht. Das unerwartete Ende einer Beziehung. Ein gebrochenes Versprechen, ein geplatzter Traum. Unbeständigkeit klatscht uns ins Gesicht, ohne vorherige Warnung. Sie war natürlich immer da, hat sich im Hintergrund herumgetrieben und wir waren einfach zu abgelenkt oder der Illusion verfallen, dass die Dinge dauerhaft sind, oder wir haben uns abgestumpft.

Die Unbeständigkeit zeigt sich uns dann, unerwartet, plötzlich, damit wir uns an das erinnern, was wirklich wesentlich und wahr ist, um uns aufzuschrecken aus unserer spirituellen Faulheit und uns an unseren wahren Weg zu erinnern.

Eine Achtsamkeit dieser Unbeständigkeit der Dinge gegenüber kann uns vor dem Schmerz der Selbstgerechtigkeit schützen, vor der Arroganz, der Ignoranz, der Gier – und, letztlich, vor der großen Angst, die dahintersteht.

Mein Freund, finde das, was dauerhaft ist, im Zentrum des Allzeit-Veränderlichen. Finde deine eigene Gegenwärtigkeit im ständig sich verändernden Erscheinungsbild des Lebens. Finde dein wahres Zuhause in der Mitte der Ungewissheit. Sei das, was du bist, das unveränderliche Prinzip – das, was sich nie verändert hat, während alles andere sich veränderte. Wisse um deine eigene Güte, dein ursprüngliches Gefühl der Zugehörigkeit, weich und intim und warm, immer da, niemals verloren. Du hast dich nur ablenken lassen, das ist alles, hast dich verloren in den schimmernden Dingen, in diesen berauschenden Träumen der Vergangenheit und Zukunft, hypnotisiert von Erscheinungen auf deinem Weg in Richtung auf zukünftigen Ruhm, der dir von zweifellos wohlmeinenden Freunden vorhergesagt worden ist.

Und dann die Krebsdiagnose. Der Verlust deines Lebensunterhaltes, deines Wohlstands, deiner Macht. Das unerwartete Ende einer Beziehung. Ein gebrochenes Versprechen, ein geplatzter Traum. Dies sind keine Fehler oder Strafen, sondern plötzliche Weckrufe, die dich an die wahre Macht des Unkontrollierbaren erinnern sollen, an die immense Intelligenz, die allen Dingen zugrunde liegt, eine Intelligenz, die jedes Verstehen übersteigt.

Ein Weckruf, demütig zu werden und weich. Freundlich. Und eine Einladung, dich zu erinnern. Mitten in der Krebsbehandlung, mitten im Verlust, in der Zerstörung, im Versagen – was kann nicht verloren gehen? Was kann nicht schiefgehen? Die *Liebe* – sie ist immer noch da. Die Fähigkeit, sich tief zu verbinden, ist immer noch da. Zuzuhören. Zu erkennen. Zu fühlen. Über den Ernst zu lachen. Ernst zu sein, wenn es Gelächter gibt. Dich deiner eigenen Präsenz zu erinnern, der Präsenz des Lebens selbst, hier und jetzt. Und dich zu verneigen vor dem Geschenk der kleinen Dinge. Vor dem kleinen Schluck Wasser. Vor dem Klang des Regens. Vor dem Atem, der sich durch deine Nasenlöcher bewegt. Vor dem Besuch eines geliebten Menschen. Vor einer unausgesprochenen Freundlichkeit. Vor einer Tasse Tee mit deinem Vater, dessen Hände inzwischen so zittern. Vor der Schönheit der nicht beantworteten Fragen.

Die wesentlichen Dinge können dir nicht genommen werden. Alles Unwesentliche wird zu gegebener Zeit auseinanderbrechen.

Der Standpunkt dabei ist entscheidend. Der Moment ist der Anfang.

Das ist nicht der Weg, den du in Büchern finden wirst, nicht einmal in diesem. Dies ist der Weg des Mutes und des Vogelgesangs, des Aufwachens am Morgen, mit zartem Herzen und im Bewusstsein, dass alles irgendwie zutiefst okay ist, auf eine Weise, die du nicht einmal zu verstehen hoffen kannst.

68 • Rein und raus aus dem Jetzt

Uns ist beigebracht worden, an den „gegenwärtigen Moment" als an eine unendlich kleine Scheibe Zeit zu denken, wie ein Sandwich zwischen Vergangenheit und Zukunft eingeklemmt, aber das stimmt nicht ganz. Statt ihn „den gegenwärtigen Moment" zu nennen, lasst ihn uns „die gegenwärtige Bewegung" nennen und als etwas anderes sehen: als den gegenwärtigen Tanz des Lebens, in Echtzeit, diesen unmittelbaren, vibrierenden, allzeit veränderlichen Tanz des Denkens, der Empfindungen, der Gefühle, der Klänge, der Gerüche, der Bedürfnisse, der Impulse, der Bilder, der Erinnerungen und der Träume.

Wenn wir dann einen neuen Blick werfen auf den Punkt, wo wir gerade sind, dann ist alles, was wir jemals finden werden, der gegenwärtige Augenblick, nicht in der Vergangenheit oder in der Zukunft, sondern lebendig und jetzt gerade geschehend. Natürlich kommen auch Vergangenheit und Zukunft hier zum Zuge und spielen eine Rolle, als Bilder und Gefühle, als Erinnerungen und Projektionen. Es gib nur diese gegenwärtige Bewegung, einschließlich „deiner" Vergangenheit und Zukunft, und das ist alles, was du je gewusst hast, und alles, was du je wissen wirst, denn sie beinhaltet alles Wissen und auch alle Zweifel.

Dann ist die Frage: Wer oder was ist sich dieser Bewegung bewusst? Wenn derjenige, der du wirklich bist, in dieser Bewegung gefangen wäre, darin enthalten, dadurch definiert, dadurch begrenzt, dann würdest du niemals die Bewegung als Bewegung kennenlernen. Einfach gesagt: Wer du wirklich bist, bewegt sich nie und ist sich darum immer all der Bewegungen des jeweiligen Momentes bewusst, genau wie die Kinoleinwand alle Filme zulässt, alle mit unterschiedlichen Orten, an denen gedreht wurde, mit unterschiedlichen Zeiten, in denen der Film spielt, Veränderungen in Vergangenheit und Zukunft, während die Leinwand selbst sich nie bewegt oder altert oder Zeitreisen macht, sondern immer ganz als Gegenwart gegründet bleibt. Du bist der ruhige, stille, unveränderliche Hintergrund der augenblicklichen Bewegung des Lebens. Alle Bewegung geschieht in dir und aufgrund deiner Präsenz. Du bist der eine konstante Faktor hier.

Die Vergangenheit – als Gedanken, Erinnerungen, Bilder – geschieht im Jetzt, in deiner Präsenz, nicht „in der Vergangenheit".

Die Zukunft – als Bilder, Pläne, Hoffnungen, Träume, Fantasien – geschieht im Jetzt, in deiner Gegenwart, nicht „in der Zukunft".

Jeder Gedanke – selbst ein Gedanke über die Vergangenheit – ist ein gegenwärtiger Gedanke. Jedes Gefühl – selbst ein scheinbar „altes Gefühl" – ist Teil der gegenwärtigen Bewegung des Lebens. Jeder Klang, jeder Geruch, jeder Geschmack, jeder Traum, jede Sehnsucht ereignet sich hier, wo du bist, aufsteigend und sich auflösend in deiner unveränderten Präsenz, die niemals irgendwohin durch Zeit und Raum gereist ist.

Jetzt, das ist nicht nur die winzige Scheibe Zeit zwischen Vergangenheit und Zukunft, sondern das Fassungsvermögen für Vergangenheit, Gegenwart und Zukunft, das unbegrenzte Potenzial für Erfahrung und deshalb können wir auch Folgendes sagen:

„Du kannst nicht aus dem Jetzt „hinein"- oder „heraus"-gehen. Denn du *bist* das Jetzt.

69 • Wenn ein geliebter Mensch stirbt

Wenn ein geliebter Mensch stirbt, dann sorge dich nicht. Weine, klage, schreie, ja, ehre sein Gedächtnis, aber mach dir keine Sorgen. Denn er ist nicht irgendwohin gegangen, wenn man es genau nimmt. Er hat lediglich den Ort und die Zeit gewechselt. Du kannst ihn nicht mehr erreichen, sagen: „Da ist er", ihn in seiner materiellen Gestalt finden oder ihn in deiner persönlichen Welt suchen.

Aber, siehst du, letztlich war er niemals an seinen Körper gebunden. Seine Arme, seine Beine, sein Gehirn, seine Finger, sein Blut, seine Nieren, seine Verdauungsorgane – all dies waren doch nicht die Dinge, die ihn ausgemacht haben. Du hast das Körperliche auch geliebt, sicher, du warst darauf bezogen, du hast erwartet, dass es weitergeht, und er war dir so vertraut, aber das war doch nicht deine ganze Liebe.

Jetzt bist du aufgerufen, dich an eine tiefere Liebe zu erinnern, eine universelle Liebe, eine Liebe, die nicht an die äußere Form gebunden ist, eine Liebe, die überhaupt keine Gebundenheit kennt. Eine Liebe, die nicht in die Vergangenheit und in die Zukunft flieht, sondern die ganz gegenwärtig bleibt, so wie du durch deine Tage gehst. Eine Liebe, die nicht von Worten oder Orten abhängig ist, sondern die mit dir geht, wohin auch immer du gehst, die untrennbar mit deiner eigenen Präsenz verbunden ist, die spät abends in dein Ohr wispert: „Ich bin da!"

Suche nicht nach deinem Geliebten in der Zeit oder an bestimmten Orten, mein Freund, versuche nicht, die Arme nach ihm auszustrecken, denn damit wirst du merken, dass er nicht da ist, dass deine Hände leer bleiben. Aber: Er ist dir viel näher als das. Es wird vielleicht eine Weile dauern, bis du dich auf seine Formlosigkeit eingestellt hast. Du bist aufgerufen, deine Träume loszulassen, ja, sicher, und das wird eine Menge Schmerz in dir hervorrufen, viel Trauer, der du mit Mut und Bereitschaft begegnen musst. Aber bereite dich darauf vor, dafür die Liebe in dir aufzubrechen. Und, oh, was für eine Freude, zu entdecken, dass dein Geliebter genau da ist, wo du ihn verlassen hast! Was für eine Aufregung über eine Beziehung, die in die Unendlichkeit zerspringt!

Wisse, dass er dich nie verlässt! Und du wirst erfahren, dass er dies niemals tut! Denn er ist in deiner Präsenz, und du in seiner!

70 · Der Eid der Liebe

Lasst uns einen Bund schließen mit dem Feld der Liebe, nicht mit ihrer Form.
Lasst uns anerkennen, dass die Form sich ändert,
abebbt und fließt, wie sie es tun muss.
Wir sind Liebende, wir sind Freunde.
Wir sind verheiratet, wir sind geschieden.
Wir sind zusammen, wir sind getrennt. Und wir sind erneut zusammen.
Wir sind Partner, wir sind Ex-Partner. Wir leben zusammen, wir tun es nicht.
Wir sind voneinander angezogen, die Attraktivität schwindet
und kommt dann unerwartet wieder zum Vorschein.
Wir sind klug und aktiv, mit rosigen Wangen und voller Hoffnung.
Wir sind ans Bett gefesselt, wir verschmutzen nachts unsere Unterwäsche,
wir brauchen Hilfe beim Essen und sind dennoch voller Hoffnung.
Wir nehmen unerwartete Wege, verändern uns auf unerwartete
Weise, tanzen unseren einzigartigen Tanz im Feld.
Wir stehen niemals still. Wir sind lebendig.
Gibt es da eine Liebe, die alle diese Veränderungen übersteht, ja, sie sogar
feiert? Eine Liebe, die alles umfasst und sich dennoch nicht an etwas hängt?
Gibt es irgendwo ein so großes Feld, in dem wir uns täglich
treffen können, krank oder gesund, reich oder arm?
Können wir uns dem Feld selbst gegenüber verpflichten und
uns nicht an einer spezifischen Form festhalten?
Können wir alle Vorstellungen von Dauerhaftigkeit loslassen, uns im Hier und
Jetzt treffen, heute aus dem Herzen sprechen, heute aus unserer Präsenz heraus
zuhören, unsere Wahrheit sprechen, ganz gleich, wohin uns das Morgen führt?

Können wir riskieren, dass wir unsere Form verlieren und dabei
das Feld ehren, so lange, bis dass der Tod uns scheidet?
Gibt es eine Liebe, die so groß ist, so zeitlos, so präsent,
so frei von weltlichen Bedingungen?

71 • Ein Gedanke aus der Pariser Metro

Radiert die Schlachtpläne aus, meine Brüder und Schwestern. Heute werden wir anfangen, eine neue Welt zu bauen.

Ich sehe eine Taube, die in einer U-Bahn-Haltestelle gefangen ist. Wie das menschliche Herz schlägt sie hektisch mit den Flügeln, im Versuch, diese kostbare Freiheit wiederzuerlangen, die sie gekannt haben will, bevor sie ging. Aber jetzt, trotz ihres Flügelschlagens, bleibt die Höhle ihr kleines Königreich. Dennoch ist der Vogel ehrfurchtgebietend in seinem Flügelschlagen, denn er benutzt sein zeitweiliges Gefängnis niemals als eine Entschuldigung, auf sein Potenzial zu verzichten oder sich der Größe seines winzigen, klopfenden Herzens zu verschließen vor der Größe jedes Atemzuges, den er tut.

Manchmal bricht eine chaotische Wirklichkeit in unser persönliches Leben ein. Äußerlich betrachtet, wie auch innerlich, gibt es unerwartete Explosionen, plötzliche Risse in der Gewissheit, Traumata – Erfahrungen, die wir nicht in uns halten können. Unsere alte Vorstellung über das, was normal ist, wird auseinandergesprengt und wir finden uns wieder an einem bodenlosen, ungewöhnlichen Ort, im Ungewissen, wo wir uns an nichts festhalten können, wo wir verzweifelt versuchen, irgendeinen Sinn in alles zu bringen, bevor es zu spät ist, während wir uns nach einem Augenblick sehnen, an dem alles anders ist, nach einer anderen Wirklichkeit, nach Erleuchtung, Erkenntnissen, die jedoch Millionen Meilen entfernt sind, so, als ob sie in einem anderen Leben passiert wären. Vielleicht war es auch so. Was wissen wir schon darüber?

Dennoch gibt es nur ein einziges Leben. Diesen Tag. Diesen Augenblick. Und im Auge des Sturms sind wir einmal mehr aufgerufen, unsere eigene Präsenz zu erinnern und nicht zu vergessen, unseren Boden, das unveränderbare Prinzip in der Mitte des zerstörerischen Wandels. Und die Präsenz von anderen als unsere eigene Präsenz zu erkennen, in brillanter Weise verkleidet, über die Rassen hinaus, über das Alter hinaus, über die Religion hinaus, selbst über den Glauben hinaus. Uns niemals mehr von Erscheinungsformen an der Nase herumführen zu lassen.

Jeder glaubt doch, er selbst sei „eins“ und „getrennt“, jeder sucht das Eine, jeder ist auf seinem eigenen gefährlichen Weg zur Sonne, mit den Flügeln schlagend, in einer Weise, die er nur selbst kennt.

Die Liebe ist wie ein Feuer. Sie kann verbrennen, aber sie kann auch erleuchten und heilen und unsere gefrorenen Finger wärmen. Sie kann uns lebendig halten, all diese Jahre lang, bevor die Zukunft kam, in der wir uns nachts in den Höhlen zusammengekuschelt haben und uns Geschichten erzählten von Verlust und Mut, und als das, was wir heute sind, noch eine wahrscheinlich undenkbare Utopie darstellte.

Utopie. Der gute Ort, der Ort, der nicht sein kann, solange es eine Zeit gibt.

Ich bin verliebt in das Flügelschlagen und in die Risse, die uns demütig machen und uns helfen, uns an unsere geteilte Wärme zu erinnern. Du kannst nicht „dorthin“ kommen, aber probiere es ruhig weiter, denn die Liebe ist allgegenwärtig, selbst im Flügelschlagen solch kleiner Flügel.

72 • Die Schönheit der Abschiede

Alles endet. Alles und jeder, den wir lieben, ist nur eine kurze Weile lang auf dieser Erde. Wir wollen von dieser wunderschönen Tatsache nichts wissen, versuchen, nicht darüber nachzudenken, nennen das Thema „deprimierend“ oder „negativ“ oder „zu dunkel“. „Mach dich heller!“, sagen wir und versuchen verzweifelt, das Ende der Dinge – so, als wäre es ein Feind – aus unserem Leben herauszuhalten, den Schmerz im Schlamm zu ersticken, ebenso die Traurigkeit, die Sehnsüchte, die Ängste, den Schrecken der Ewigkeit, uns abzulenken mit den Alltagsgeschäften, den Plattitüden, dem „positiven Denken“ und den Religionen, die auf Furcht aufgebaut sind sowie mit lange abgenutzten Versprechen und einer Weigerung, uns mit der Natur und ihrer uralten und rätselhaften Art und Weise zu konfrontieren. Wir kämpfen darum, unser Leben immer heftiger zu kontrollieren, wir erschöpfen uns, indem wir versuchen, uns vor etwas in Sicherheit zu bringen, von dem wir gar nicht gerettet werden können.

Und dennoch lauert unter unserer Frivolität, unseren Ablenkungsmechanismen, unseren Versuchen, das Unkontrollierbare zu kontrollieren, die Furcht. Sie grollt. Diese uralte Furcht vor der Tiefe, das Gespenst des Verlustes, die Gewissheit, dass alle Dinge eines Tages sterben werden, oft, wenn wir am wenigsten damit rechnen oder es am wenigsten wollen, ihm am wenigsten vertrauen oder am wenigsten darauf vorbereitet sind. Aber wie alle spirituellen Lehrer aller Zeiten uns immer wieder gesagt haben, ist der Tod ein Teil des großen Lebenszyklus, und die Veränderbarkeit ist im Kern unserer menschlichen Erfahrung eingebaut, und nichts ist hier gewiss außer unserer Ungewissheit, nichts wird uns letztlich versprochen außer dem, „was ist“, und wir ignorieren auf eigene Gefahr den Zyklus des Auftauchens und Vergehens.

Alles brennt, wie schon Buddha lehrte, und selbst Jesus sah dem Tod und der Verwesung ins Auge. In einem geringeren oder größeren Ausmaß müssen wir uns alle mit dem Tod konfrontieren, damit wir das Leben wirklich schätzen können, uns selbst wirklich lebendig fühlen, um unseren Ort in der Weite des Kosmos zu erkennen.

Wir vermeiden, uns mit dem Tod auseinanderzusetzen, um unsere Trauer, unseren herzzerreißenden Schmerz nicht spüren zu müssen. Aber wenn wir erlauben, dass unser Herz zerreißt, wenn wir es weich werden lassen und zutiefst in das Wissen eintauchen, dass alles sterben wird, dass alles vorübergeht, dass alles sich auflöst, dann kann das zum großen Portal unseres Erwachens werden. Wir hören dann nämlich auf, alles einfach als selbstverständlich zu nehmen. Wir hören auf, auf ein „Morgen" hinzuleben, und müssen uns dem lebendigen Tag zuwenden. Wir hören auf, unser Glück in einer Zukunft zu suchen, uns an die Versprechungen von anderen zu klammern, und fangen an, aufzubrechen zu einer größeren Glückseligkeit, die in der Gegenwart verwurzelt ist, in der Wahrheit, die erlaubt, dass etwas kommt, aber auch, dass es wieder geht, die den kleinen Tod annimmt, der jeden Tag geschieht, die Enttäuschungen, die Verluste, die zerplatzten Erwartungen, die Abschiede. Das Unerwartete wird so zu unserem Freund, zu einem ständigen Begleiter. Wir brechen auf in eine bittere Süße, in eine Zerbrechlichkeit und vollständige Verletzlichkeit, in das Geschenk jedes einzelnen Moments, in jede Begegnung mit einem Freund, einem Geliebten, einem Fremden.

Jeder Augenblick wird so geheiligt, heilig, weil er genauso gut der letzte sein könnte. Das ist für das Herz nicht deprimierend, sondern befreiend, nährend. Denn jetzt bist du frei – frei, wirklich zu leben und zu lieben und zu lachen und dich selbst vollständig der Existenz anzuvertrauen. Jeder Augenblick des Kontakts mit einem Partner, einem Freund, einer Mutter, einem Vater, einem geliebten Kind kann dann als ewig, als unendlich gesehen werden.

Dann gibt es auch jetzt keine bedeutungslosen Momente mehr.

Wir erlauben unseren Herzen, aufzubrechen und sich dem Heute zu öffnen, bringen unseren Verlust in die Größe der Liebe, halten jeden anderen nah bei uns, während wir unseren Weg weitergehen und lernen, unsere Körperlichkeit in Ehren zu halten, obwohl sie vergeht, vorübergehend ist, manchmal sogar endet, ehe sie richtig beginnt. Eckart Tolle erinnert uns: Sogar die Sonne wird einst vergehen.

Alles ist Illusion, und Illusionen sind nicht notgedrungen „unwirklich" oder „nichtexistent", sondern nur „vorübergehend" und „spielerisch", ständig veränderbar und sterbend in unserer Gegenwärtigkeit, nicht in der Lage, von uns auf Dauer festgehalten zu werden, und gerade deshalb so liebenswert, sie zu umarmen, kostbar, genau wie sie ist. Indem wir dem Tod ins Auge schauen, entdecken wir eine Glückseligkeit, die nicht von irgendeiner Form abhängig ist, und wir beginnen unsere grundlegende Angst vor dem Leben zu verlieren.

Wir finden dann Gott – die Allgegenwart der Liebe, des Lichts, der Bewusstheit, der Ewigkeit – mitten in unserem ganz gewöhnlichen Alltag, durch alle Gewinne und Verluste hindurch, den Genuss und den Herzschmerz, die Traurigkeit und die allertiefsten Freuden dieser verrückten, menschlichen Erfahrung.

Wahre Liebe enthält für uns die Möglichkeit des Verlustes des Geliebten, wenn wir darauf achten, wie auch jedes wahre „Hallo" ein ebenso wahres „Auf Wiedersehen" in sich trägt, wie der Himmel alle Planeten enthält und wie das Universum sowohl die Geburt als auch den Tod der weit entfernten Sonnen in sich trägt.

„Ich liebe dich, mein Freund, und ich werde nicht immer in dieser Form um dich sein, und du wirst dies umgekehrt auch nicht tun, aber dennoch sind wir hier, zusammen, jetzt – und das ist alles, was ist…"

73 • Das Heilige Herz des Traumas

Manchmal entwickeln sich die Dinge nicht so, wie wir wollen. Ein geliebter Mensch stirbt. Ein unerwartetes Untersuchungsergebnis kommt. Eine Beziehung bricht auseinander, auf eine Weise, wie wir es niemals vorausgesehen hätten. Eine Infektion kommt zurück. Ein Geschäftsunternehmen löst sich über Nacht auf. Ein Angriff kommt, ganz unvorhergesehen, zerschmettert einen Körper oder einen Traum oder beides. Etwas, das grundsolide schien und wirklich und gestern noch vertrauenswürdig, ist heute viel weniger solide, als es zu sein schien. Ist so ein kosmisches Versprechen gebrochen worden?

Einen Moment lang brechen alle unsere aus dem Denken geborenen Verteidigungsmuster zusammen. Wir sind wieder wie gerade geboren, nicht länger unverletzbar, nicht länger taub dem überwältigenden Schrecken und dem Glanz der Schöpfung gegenüber. Wir sehen uns angesichts der riesigen Weite des Kosmos mit unserer Ohnmacht konfrontiert, nackt, ohne den Schutz unseres Ego. Einen Augenblick lang werden wir berührt von dem unfassbaren, unergründlichen Rätsel, das allen Dingen zugrunde liegt und es durchdringt.

Manchmal bricht die Unbeständigkeit durch die Lücken in unserer überholten Wirklichkeit und die wahre Bodenlosigkeit unserer Existenz, die Unkontrollierbarkeit der Ereignisse, die Unvorhersagbarkeit unserer emotionalen Welt werden erneut offensichtlich. Unsere Augen sind offen. Alte Lehren werden so lebendig. Was geboren ist, muss sterben. Was jetzt hier ist, wird bald nicht mehr da sein. Letztlich ist nichts in der äußeren Welt kontrollierbar. Der Boden, auf dem wir stehen, kann sich jederzeit öffnen. Es gibt wahrlich nichts Sicheres, auf dem wir stehen könnten. Was ist wirklich? Wem oder was kann man in diesem Leben wirklich vertrauen? Wofür lohnt es sich wirklich zu leben?

Und wir weichen davor zurück. Es ist alles zu viel, diese Größe unserer Erfahrung, dieses „Mysterium tremendum“ (das Erschauern auslösende Rätsel, ein Begriff, der das ehrfurchtgebietende Göttliche meint, von dem Religionswissenschaftler Rudolf Otto geprägt, Anm. d. Übers.). Schnell, lasst uns zurückkehren zur Normalität, zur alten und liebgewordenen Sicherheit. Schnell, halte dich an etwas Festem fest, etwas, mit dem du umgehen kannst, an etwas, das du berühren kannst. Bringe etwas in Ordnung. Finde etwas. Kontrolliere etwas. Halte dich an etwas fest. Finde eine Antwort. Nimm eine Medizin. Arbeite, bis es klar wird. Lenke dich ab – mit Substanzen, mit Religion, mit Plattitüden, mit mehr und mehr und mehr Erlebnissen.

Schalte den Fernseher an. Gehe shoppen. Spiele ein Spiel auf deinem Handy. Verstecke dich. Verstecke dich. Verstecke dich.

Statt dich mit dem unerforschten Schrecken auseinanderzusetzen, der in der Tiefe lauert, fixieren wir unseren Blick auf die strahlende Oberfläche. Wir schließen den größeren Schrecken einer unkontrollierbaren Existenz aus, indem wir uns auf die Dinge im Leben konzentrieren, von denen wir denken, dass wir sie kontrollieren könnten. Wir blockieren unseren Schmerz und versuchen, zurück zur Normalität zu kommen, zurück zur Arbeit, zurück zum Bekannten, zurück zur „Realität".

Aber die Normalität ist gerade unser Problem, nicht die Lösung. Die alte, „normale" Wirklichkeit war für uns zu einengend. Das Leben in seiner unendlichen Intelligenz hat nur versucht, uns aufzubrechen. Wir sind zu klein für uns selbst geworden, zu begrenzt, zu taub, zu besorgt darum, unseren Selbstwert in äußeren Dingen zu suchen, gefangen in unseren Geschichten, eingelullt bis zum Schlaf durch den Trost der Vorhersagbarkeit. Wir hatten unsere Macht und unser Vertrauen weggegeben an äußere Formen und Mächte. Indem wir hinter dem Positiven hergelaufen sind, haben wir alles begraben, was wir als negativ zu bezeichnen gelernt hatten – den Schmerz, das Leid, die Sehnsüchte, die Ängste, den Schrecken, die ehrfurchtgebietenden Gegensätze, die unlösbaren Zweifel. Dies sind ganz natürliche Energien, die wir in die Tiefe gestoßen haben, damit wir funktionieren und produktiv sein konnten, unsere Eltern stolz auf uns machen konnten, gemocht wurden, Preise gewannen und uns „angepasst" haben.

Wir dachten dann, wir wären doch glücklich. Aber unser Glück war so ungewiss, so fragil und unsere Freude so abhängig und unsere Zufriedenheit so oberflächlich. Es war die Art Zufriedenheit, die ganz schnell, in jedem Moment, zerbrechen kann. Und das geschah auch, denn das Leben strebt nach Ganzheit und gibt sich nicht mit weniger zufrieden.

Wir sind jetzt also aufgerufen, alles infrage zu stellen. Alles. Vielleicht ist unsere gegenwärtige Enttäuschung, unsere Verletzung keine Blockade unserer Heilung, sondern ein Durchgang zu ihr. Vielleicht ist unsere Trauer kein Fehler, sondern ein Portal. Vielleicht enthält sogar unsere Wut einen Weg. Und unsere allertiefste Sehnsucht ist kein Versagen, sondern ein Teil von uns selbst, der endlich auch gesehen werden möchte.

Offene Wunden, die geheilt werden wollen. Schmerzen, die umfangen werden wollen. Ungelöste Rätsel, die gebadet werden wollen, getrocknet mit liebevoller Aufmerksamkeit.

Unser eigenes Leid und das Leid der von uns Geliebten kann oft wie zufällig erscheinen, so sinnlos, so ohne Ziel, so grausam, so unkontrollierbar, und wir beeilen uns, es zuzudecken, den Schmerz in uns zu bedecken, ihn zu verbergen, ihn zu verleugnen, oder in unserer Scham vorzugeben, wir wären schon „darüber hinweg". Als spirituell Suchende geben wir vielleicht vor, darüber hinausgewachsen zu sein, dies alles transzendiert zu haben, unsere Menschlichkeit vielleicht vollständig überwunden zu haben. Dann sind wir der Welt gegenüber unempfindlich geworden. Wir geben vor, überhaupt nichts mehr zu fühlen, nur noch unendliche Seligkeit. Wir geben vor, dass wir doch so erleuchtet sind, so vollkommen, so glückselig.

Aber letztlich kann man sich nicht vor sich selbst verstecken, denn auf irgendeiner Ebene weiß man immer genau, wo man sich verborgen hat. Das „erleuchtete Ich" ist die größte Lüge von allen. Wo würde sich das „erleuchtete Ich" verstecken?

Keine Erfahrung ist inhärent traumatisch, keine Erfahrung ist wirklich nicht zu verarbeiten oder unerträglich für das Bewusstsein, aber manchmal können Erfahrungen vulkanartige Energien in uns freisetzen, die wir unterdrückt, nach unten geschoben, verweigert und nicht integriert haben, weil wir versuchten, ein konsistentes und festes, ein normales „Selbst" zu sein. Im Versuch, uns selbst zusammenzuhalten, haben wir uns in Wirklichkeit geteilt in „das gute Ich" und „das böse Ich".

Und jetzt ist das Leben in seinem Drang nach Ganzheit selbst zu unserer Rettung gekommen. Die Schrecken, die Wut, die Verwirrung, die unglaubliche Freude, die wir nie zuvor in uns umfangen und halten konnten, tanzen jetzt ganz frei in uns herum. Hallelujah! Das Äußere musste zusammenbrechen und nun sind wir wieder in Verbindung mit unserem Inneren!

Hier nun ist die Einladung, eine kleine Weile ganz ursprünglich, ganz verletzlich zu sein, ganz unerledigt und unverarbeitet. Eine kleine Weile nicht mehr so berechenbar zu sein, eine kleine Weile lang ein richtiges Chaos in uns zuzulassen. Es gibt eine Würde im Auseinanderfallen, darin, etwas mehr in deinem verrückten, ungefilterten, unzensierten, unbeeinträchtigten Selbst zu sein. Verneige dich vor diesen archaischen Energien, die jetzt in dir zum Vorschein kommen. Ein altes Leben fällt jetzt weg, ein neues Leben hat sich noch nicht zusammengefunden und jetzt stehst du auf heiligem Boden, voll wütender Lebendigkeit und Möglichkeit, offen, zerbrochen, aber lebendig, in Berührung mit all den Teilen deines Selbst, die bisher verloren waren, in Berührung mit der Ekstase und den Schmerzen, von denen du gedacht hast, dass du sie nie wieder fühlen würdest, Energien, die du seit deiner Kindheit – und vielleicht schon früher – in dir unterdrückt hattest.

Dein Leiden ist kein Fehler, keine Strafe – und letztlich ist es nicht einmal deins.

Wir leiden alle. Wir werden alle krank, wir werden alle alt, wir sterben alle, wenigstens in unserer körperlichen Form, und unsere körperliche Form ist auch heilig. Wir alle erleben Verluste und wir alle wissen nicht, warum. Wir alle verlieren die Kontrolle oder fragen uns, ob wir jemals und überhaupt die Kontrolle hatten. Wir alle sehen uns Situationen gegenüber, die wir niemals so geplant hätten, Entscheidungen, die wir niemals treffen wollten, Dinge, die heute so ungewollt scheinen, Umstände, die sich einfach „falsch" anfühlen.

Aber im Kern dieses Unwillkommenen, Ungewollten ist etwas verborgen. Wenn wir nur wirklich langsamer werden könnten, atmen könnten und aus unserer Geschichte herauskommen könnten, wie es „eigentlich hätte sein sollen", wenn wir aus unseren Schlussfolgerungen herauskommen könnten, uns dem gegenwärtigen Moment zuwenden könnten, dann würden wir vielleicht Dinge entdecken, die jetzt ganz okay sind, ja, sogar erwünscht, sogar heilig, vielleicht sogar heilend. Und wir könnten anfangen zu erkennen, dass wir in unseren Kämpfen nicht allein sind. Im Herzen sind wir mit der gesamten Menschheit verbunden. Unser Leid ist der Initiationsritus der Welt und viele andere sind diesen Weg schon gegangen. Viele vor uns haben geliebt – und haben verloren, haben Erwartungen gehabt und mussten zusehen, wie sich diese Erwartungen in Luft aufgelöst haben. Wir gehen in der Spur unserer Ahnen. Der Boden unter unseren Füßen ist immer seltsam vertraut.

Wir sind lediglich eingeladen, uns selbst zu lieben, noch feuriger als bisher, uns mit unserem Atem noch tiefer zu verbinden, die Art des Mitgefühls für uns selbst und für jeden anderen zu fühlen, die wir niemals gefühlt hätten, wenn die Dinge sich so weiterentwickelt hätten, „wie wir dachten". Wer dachte denn überhaupt? Warum haben wir erwartet, dass sich die Dinge so entwickeln würden, wie wir dachten, in einer unvorhersagbaren Welt der Unbeständigkeit und ständigen Veränderung? Haben wir wirklich geglaubt, dass wir mit der Leitung dieser Welt beauftragt waren? Kann eine Welle die Weite des Meeres kontrollieren? Haben wir unseren Sinn für Demut verloren, unser Gefühl für Verhältnismäßigkeit?

Alles stirbt, vom Moment an, in dem es geboren ist, wie schon Buddha lehrte. Alles ist aus Glas gemacht. Darin liegt unser größtes Leid und unsere allertiefste Depression, aber auch unser größtes Potenzial für Freude und Befreiung.

Wir lernen, aus der Spur zu kommen, die aussah, „wie wir dachten", und wir lernen nun, den Weg zu beschreiten, der wirklich ist. Wir lernen, das Leben selbst zu lieben und unsere überholten Fantasien aufzugeben. Wir erfahren, dass wahre Freude kein Entrinnen ist, mit dem wir dem Schmerz entkommen, sondern im Gegenteil die Bereitschaft, ihn ganz zu fühlen. Dass wahre Zufriedenheit kommt, wenn wir uns ganz öffnen und die Trauer sogar noch tiefer in uns zulassen, sie voll und ganz fühlen. Wenn wir unser Leid wirklich berühren können, dann berühren wir darin das Leid der gesamten Menschheit. Das heißt nicht, dass wir uns in unserem Leiden suhlen, sondern es heißt, zu erwachen, unsere Augen zu öffnen, ein wahres Mitgefühl zu gebären.

Wir lassen zu, dass sogar unser tiefster Schmerz uns erinnern darf an die Kostbarkeit jedes einzelnen Augenblicks unseres Lebens. Wir erlauben dem Leben, dass es unser Herz weit aufbrechen darf, dass die Wahrheit uns erreicht. Alles brennt, wie Buddha lehrte, und sich an überholten Bildern der Wirklichkeit festzuhalten, bringt nur noch mehr Leiden hervor.

Wir wussten so viel und nun wissen wir weniger und genau das ist kein Verlust, sondern die Geburt unserer Freiheit.

Es gibt etwas in uns, das nie traumatisiert wurde, etwas, das allzeit präsent und vertrauenswürdig ist, etwas, das unzerbrechlich ist, etwas, das sogar die intensivsten Empfindungen überlebt, etwas, das das Trauma hält und loslässt, es hält und loslässt – wie das Herz, das Blut durch unseren Körper pumpt...

74 • Sohn

Du bist so klein – und dennoch sind Welten in dir enthalten.

Du bist so hilflos – aber dennoch strahlst du mit der Kraft des Lebens selbst. Du kannst deine eigene Macht noch nicht erfassen.

Wenn wir zusammen sind, dann gibt es nichts anderes. Du bist so präsent, so verwurzelt. Du erinnerst mich an das Wunder des Hierseins.

Du streckst dich aus. Du probierst aus, du erkundest, du machst brillante Experimente. Du spielst in einer Welt des Verlangens und der durchkreuzten Sehnsüchte, voll Genuss und voll Schmerz, Schlaf und Wachheit. Du findest deinen Platz mitten darin. Du nimmst alles auf.

Du wirst früh genug auch Leid kennenlernen, vielleicht sogar Verzweiflung. Großes Leid wird dich vielleicht überkommen, aber auch großes Potenzial für ein Erwachen. Vielleicht wirst du einmal alles infrage stellen, von dem du einmal glaubtest, es sei wahr.

Dein Weg wird vielleicht einmal undeutlich werden. Du stolperst vielleicht in der Dunkelheit. Ich bin dann vielleicht nicht da, um dir herauszuhelfen oder dir Antworten zu geben. Das ist okay. Du wirst deinen eigenen Weg finden. Lerne, deinem Stolpern zu vertrauen. Vielleicht werden auch deine Fragen zu einer Stille werden und du wirst dich an das Wunder jener Tage erinnern, an diejenigen, die wir zusammen verbracht haben, bevor noch die Zeit überhaupt eine Rolle spielte.

Du bist die Erleuchtung, mein Kleiner, die Hoffnung und die Möglichkeit. Alle Dunkelheit dieser Welt scheint unerheblich zu sein im Vergleich zu dem Licht und dem Wunder, die in deinen großen Augen zu finden sind.

Ich könnte nicht einmal sagen, ob du alt bist oder jung. Vielleicht ist die Welt rückwärts gelaufen. Vielleicht hast du schon tausend Jahre gelebt, oder sogar noch mehr. Vielleicht ist dies deine letzte Inkarnation. Vielleicht warst du einmal mein Vater, sodass ich mich nun neben dir finde, neben dir, gebrochen und doch ganz, demütig, in Dankbarkeit auf den Knien liegend. Ich weiß es nicht. Es spielt eigentlich auch keine Rolle.

Ich werde einmal annehmen, dass du uralt bist und wert, die allergrößte Liebe zu bekommen.

Und du wirst mich an die Tage erinnern, als noch Stärke darin lag, verletzlich zu sein, und Freude immer zum Greifen nah war.

75 • Bereit zur Liebe

Tue es oder tue es nicht. Aber du wirst niemals bereit sein.

Niemand ist jemals bereit. Du wirst für immer darauf warten, bereit zu sein. Bereitsein ist eine Lüge.

Du warst nicht bereit, geboren zu werden. Du bist unerwartet hinausgeschossen worden in den großen Wirbel und du hast um dein Leben geheult. Schrecken und Überwältigung, Atmung, ja, der Schock und die Ehrfurcht vor dem Licht, ja, aber nicht bereit.

Du warst auch nicht bereit für deinen ersten Schultag. Die Ängste, das Gefühl von Übelkeit in deinem Magen, eine neue Welt, die sich eröffnet hat, und eine alte Welt, die starb, aber niemals bereit.

Und der Tod deines Vaters, erwartet vielleicht, vielleicht vorbereitet, aber nicht bereit. Wellen der Trauer, vielleicht Schuld, vielleicht Freude, aber wie zum Teufel solltest du dafür bereit sein? Du warst es nicht, aber du warst lebendig, du hast geatmet, als er es nicht mehr konnte, und du hast es alles in dein vorgeschichtliches Herz genommen. Die Krebsdiagnose, der Verlust deines Jobs, die unerwartete Nachricht. Du warst nicht bereit dafür. Aber du hast dich geöffnet. Du hast weitergemacht.

Du bist gestolpert, gefallen, hast dir wehgetan. Du hast dich wieder aufgerappelt. Hast dich verirrt. Aber du warst niemals bereit dazu. Bereit wofür auch? Für ein Leben ohne Schmerz? Für ein Leben ohne Stolpern? Für ein Handbuch? Eine Autorität? Für eine Antwort? Du wusstest doch schon immer: Das war überhaupt kein Leben.

Du hast dich in das Stolpern verliebt, in die Zweifel, in die Fehler, in die falschen Dinge, die du zum falschen Zeitpunkt gesagt hast, in das Chaos, das du um dich verbreitest. Du hast gelacht, als deine Träume zu Staub zerfallen sind.

Fange darum heute einfach an, auch wenn du nicht weißt, wie. Spritze die Farbe überall hin. Bedecke die Leinwand mit Leben. Mach alles falsch, was du falsch machen kannst, und spüre, wie richtig sich das anfühlt.

Vielleicht bist du nicht bereit, aber du bist an einem Punkt angekommen, wo du es einfach versuchst und dich selbst erneut dem Wirbel anvertraust.

Vielleicht bist du nicht bereit, deshalb fange einfach an.

76 • Die Macht, zu verändern

Manchmal bist du echt mit deiner Geduld am Ende. Du hast so lange darum gekämpft, etwas zu verändern.

Nun erkennst du: Es wird sich nicht verändern. Jedenfalls nicht heute. Und vielleicht auch nicht morgen.

Deshalb fängst du an, es zu akzeptieren, es vielleicht sogar zu lieben, wie es ist, jedenfalls jetzt. Du verneigst dich vor seiner Existenz in der Gegenwart.

Dein Widerstand schmilzt.

Du erinnerst dich, dass dein innerer Frieden nicht davon abhängt, ob sich etwas ändert oder nicht. Dein Frieden ist nicht von den Jahreszeiten abhängig, er ist unveränderlich.

Und dann, rätselhafterweise, gehalten in dieser Liebe ohne Widerstand, ohne jeden Druck, den du ausübst, dass sich etwas ändern soll, gewiegt in dieser tiefen Annahme, fangen die Dinge an, sich zu verändern.

Und du verneigst dich erneut davor.

Manchmal enthält Machtlosigkeit eine große Macht, der Verstand ist endlich einmal nicht aufgerufen, die Leitung zu übernehmen, damit sich etwas ändert.

77 • Gehalten

In meiner kurzen Lebenszeit auf diesem Planeten habe ich großes Leid kennengelernt, bin in die Tiefen ozeanischer Verzweiflung gefallen, bin so tief in meine Einsamkeit geworfen worden, dass ich dachte, ich würde niemals zurückkehren. Ich habe die ekstatischen Freuden der Meditation geschmeckt, die feurige Intimität der Liebe, den wilden Schmerz, wenn das Herz zerreißt, die Erregung unerwarteten Erfolges und den Schlag, wenn etwas plötzlich schiefgeht.

Es gab Zeiten, in denen ich dachte, ich würde es niemals schaffen, Zeiten, in denen meine Träume zerplatzt waren, so gründlich, dass ich mir gar nicht vorstellen konnte, wie das Leben jemals weitergehen könnte. Und dennoch ging es weiter und manchmal entdeckte ich Demut inmitten der Zerstörung, und aus der Asche einer fantasierten Zukunft wuchs eine neue und ganz reale Freude, und keine Erfahrung war jemals umsonst.

Ich habe gelernt, dem Leben vollkommen zu vertrauen, ja, ihm sogar in Zeiten zu vertrauen, in denen ich komplett vergesse, wie man überhaupt vertraut. Zu vertrauen, dass im Leben vielleicht nicht immer alles nach Plan geht, weil es eben kein Plan ist, sondern nur das Leben. Selbst die Zeiten großer Ungewissheit beinhalten eine unglaubliche, eine höchste Intelligenz und manchmal muss man fallen, damit man angstfrei aufersteht, mit größerer Freundlichkeit.

In irgendeiner Weise fühle ich mich immer gehalten, in einer Weise, die ich nicht erklären kann und es auch nicht einmal will. Vielleicht werde ich manchmal zerdrückt, aber dann, nur kurze Zeit später, erlebe ich vielleicht weitere scheinbar unüberwindbare Herausforderungen und Herzbrüche, aber irgendwie bin ich immer gehalten. Irgendwie bin ich immer gehalten.

Teil 7

Ruhe in ganz gewöhnlichen Augenblicken

78 • Dies sind die Tage

Dies sind die Tage unseres Lebens. Es werden keine anderen Tage kommen. Sprich oder schweige. Spüre, dass du dies genauso intensiv fühlst, wie du es vermagst. Nimm den Weg, den du nehmen willst, bewege dich auf die Ziele zu, von denen du geträumt hast, als du noch Träume hattest und daran glaubtest. Iss, wenn du isst. Schlafe, wenn du schläfst. Liebe so viel, wie du vermagst.

Aber dies sind die Tage. Die Tage der Gewöhnlichkeit und der Wunder. Die Tage des Atmens, die Tage, in denen das Blut durch unsere Venen pumpt, die Tage, die scheinbar unendlich lange dauern, die Tage, die niemals zu enden scheinen. Die Tage, in denen wir dem Leben nahe sind, seine Wärme spüren, seine Zartheit und seine Grausamkeit. Die Tage, in denen alles möglich scheint. Die Tage, in denen wir zusammensitzen, Jasmintee trinken oder Holunderblütentee oder Earl Gray oder irgendetwas anderes, in denen wir einfach nur zusehen, wie die Welt sich weiterdreht und wie wir selbst Teil dieser Welt sind, die vorbeizieht, und wir ihr dabei zusehen.

Tage, die das Leben ausmachen. Tage, die einfach nur gelebt werden wollen.

Ich bin verliebt in diese Tage, die so frei verfügbar sind. Tage zum Spielen, für Wunder, die man sucht oder nicht, um die man bittet, die man erinnert oder vergisst, aber dennoch Tage, deren Kostbarkeit in ihrer eigenen Unbeständigkeit wurzelt, deren Zerbrechlichkeit und Stärke untrennbar miteinander verbunden sind.

Vergiss diese Tage nicht, und insbesondere diesen einen Tag, denjenigen, den du gerade lebst, diesen einen Tag, der dich dort abholt, wo du gerade bist, wie eine Mutter, die ihr kleines Kind abholt und hält, atemlos und dennoch robust, rosig und winzig und vollkommen, nicht ohne Fehler, aber geliebt, gerade, weil es so ist, wie es ist.

Wenn mir nur ein einziger weiterer Tag gegeben würde, dann lass es diesen Tag sein, den einzigen Tag, den ich je gekannt habe, und lass mich ihn lieben, in der Art und Weise, wie er mich geliebt hat, über alle diese Tage hinaus.

79 • Die Medizin heißt Jetzt

Lasse dein gegenwärtiges Erleben das Faszinierendste sein, das es im ganzen Universum gibt.

Was auch immer in diesem Moment hochkommt – ob es Verwirrung ist, Furcht, Wut, Schmerz oder einfach nur ein Gefühl von Nichtwissen, welchen Weg du nehmen sollst – lasse genau diesen Augenblick so fesselnd sein, so packend und spannend, dass er den ganzen Raum mit seiner Essenz füllt. Erlaube ihm, dich vollständig auszufüllen, und bewerte ihn nicht in seiner Existenz, ganz gleich, wie er ist.

Und wenn du nicht zulassen kannst, dass er dich ausfüllt, wenn es da einen Kampf gibt, dies zuzulassen, wunderbar! Lasse auch das zu. Lasse das Nicht-Zulassen zu. Akzeptiere deine Unfähigkeit, auch nur das kleinste verdammte Ding zuzulassen. Spüre sogar die Faszination jener Zeit, als du noch ein kleines Baby warst und Ziele noch sehr wenig bedeuteten.

Lasse den Wirbelwind dieses Augenblicks zu einem Strom werden und lasse den Strom zu einem wilden Fluss werden und lasse den Fluss ins Meer fließen und erkenne, dass genau die Sache, gegen die du immer gekämpft hast, nicht von der immensen Intelligenz getrennt war, die wir Leben nennen. Es war nur ein intelligenter Schrei nach deiner vollständigen Aufmerksamkeit. Wasser (Bewusstsein) kann jede Form annehmen – es kann zu Whirlpools werden, zu Seen, zu Kanälen, zu Flüssen, zu Meeren – denn es ist alles, was es gibt. Widerstand ist zwecklos, wenn du weißt, dass du alles bist.

Nichts zu tun, nirgendwohin zu gehen. Jetzt ist der einzige Weg. Die Wunde enthält schon die ganze Medizin. Sie besteht aus Liebe, die mehr ist, als alles, was man über sie sagen könnte.

80 • Wage es!

Heute…
Wage, dir zu erlauben, gesehen zu werden.
Wage, die Wahrheit zu sagen.
Wage, nicht mehr so zu tun als ob.
Wage, präsent zu bleiben und das geheime Feuer zu spüren, das in dir brennt.
Wage, auf wilde Weise zusammenhangslos zu sein.
Wage, einen anderen an dich heranzulassen.
Wage, das Bild von dir loszulassen.
Wage, nicht vorbereitet zu sein.
Wage, alles zu geben, damit die Liebe in dir erwacht.
Wage zu versagen.
Wage, alles in Chaos zu verwandeln.
Wage, auf den Boden zu fallen, erneut gedemütigt, aber diesmal lachend.
Wage, nicht zu wissen, wie du wagen sollst.
Wage zu träumen und deine Träume sterben zu lassen.
Wage, die Vergangenheit zu ehren, dich aber nicht daran festzuhalten.
Wage, ganz ehrlich „Ja“ zu sagen und ebenso ehrlich „Nein“.
Wage, nicht Recht zu haben.
Wage, Recht zu haben.
Wage, wirklich zu sein.
Wage, da zu sein.
Heute.

81 • Über den Mut

Du wusstest noch nie, dass du so viel Mut besitzt.

Den Mut, jeden Morgen aufzuwachen. Den Mut, jeden neuen Atemzug zu nehmen. Dich jedem neuen Moment der Freude zu stellen, des Zweifels, der Frustration, der Wut, des Schmerzes, der Ekstase, Augenblick für Augenblick, übertragen in Echtzeit, auf eine bewusste Leinwand des Lebens. Jeden neuen Schritt zu tun, jede neue, unerwartete Schwelle zu überschreiten, ohne zu wissen, wohin das alles führen wird. Zu weinen, wenn du weinst, zu lachen, wenn du lachst, zu fallen, wenn du fällst, dich zu erheben, wenn du dich erhebst. Nicht notwendigerweise ohne Furcht, aber furchtlos deiner Furcht gegenüber.

Deine Gedanken zu denken, deine Gefühle zu fühlen. Das erfordert wahren Mut.

Fange damit an, jetzt. Begegne jedem Augenblick mit Neugier, Faszination und einer gewissen Zärtlichkeit. Gib dich nie für weniger her als für das Leben selbst, nicht für weniger, als es wert ist, denn es ist alles wert, alles, was wert ist, gegeben zu werden.

Den Tag zu grüßen, während er sich selbst abspult. Zu knien vor dem Tagesanbruch. Dich hinzuwerfen, bevor es Nachmittag wird, und vor dem Spatz, der in deinem Garten singt. Dich zu verneigen vor der Abendsonne. Und dann in die Umarmung der Nacht zu sinken, in ihren Schlaf und ihren kleinen Tod.

Und dann den Mut zu haben, wieder aufzustehen. Und erneut zu atmen. Und dich wieder anzuziehen. Und dem neuen Tag zu begegnen – lebendig, neugierig, bereit, selbst wenn du dich verletzlich fühlst und ohne Abwehrmechanismen.

Du wusstest nie, dass du über so viel Mut verfügst.

82 • Wie man dankbar ist

Es gibt immer etwas, für das man dankbar sein kann. Selbst wenn die Dinge schrecklich falsch laufen, selbst wenn deine Träume enden und deine Pläne zerbrechen, selbst wenn geliebte Menschen gehen und wenn du Dinge verlierst, von denen du niemals gedacht hättest, sie zu verlieren – du kannst immer an einen Ort der Demut, der Hingabe und sogar der Ehrfurcht kommen. Ja, es ist nicht immer einfach und nein, diese Ansicht setzt sich oft nicht eben schnell durch. Aber wenn Vergebung dein Weg ist, wenn Liebe der Grund für dich ist, überhaupt lebendig zu sein und wenn das Erwachen in deinem Herzen brennt, dann ist Dankbarkeit nie weit von dir entfernt.

Dankbarkeit: Für deine Verbundenheit mit einem geliebten Menschen, jetzt, in der Gegenwart. Für die Luft in deinen Lungen. Für jeden kostbaren Atemzug. Für die Kleidung auf deinem Körper, ganz gleich, wie abgenutzt sie ist. Für die Zähne in deinem Mund, ganz gleich, wie verfault sie sind. Für die Haare auf deinem Kopf, wie grau sie auch sein mögen, wie dünn, wie drahtig. Für deine Organe, wie entzündet sie auch sein mögen. Für die Flüssigkeit, die du trinkst, für das Essen, das du isst, für die Erde, die uns so vieles schenkt, für die Männer und Frauen, die schuften und schwitzen, um zu pflanzen und zu ernten und die Zutaten zu transportieren, die dann zu unserer Abendmahlzeit werden. Für die Freundlichkeit eines Fremden, die brutale Ehrlichkeit eines Freundes, die unerwarteten und nicht beanspruchten Gaben jedes Tages.

Ein Teil deines Körpers fängt an zu verfallen und du schätzt es, wie lange er dir gedient hat, ohne sich zu beklagen. Dein Wagen wird gestohlen und du spürst Dankbarkeit und Liebe dafür, wie lange du in der Lage warst, dich mit ihm zu verbinden. Du sinkst in die süße Unbeständigkeit der Dinge. Ein geliebter Mensch geht oder stirbt und du schätzt alle diese Momente, die ihr gemeinsam verbracht habt, ohne je zu wissen, was die Zukunft bringen würde. Ein Treffen mit einem wütenden Kunden zeigt dir deine innere Stärke und deine Fähigkeit zu Mitgefühl und erinnert dich daran, wie sehr Menschen innerlich verletzt sind und deine Freundlichkeit brauchen. Du zahlst grummelnd deine Steuern, eigentlich unwillig, und dann, eines Tages, fängst du an, deine Lebensqualität wertzuschätzen, die du bisher als selbstverständlich hingenommen hast, und du fängst an zu singen. Der Himmel bricht auf, ein sintflutartiger Regen „verdirbt" dir deinen Tag und ganz urplötzlich, spürst du eine sintflutartige Dankbarkeit, die auf dich herunterströmt – für das Wasser, das dem Leben erlaubt, zu erblühen. Du wirst gekündigt, du trauerst, du klagst, du schreist vielleicht sogar, und dann, eines Morgens, klickt es in dir: Du bist frei! Frei, die Dinge zu tun, die du schon immer tun wolltest, die mutigen Dinge, die riskanten Dinge, die Dinge, die dir das Gefühl geben, ganz lebendig zu sein, die Dinge, die du heimlich schon immer tun wolltest, seit du jung warst, für die du dich aber immer geschämt hast.

Du liebst und du lässt los. Du trauerst und du feierst den Übergang. Du findest dein wahres Zuhause in der Ungewissheit. Du verliebst dich, nicht mit einem Ziel, sondern mit dem Boden unter deinen Füßen, auf dem du Schritt für Schritt weitergehst. Du verliebst dich in die Schritte selbst, in die Schritte, die in eine ungewisse Zukunft führen.

Finde heute einen Ort für deine Dankbarkeit. Finde heraus, wofür du ohne jeden Grund dankbar sein kannst, ganz gleich, wie klein es ist, wie albern. Dennoch weißt du nämlich, dass es nichts Kleines oder Albernes gibt, wenn man es mit den Augen Gottes betrachtet.

Wenn du magisch bist, ist alles magisch.

83 • Zu leben heißt zu sterben

Leben und sterben sind keine Gegensätze, sondern Liebende. Zu leben heißt zu sterben. Zu leben bedeutet, mit Mut seinen Weg zu gehen, ohne zu wissen, wohin dein Weg dich führen wird, manchmal sogar, ohne zu wissen, ob da überhaupt ein Weg ist, auf dem du gehst. Mit Mut ohne Weg weiterzugehen, mutig weglos zu sein. Zu leben heißt zu riskieren, alle Vorstellungen loszulassen, was „hätte sein sollen“ oder was „hätte sein können“ oder was „hätte geschehen können“, und stattdessen vollkommen das annehmen, was ist. Entblößt und nackt zu sein, ohne Illusionen und immer wieder neu anzufangen, Moment für Moment. Zu träumen, zu fantasieren, sogar zu planen, aber gleichzeitig die ganze vorgestellte Zukunft loszulassen und die lebendige Wirklichkeit zutiefst zu ehren, sich zu verneigen vor ihrer ehrfurchtgebietenden Macht und sich niederzuwerfen vor ihrer Größe und Weite.

Zu leben heißt, die alten Träume sterben zu lassen, die alten Wege zu verlassen, zu erleben, dass die alten Fantasien und zukünftigen Vorstellungen in der Gegenwart zerstört werden. Zutiefst in die Augen der Quelle von allem zu schauen. Zu leben heißt, all die Bilder, Vorstellungen, Träume, wer du glaubtest zu sein oder was andere dir zurückgespiegelt haben, sterben zu lassen – und mit dem zu sein, was du bist, hier und jetzt, ohne Scham.

Zu leben heißt, die ganze Geschichte vom „Ich“ loszulassen, die Geschichte von Vergangenheit und Zukunft und Status und Erreichen und Fortschritt, und mutig dein Herz zu öffnen, es weit offen sein zu lassen, und den lebendigen, jetzigen Moment einzulassen. Verletzlich zu sein, zu vertrauen, dein Ego hinzugeben in die Weite des Lebens selbst. Ein Verbündeter zu sein des großen Unbekannten.

Loszulassen sogar den Versuch der Hingabe und loszulassen auch deine Unfähigkeit, loszulassen und deine Nicht-Akzeptanz zu akzeptieren. Zu leben heißt, deine Geschichte sterben zu lassen, und deine Geschichte sterben zu lassen, heißt, weit offen zu sein für die Gegenwart, wie sie brennt, jetzt, genau jetzt. Sei nicht länger eine Welle, getrennt vom Meer, lebe nicht länger in dieser Illusion, sondern sei eins mit dem Meer selbst, sei ein Ausdruck jener ehrfurchtgebietenden Macht, die Sonnen zur Welt bringt, die das Gras wachsen lässt und die jeden Atemzug hervorbringt, der geatmet wird. Zu sterben heißt, ganz lebendig zu sein, untrennbar verbunden mit dem Leben selbst, die Wahrheit nicht länger zu suchen, sondern sie zu sein und die Wahrheit mit jedem Atemzug zum Ausdruck zu bringen.

Zu sterben heißt, heilig zu sein und zu leben. Sei heilig.

84 • Erwachen

Dies ist ein Sterbebett, oder wenigstens eine Heiligung. Es ist ein ganz gewöhnlicher Moment, ein scheinbar austauschbarer Moment, erleuchtet mit einer außergewöhnlichen Liebe. Es ist nicht eine Art erhöhten oder erweiterten Bewusstseins. Diese Zustände sind so fragil, man kann so leicht wieder herausfallen. Es ist auch nichts, was das Ego erreichen könnte. Was das Ego erschafft, wird das Leben irgendwann auch wieder zerstören. Dies hier ist tiefer als eine vorübergehende Erfahrung, näher als ein Gedanke, intimer als das intimste Gefühl. Es ist du, bevor du geboren wurdest, bevor das Universum auch nur eine Vorstellung von dir hatte.

Du bist für einen neuen Tag erwacht, und ein winziges Rotkehlchen kündigt die Ankunft der Freude und des Herzschmerzes an, die Langeweile und die Seligkeit. Der erste Schluck deines Morgentees, und nun bist du vollkommen. Wenn alles heute enden würde, denkst du, dann ist es genug gewesen, so viel mehr als nur genug. Du lachst, bis dein Bauch weh tut, in Dankbarkeit, in Ehrfurcht, und schenkst dich selbst als Gottesdienst. Eine Heiligung, ein Sterbebett.

85 • Das größte Geschenk

Glücklichsein ist das Fehlen des Bedürfnisses, glücklich sein zu wollen.

Frieden ist kein Ziel, sondern die Abwesenheit, ihn zu erstreben.

Liebe ist der Tod der Hoffnung auf ein besseres Morgen und die vollständige Annahme des Heute, in seiner ganzen süßen und zärtlichen Zerbrechlichkeit.

Dies ist der Weg der Hilflosen und Hoffnungslosen, derjenigen, die nicht länger nach Glücklichsein in der Zukunft suchen, sondern bereit sind, Gnade und Dankbarkeit an den unglaublichsten Orten zu finden. Ohne Hoffnung zu leben, ist eine ganz wundervolle Sache, denn es bedeutet, seine Augen weit aufzumachen und zutiefst in der Gegenwart verwurzelt zu sein. Ein weit offenes Herz, das sich den Gaben des Heute öffnet, für immer auf einem bisher noch nie betretenen Pfad, seine Diamanten im Licht des Bewusstseins entdeckend. Der Tod der Hoffnung ist die Geburt des Neuen, das Auftauchen der wahren Kreativität.

Nimm also einfach deine Augen von jedem wie auch immer gearteten Ziel weg, verneige dich in Anbetung vor der Unmittelbarkeit und empfange in deinen Armen diesen lebendigen Tag – das Nächste aller Geschenke, das größte Geschenk, den gegenwärtigen Augenblick.

86 • Gründe zu feiern

Wenn du durcheinander bist, dann feiere. In diesem Moment bist du frei von der Anforderung, etwas wissen zu müssen, befreit von der Last des Wissens. Es gibt keinen Schritt von der Verwirrung in die Klarheit, du kannst deine Verwirrung ganz klar erkennen, und so kommt dir die Verwirrung bereits näher.

Wenn du Zweifel hast, dann feiere. Du bist neugierig geblieben und du hast dich nicht niedergelassen in vorgefertigten Antworten oder Schlussfolgerungen. Du bist frei von Gewissheit, die zweifellos die größte Waffe des Ego ist.

Wenn du Angst hast, dann feiere. Du bewegst dich in das Unbekannte hinein, du lässt die bekannte Welt hinter dir, die sterbende Welt, die alte Welt. Du tust einen Schritt in das Neue. Furcht und Erregung sind hier so nah. Der Panzer aus den Illusionen des getrennten Selbst bricht auseinander, das Leben fließt herein. Furcht ist dazu da, um dich zu beschützen, also verneige dich vor ihr.

Wenn du wütend bist, dann feiere. Fühle die Wildheit deiner Wut, ihre Kraft, den Schrei des Flugsauriers. Das Leben fängt an, sich zu zeigen, durch dich, ungefiltert, ursprünglich. Du bist dabei, dein Lied zu finden, für deine Sache mit Leidenschaft zu kämpfen, dich für diejenigen einzusetzen, die selbst keine Stimme haben, und du weißt, was du wert bist. Wut hat viel mit Mut zu tun, mit deiner Bereitschaft, wirklich zu leben und zu schützen, was du liebst, selbst angesichts einer Gefahr.

Wenn du dich verirrt hast, dann feiere. Auf jeder großen Reise verirrt sich der Held manchmal, zweifelt auch manchmal an seiner eigenen Kraft. Verirre dich und finde dich dann wieder. Entdecke deine Präsenz, deinen Atem, das Klopfen deines Herzens. Mache den gigantischen Schritt in dein Nicht-Wissen hinein, sodass du nicht weißt, welcher nächste Schritt der absolut perfekte nächste Schritt wäre. Vertraue auch deinem Zweifel. Dann wird dein Weg dich finden, Augenblick für Augenblick. Dein wahrer Weg kann gar nicht verloren gehen, niemals.

Wenn du leidest, dann feiere. Du bist eben nicht abgestumpft. Du hast dein Herz nicht gegenüber dem Ungewollten verschlossen. Du bist empfindsam, dem Leben gegenüber weit offen. Diese alte, wohlbekannte Freundin ist zu dir gekommen, um dir zu helfen. Sie ist kein Fehler. Sie möchte sich nur an deinem Feuer, in deiner Präsenz wärmen, einen Platz an deinem Tisch bekommen, in der Nähe der Freude.

Wenn du das Gefühl hast, dass du das Leben nicht feiern kannst, dann feiere. Du bist ehrlich, du sprichst die Wahrheit dieses Augenblicks aus, deine Augen sind offen.

87 • Der Klang des entfernten Donners

Gib dich dem ersten Licht des Sonnenaufgangs hin oder dem Riss in der Wand des Supermarktes, oder der Drossel, die ihre Eier legt, oder dem Klang des weit entfernten Donners. Gib dich dem Leben hin in seinen Myriaden Formen, jedem einzelnen Atemzug, dem Klopfen deines Herzens, wenn es zur Freiheit erwacht, der Majestät der Berge, deinem eigenen Körper. Gib dich ganz hin und das Leben wird sich andersherum ganz an dich hingeben, denn es ist ein heiliger Spiegel.

Sinke in die Tiefen deines Alleinseins, wo die Welt nur für dich singt, wo am richtigen Ort deiner Einsamkeit du diese herzzerreißende Verbindung mit der ganzen Schöpfung findest. Du bist mit einem weit geöffneten Herzen geboren worden, du bist geboren worden mit einer Offenheit dem Leben gegenüber, empfindsam selbst seinen subtilsten Bewegungen gegenüber, aber du hast gelernt, dich von dieser Empfindsamkeit abzuwenden. Sie haben dir beigebracht, wie man ein festes, solides Selbst baut, wie man sich vor der Weisheit der Erfahrung verschließt, wie man seine Welt filtert durch das Denken, wie man sich abstumpft gegenüber dem Geschenk des Fühlens.

Und dann wurde es unerträglich, dich von dem Rätsel des Seins auf diese Weise abzuschotten, und durch deine Depression, durch Stress oder Furcht, durch Krankheit oder geplatzte Träume oder ein gebrochenes Herz oder reine Erschöpfung über die alte Art und Weise deines Lebens hat dich das Leben zurückgerufen und dich erneut angerufen. Zurück zum ersten Morgenlicht, zum Riss in der Wand des Supermarktes, zur Drossel, die gerade ihre Eier legt, zum Geräusch des entfernten Donners. Nun endlich hältst du all das in deiner zärtlichen Umarmung, nährst sie mit deiner Aufmerksamkeit.

Das Leben hat dich nicht vergessen.

Du warst nie in der Lage, das alles zu verarbeiten, mein Freund. Und das genau war dein Sieg. Du wusstest nichts, und genau das war deine Unschuld, nicht deine Störung. Du bist ein Kind des Universums geblieben, die Augen weit offen, unwillig, dich nach dem Bild von irgendjemandem zu richten, unwillig vorzugeben, dass du dich für weniger hergeben wolltest als für die Art von Liebe, die Steine erweichen kann.

Du hattest immer ein „Ja" dazu. Nicht nur zu den Dingen, die glücklich machen, nicht nur zu dem Erwünschten, sondern auch zu dem, das dein Herz gebrochen hat: zu der Verzweiflung, zu deiner Scham, zu deinem Zweifel.

Sie alle waren deine Kinder, und du ihr liebevoller Elternteil. Und manchmal bist du gestolpert, ja, und manchmal hast du an dir gezweifelt und manchmal war niemand da, an den du dich in deinem Zweifel wenden konntest, aber du hast gelernt, das Stolpern zu lieben und die Zweifel, und du hast gelernt, den Zeiten zu vertrauen, in denen du nicht vertrauen konntest, und du hast das Erwünschte im Nichterwünschten gefunden und du bist weitergegangen, hast weitergemacht.

Du hast einen weiteren Tag mit dir geschenkt bekommen.

Ein weiterer Tag, um dir selbst nahe zu sein, während du auf dieser kostbaren Erde wandelst, während du atmest, isst, dich verbindest oder nicht verbindest, mit geliebten Menschen oder mit Fremden, die keine Fremden sind, wenn es um das Herz geht. Und es geht immer um das Herz. Und dann tust du den nächsten Schritt, sprichst das nächste Wort oder bleibst still. Und die Sonne ist immer noch dieselbe Sonne, einen Tag älter vielleicht, aber immer noch scheint sie, ebenso beständig, wie du in deiner Hingabe bleibst, sodass du dich niemals wieder für jemand anderen verlassen willst, dich niemals von dem kostbaren Geschenk abwenden willst, das dir geschenkt worden ist, dem Geschenk der Erkenntnis, wissend, dass du nichts anderes mehr zu erkennen brauchst außer vielleicht das erste Morgenlicht oder das Geräusch des weitentfernten Donners oder die Art und Weise, wie es sich anfühlt, lebendig zu sein oder bereit zu lieben und bereit zu versagen.

88 • Ein Lehrstück, aus Seide gesponnen

Meine Worte sollen dich nicht trösten. Sie sollen dich aufwecken, dich aus dem Schlummer aufrütteln, deine falschen Hoffnungen zerschlagen, deine Kindheitsträume, diese Fantasien aus zweiter Hand. Sie sollen dich zurückbringen, zurück, schreiend und tretend, hinein in den gegenwärtigen Augenblick, zu dem, was wirklich lebendig ist und richtig, zu diesem Leben, das als Jetzt brennt, zu dieser lebendigen Wahrheit, einer Wahrheit, die nicht gelehrt werden kann, sondern nur aufgedeckt, vergessen, erinnert.

Ich verspreche euch keine Kiste Gold am Ende eines Regenbogens. Ich biete euch keine außerkörperlichen Zustände oder spirituelle Höhenflüge. Die höchsten Höhen verwandeln sich schnell genug in Tiefen, und das, was erweitert ist, wird sich schnell genug auch wieder zusammenziehen. Der Geist kann nicht beide Pole gleichzeitig innehaben. Du glaubst, du weißt, was du willst, aber oft genug ist es nicht genug, wenn du bekommst, was du willst. Und dann willst du irgendetwas anderes. Und dann wieder etwas anderes und noch etwas anderes, ad infinitum. Und dann bist du irgendwann dieses unerträglichen Mangels müde – und dann fängt diese Lehre an zu brennen.

Sie soll dir in die Knochen fahren. Sie soll dich verfolgen. Sie soll in jede Spalte deiner Erfahrung dringen, alles zu deinem Guru machen. Sie ist das Leben, das du leben sollst, nicht dieses verdinglichte Leben der klugen Worte und Systeme. Sie soll dich aufwecken für den Morgen, ohne dass du weißt, was auf dich zukommt, trotz deiner Geschichte. Sie ist ein sehr kostbarer Moment des Kontaktes mit einem Freund oder einem geliebten Menschen, den man niemals für selbstverständlich nimmt, denn es könnte immer das letzte Mal sein oder das allererste Mal. Sie ist der Stich einer Nadel, die in eine Vene sticht. Sie ist der Schock des Schmerzes, der durch den Körper schießt und dich dazu aufruft, deinen Widerstand aufzugeben. Sie ist die Wärme der Morgensonne. Sie ist das Zerschmettern des Zweifels, gefolgt von der unerklärlichen Freude, alles in einer Art und Weise, die du weder verstehen noch begreifen kannst.

Sie ist das Wandeln auf einem unbekannten Pfad, wenn du dich abgetrennt fühlst und ermattet durch den Gegenzug der Dinge, und dich plötzlich erinnerst, dass das Leben wieder da ist, in einem einzigen Augenblick, und die Dinge niemals so schlimm sind, wie sie aussehen, weil der eine Ort, dem du niemals entrinnen kannst, der eine Ort ist, an dem du so gerne sein willst. Du bist endlich aus der Zeit herausgefallen. Du schmeckst endlich wieder deine eigene Präsenz – fest, vertrauensvoll, unveränderlich trotz der Veränderungen eines weiteren Tages auf diesem seltsamen und wundervollen Planeten, der sich in der unendlichen Nacht um sich selbst dreht.

Du bist wieder da, dankbar, wenn der Tag kommt. In der Art, in der die Spinnen ihr Netz weben, furchtlos trotz ihrer Zerbrechlichkeit, so präsent in ihrer Arbeit als kleine Spinnerinnen. Flüssige Seide und so hingegeben an das Kommen des Morgens und des nächsten Morgens. Alles noch ungeboren, alles kommt erst in die Existenz. Alles löst sich auf in die Zerbrochenheit, alles brennt.

„Ich liebe dich", flüsterst du dem Leben zu. Und du verbringst den Rest deiner Tage damit, ihren unendlichen Antworten zu lauschen.

Ich kenne keine Lehre außer dieser. Dieser einen Lehre, die in jedem Herzschlag selbst lebendig ist, die durch jedes Paar Augen scheint, die gehalten wird im Schweigen der Mutter.

89 • Der Punkt ohne Wiederkehr

Du musst in die Stille hineinatmen. Denn die Welt bewegt sich so schnell und endet so schnell und du bist so langsam und so wunderschön in deiner Langsamkeit. Das Ziel ist kein Ziel für dich und ist es auch nie gewesen.

Deshalb komme wieder mit diesem Moment in Kontakt. Fange da an, wo du anfängst, hier, an diesem Anfangspunkt. Es ist nicht nur eine Tasse Tee, ein Spaziergang mit einem Freund, Worte, die gesprochen oder nicht gesprochen werden. Es ist eine Liebesgeschichte, ein Moment, der in den nächsten überfließt, so vollständig, dass es überhaupt keinen Moment mehr gibt, nur den Schock und die Ehrfurcht, lebendig zu sein, an diesem Tag aller Tage.

Diese Chance, dich zu verbinden. Diese Gewöhnlichkeit, verkörpert als du. Diese unerträgliche Freiheit, die droht, die Erde aufzusprengen. Dieses Weichwerden des Herzens. Dieser Schatten und dieses Licht. Das Feuer und die Asche. Ich werde alles aufgeben außer dem Horizont, außer diesem wunderbaren Gefühl des Vorwärtsgehens, während ich gleichzeitig vollkommen still bleibe.

Wenn ich könnte, würde ich das alles in das feinste Glas geben und es dieser schnelllebigen Welt zeigen.

Teil 8

Ruhe in Fülle und in Schönheit

90 • Über die Fülle

Fülle, das ist nicht das Geld, das du auf deinem Bankkonto hast, die Trophäen auf deinem Regal, die Buchstaben nach deinem Namen, die Liste der Ziele, die du erreicht hast, dein vollkommener, gesunder Körper, die Fans, die dich anbeten.

Fülle ist deine Verbindung zu jedem Atemzug, wie sensibel du bist in jedem Geflimmer einer Empfindung und jeder Emotion in deinem Körper. Sie ist das Entzücken, mit dem du jeden einzelnen und einzigartigen Augenblick schmeckst, die Freude, mit der du jeden neuen Tag begrüßt. Sie ist das Erkennen deiner selbst als Präsenz, die Macht, die Welten erzeugt und bewegt. Sie ist dein offenes Herz, wie zutiefst berührt du jeden Tag von der Liebe bist, deine Bereitschaft anzunehmen, das zu umfangen, was umfangen werden will. Sie ist die Frische jedes Morgens, unberührt von Erinnerungen oder falschen Hoffnungen.

Fülle ist das Gefühl der Nachmittagsbrise auf deinen Wangen, der Sonne, die dein Gesicht wärmt. Sie ist das Zusammentreffen mit anderen, in einem Feld der Ehrlichkeit und Verletzlichkeit, sich verbindend jenseits der Geschichten, teilend, was lebendig ist. Sie ist deine Verwurzeltheit im gegenwärtigen Moment, wissend, dass du immer ein Mensch bist, ganz gleich, was geschieht, ganz gleich, was du gewinnst oder verlierst.

Sie ist das Berühren des Lebens im Moment der Schöpfung, niemals zurückschauend, den Bauch spürend, wie er sich hebt und senkt, jedem Atemzug dankend, jeden Atemzug preisend. Sie ist das Auf-die-Knie-Fallen vor Ehrfurcht, das Lachen über die Geschichten, die sie über dich erzählen, das immer tiefere Sinken in die Ruhe.

Fülle ist Einfachheit. Sie ist Freundlichkeit. Sie ist du, vor jedem Sonnenaufgang, frisch, offen und wach.

Du bist reich, mein Freund! Du bist reich!

91 • Vom Mangel zur Fülle

Versuche, das zu bekommen,
was du willst,
und schon
hat es sich von dir entfernt.
Sei das, was du sein willst,
erkenne es in deinem Herzen,
und es ist für immer dein.
Der Rest sind nur Kleinigkeiten.
Den Rest
wolltest du eigentlich sowieso niemals haben.
Vom Mangel zur Fülle,
in jedem Herzschlag.

92 • Wie du ein Jahr der Fülle bekommst

Was ist Fülle? Geht es darum, dass du noch mehr Geld hast, noch mehr Ruhm, noch mehr Anerkennung, noch mehr „Kram", als du in Wirklichkeit brauchst? Geht es darum, unnötigen persönlichen Wohlstand zu erzielen, indem du stapelweise Dinge für dich und für deinen inneren Kreis anhäufst?

Nein, nein, nein! Es geht um das brennende Feuer in deinem Herzen! Es geht um die unerklärliche Freude, die in deinem Bauch rumpelt. Es geht um die atemberaubende Dankbarkeit, die du spürst, wenn du aufwachst und merkst, dass dir ein neuer Tag geschenkt worden ist, um diese verrückte, wunderschöne, gazeartige Welt zu erkunden, ganz gleich, wie viel Geld auf deinem Bankkonto ist, ganz gleich, wie viele Zertifikate du an der Wand hängen hast.

Es geht um die überwältigende Seligkeit des Gebens, ohne etwas zu erwarten, um die Liebe ohne Bedürfnis, die sich dem Abenteuer öffnet, das du niemals für möglich gehalten hättest und bei dem du deine Furcht spürst und dennoch den Sprung wagst trotz all der warnenden Worte derjenigen, die sich „gesund" nennen. Es geht um diesen verrückten Sprung ins Ungewisse, um das Rauschen der Lebendigkeit, die du beim Einatmen spüren kannst, um die tiefe Ruhe, die du beim Ausatmen spürst, um die Aufregung des Wissens, dass nichts, was wirklich ist, verloren gehen kann und nichts, das verloren geht, letztlich wirklich deins war. Es geht darum, dich zutiefst lebendig zu fühlen, verbunden und zu Hause, ganz gleich, wie die Umstände sind, wie hart die Herausforderungen, wie unmöglich die Chancen auf Erfolg.

Du kannst all die irdischen Reichtümer, die man sich vorstellen kann, dein Eigen nennen, du kannst an der Spitze der Erfolgsleiter der Welt stehen und dennoch, wenn du nicht in Übereinstimmung mit dieser universellen Fülle stehst, nicht in Synchronizität mit der Kostbarkeit der Existenz, nicht in Berührung mit dem, was du wirklich bist, nicht verliebt in das einfache Gefühl des Lebendigseins, bist du in der schlimmsten Armut gefangen.

Es ist nicht der weltliche Wohlstand, der uns aus der Armut befreit, sondern das Erwachen zu unserer Größe. Es ist nicht noch mehr Geld, das wir letztlich brauchen, sondern mehr Liebe, jene universelle Liebe, die alle Wesen umfasst, auf der ganzen Welt, und sie in ihrer unendlichen Umarmung umfängt. Ja, natürlich, Geld hilft dabei. Es vergrößert den weltlichen Komfort. Und, ja, es ist nichts Falsches daran, zu arbeiten, um Geld zu verdienen, aber stelle hinter dein Verlangen, mehr Geld zu haben, das Verlangen, den Wohlstand der ganzen Welt zu mehren, jeden und alles zu erheben und zu Wohlstand zu führen. Aber wenn wir über wahres Glück sprechen, dann müssen wir über das Sichtbare hinaussehen und in die Augen unseres Geliebten schauen.

Lass dies das Jahr für dich sein, in dem du mehr kicherst, mehr lachst, mehr weinst, mehr auf die Knie fallst aus Dankbarkeit und aus Albernheit, in dem du die Kostbarkeit in der Vergänglichkeit der Dinge sehen kannst. Wenn du wieder wie ein kleines Kind wirst, dann wirst du ins Königreich des Himmels eintreten, und das Königreich ist schon hier, mein Freund, verkleidet als ein ganz gewöhnliches Jahr, als ein ganz gewöhnlicher Tag, als ein ganz gewöhnlicher Moment, der darauf wartet, dass du die Augen weit aufreißt, um die ganze Fülle seiner Geschenke zu sehen.

93 • Wundervolle Zerstörung

Wie kannst du nur mit deinem Leben so weitermachen, wo doch eine solche Schönheit existiert?

Ein Vogel, der sein Morgenlied zwitschert, voll Freude und Herzschmerz, der letzte Kuss eines geliebten Menschen, bevor er zu einer Reise mit unbekanntem Ziel aufbricht, ein gebrochenes Versprechen oder ein gebrochenes Herz, das sich ganz unerwartet in Gnade verwandelt, eine unerwartete Freundlichkeit, eine einzelne Note in einem bekannten Lied, die dir einfach den Atem raubt, eine Emotion voll großer Zerbrechlichkeit, die dich grüßt, wenn du aufwachst.

Wie kannst du nur in der Lage sein, all dies in deinem winzigen Herzen aufzunehmen?

Ein Schritt nach dem anderen. Ein Schritt nach dem anderen. Gib Raum für gelegentliche Zerstörung. Manchmal ist es okay, nicht in der Lage zu sein, standzuhalten. Lass zu, dass das Leben dich näher zu sich ruft. Und noch näher.

94 • Wie man sich verliebt

Wenn du deinen Konzentrationspunkt
von dem, was fehlt, verschiebst
auf das, was da ist,
von dem, was nicht da ist,
zu dem, was du bekommen hast,
von dem, was du nicht bist,
zu dem, was du bist,
von den Verwüstungen der linearen Zeit
zu der Unmittelbarkeit des Jetzt,
dann verbindest du dich wieder
mit der Liebe, mit der Wahrheit, mit der Schönheit,
und plötzlich gehört dir die ganze Fülle,
ohne Mühe.

Denn in Wahrheit
fehlt nichts, dort, wo du bist.
Nichts fehlt in der gegenwärtigen Szenerie
des Films deines Lebens,
und du bist in deiner ganzen Fülle da,
am Punkt deiner Vollkommenheit.

Der einzige Grund,
aus dem du die Einheit nicht finden kannst,
besteht darin, dass du dich niemals aufgemacht hast.

Dabei wartet der Tag nur darauf, von dir gelebt zu werden.

Deshalb atme das Leben ein, mein Freund,
atme das Leben ein.

95 · Die Fülle gehört dir

Was du in Wahrheit suchst, hat dich eigentlich immer gesucht. Und was du in Wahrheit niemals wolltest, wirst du niemals erhalten oder es wird sich bald genug wieder in Luft auflösen.

Bewege dich also durch die Welt nicht aus einem Ort des Mangels heraus, stets fokussiert auf dein Ziel, messend, wie weit oder nah du ihm gekommen bist, sondern aus einem Ort der Präsenz heraus, der Langsamkeit, des Vertrauens. Entspanne dich und strecke weit deine Arme aus in Richtung Leben, ins Heute. Sei weich und empfänglich und bleibe ruhig deinem Zweifel verbunden. Alles wird zu dir kommen.

Du wirst alles schmecken können, den Erfolg und den Misserfolg, den Genuss und den Schmerz, die höchste Freude und den allertiefsten Herzschmerz. Baue ein Nest für alle diese verlorenen Fragmente deines alten und unendlichen Selbst. Vertraue dem, was kommt, und vertraue dem, was geht. Vertraue dem, was bleibt, und vertraue dem, was dich verlässt. Vertraue sogar deinem Zweifel.

Was du wirklich suchst, sucht dich genauso intensiv, wie du es suchst, denn du schaust nur in einen Spiegel. Du suchst deine eigene Präsenz und du warst nie von ihr getrennt. Wenn du sie gefunden hast, hast du dich gefunden. Wenn du sie erkennst, erkennst du dich. Du wirst ebenso intensiv umarmt, wie du umarmst.

Die Fülle ist dann dein, mühelos: das Wunder jedes Atemzuges, jedes Herzschlages, jeder Empfindung, die pulsiert, in dir flattert, in deinem Körper klingelt. Eine Freude, eine Sorge, eine Explosion der Kreativität. Eine unerwartete Verbindung, ein plötzlicher Verlust. Eine neue Chance, dir selbst zu begegnen. Ein neuer Tag, um zu schmecken, dass das Leben dir etwas zu bieten hat, sodass du alles geben kannst, was du zu geben hast.

Ein frischer neuer Moment, jetzt, ganz kostenlos angeboten. Ein unbezahlbares Geschenk, das du bekommst. Vollkommen, vollständig wie das Meer, spielst du mit dem Verlangen, das aufkommt und wieder absinkt wie eine geliebte Welle in der Weite deiner Seele.

Teil 9

Ruhe in der Liebe

96 • Die Liebe ist hier

Liebe hat nichts mit einem anderen Menschen zu tun. Sie ist dir nahe.
Liebe ist wie Elektrizität, ungebunden, wild, unhaltbar.
  Sie ist das, was du bist.
Liebe spaltet sich nicht auf in einen Liebenden und einen Geliebten,
  denn das würde zwei aus ihr machen.
Liebe sehnt sich nicht nach dem „perfekten Liebhaber“,
  denn dieser ist schon da.
Liebe ist schon da, vor der Fantasie über sie und vor der Trennung,
  vor dem Trieb, zu besitzen oder zu umfassen.
Liebe kommt vor dem Greifen, dem Klammern, dem Streben,
  dem Brauchen, dem Verlangen und dem Umschlingen.
Liebe versucht nicht, sich selbst möglichst liebenswert zu machen.
Liebe strebt nicht danach, wertvoll zu sein.

In Wahrheit kann ich dich gar nicht lieben.
Du kannst mir auch keine Liebe geben,
  noch kannst du sie wegnehmen.
Ich kann Liebe nicht suchen, ich kann sie auch nicht festhalten.
Noch werde ich sie jemals verlieren,
diese universelle Liebe, die die Sterne zum Scheinen bringt,
die den Boden umwälzt und die uns alle
  in ihrer unendlichen Umarmung hält,
die keinen Tod kennt.

An dem Ort, an dem wir einmal Trennung fantasiert haben,
  an diesem dunklen Ort,
finden wir nur die absolute Intimität mit dem Leben,
unaussprechliche Nähe mit jedem Atemzug,
  mit jeder Empfindung, mit jedem Gefühl,
mit jedem – einem Freund, einem Geliebten, einem Fremden,
  einem Bruder, einer Schwester – jedem, der das Feld betritt.
Jeder Zweifel, jeder Moment der Traurigkeit,
jedes Aufkommen von Furcht – sie sind hier zu Hause.

Es gibt keine Einsamkeit, wenn du selbst die Erde bist
  und alle ihre Bewohner.

Ich kann dich nicht lieben, mein Freund, denn ich bin das,
  was du bist, und wir sind zu nah, um in zwei gespalten zu werden.
Bevor die Zeit begann, lange Zeit vor Beginn des Raumes,
  haben wir uns getroffen, als es noch nicht einmal eine Welt gab.
Zwei können nicht zu Einem werden, weil es niemals zwei gab.
Komm in mein Herz, hier ist endlos viel Platz.
Es gibt hier nichts zu erstreben und nichts zu verlieren,
  hier in dieser Weite.

97 • Ich bin Liebe

Du kannst dich nie in einen anderen Menschen verlieben, der andere Mensch ist nur ein Katalysator und ein Bote. Du verliebst dich in das Leben selbst und in seine atemberaubenden Möglichkeiten.

Du sinkst immer tiefer in deine eigene süße Präsenz, die unveränderliche Weite im Kern deines eigenen Wesens.

Und du entlastest einen anderen Menschen. Oder du beschuldigst ihn, wenn du dich lossagst. Aber alles bist du und alles ist für dich, alles geschieht um deiner Heilung willen und der des anderen auch, und für die Rettung der Welt.

Es ist eine Wiederentdeckung dessen, was du wahrhaftig bist, jenseits deiner Masken, hinter deiner sorgsam konstruierten Fassade, den unendlich kreativen Verteidigungsmauern, die nur aus einem einzigen Grund erschaffen wurden: Um deine Liebe zu gewinnen oder dafür, sie nicht zu verlieren, so, als ob die Liebe etwas wäre, was man gewinnen oder verlieren könnte.

Und so verliebst du dich einfach in dein eigenes Wesen, in dein Herz, das auch das Herz des anderen ist, denn es gibt keine Trennung in der Weite, keine doppelte Weite, sondern nur eine. Es gibt keinen Grund, dich selbst zu verlassen, um zu wissen, wonach du eigentlich suchst. Du bist der Eine, nie ein Sucher der Liebe, sondern selbst ihre Quelle und ihr Ziel und ihr Grund, und du kannst dich bewegen und dein Sein in der Welt als solcher behalten.

Und du kannst scheinen wie die Sonne und manchmal werden andere mit dir scheinen oder sie werden überhaupt nicht scheinen, sie werden vielleicht dein Scheinen suchen oder Angst davor haben, aber du wirst einfach weiterscheinen, denn du bist verliebt in das Scheinen selbst.

Die Liebe zu kennen, heißt zu wissen, dass die Liebe niemals gefunden werden kann, denn sie erscheint im Suchen, im Finden, im Verlieren, in der Stärke des Scheinens selbst, selbst in der Stille der Nacht.

Wie Freud erkannte: Du kannst nicht das lieben, was du ersehnst, und du kannst nicht das ersehnen, was du liebst. Denn Liebe ist immer näher, intimer, weniger distanziert als Verlangen, unfähig, sich zu objektivieren oder selbst objektiviert zu werden.

Die Sonne verschenkt ihr Licht freigiebig seit Milliarden von Jahren, sie hat damit Entzücken in das Leben gebracht, das sie allen Wesen gleichermaßen schenkt – eine fröhliche Kriegerin der Liebe, in Beziehung, zuerst und vor allem mit ihrem eigenen Schein.

98 • Das Herz

Das Herz ist ein grenzenloser Raum.
Es gibt immer ausreichend Raum
für die Inhalte dieses Augenblicks.

Die größte Freude,
das tiefste Leid,
Gedanken, die nicht aufhören können zu kreisen,
das Herz kann sie alle umfassen.

Umfassen ist alles, was es kennt,
Raum ist sein ureigenstes Wesen.
Es braucht keine Zeit.
Es verlangt nichts,
es gibt alles zurück.

Es ist Zuhause
für alle diejenigen verlorenen Teile deines Selbst,
für all die verlassenen Teile
des Puzzles mit dem Namen „Du“.

Erinnere dich an dein Herz,
schätze seine Präsenz,
ehre seine Unbesiegbarkeit,
schmecke seine Wärme.

Wie ein tiefes Ausatmen,
wie ein kaltes Getränk an einem glühend heißen Tag,
wie eine liebe Erinnerung an einen geliebten Menschen,
der schon lange tot ist.

Sie haben dir einen Namen gegeben,
noch bevor du getauft wurdest,
und dein Name war Liebe.

Du wirst das niemals verstehen,
ehe du nicht aufhörst, es verstehen zu wollen.

99 · Riese

Du ruhst dich aus, mein Kleiner.
Ruhe dich aus.
Mein Herz ist umhüllt von deinem.

Du atmest, mein Kleiner.
Atme ohne Scham oder Furcht.
Ich bin hier, bis du deinen letzten Atemzug tust.

Ich würde tausend Pfeile auf mich nehmen,
ich würde tausend Genüsse für dich opfern,
um deine Freiheit zu beschützen
und um dir Leben zu geben.

Vielleicht begegnen wir uns nie.
Du kennst vielleicht nicht einmal meinen Namen.
Aber ich werde dir zeigen,
wie gigantisch groß die Liebe sein kann.

100 • Karma Chamäleon

Wenn jemand dich unfreundlich behandelt, wenn jemand dich beurteilt oder kritisiert, dann ist es wahrscheinlich, dass derjenige schon ein ähnliches Verhalten von anderen in der Vergangenheit erlebt hat und dass er nur auf der Suche nach Liebe, die er nicht finden konnte, unbewusste Muster wiederholt. Dies wird er so lange wiederholen, bis er aus seinem Alptraum der Projektion erwacht und wirklich sieht, wer du bist, wer er selbst ist und wer wir alle sind.

Ist das eine Ausrede? Nein. Ist es ein Weg, anzufangen, Mitgefühl füreinander zu entwickeln und aufzuhören, das Verhalten des anderen persönlich zu nehmen oder ernst, und anzufangen, den Zyklus der Gewalt zu durchbrechen? Vielleicht. Und dieses „Vielleicht“ ist alles, wenn es darum geht, einander wirklich lieben zu lernen.

101 • Je stärker du brennst, desto heller wirst du leuchten

Ein Leben ohne irgendeine Form von Schmerz ist überhaupt kein Leben. Wie die alten Legenden und Mythen uns erzählen, kann es kein wahres Wachstum ohne die heldenhafte Reise in die Dunkelheit geben. Schmerz hat die Macht, das Ego und seine Träume zu zerstören, er bringt große Demut mit sich, um Mitgefühl zu erwecken und uns direkt in die Wärme unserer eigenen süßen Präsenz zu führen. Eine Erleuchtung, die vollständige Ablösung von unserer Menschlichkeit verspricht, ein permanenter Zustand purer, ununterbrochener Seligkeit und Freiheit von jeder Art von Schmerz, ist eine Erleuchtung, die in allertiefster Angst verwurzelt ist, ein Alptraum des Ego.

Seit Milliarden von Jahren hat die Sonne uns ihre ehrfurchtgebietende Kraft ganz umsonst geschenkt. Denke einmal an all das Brennen, das sie zu erdulden hatte, um so hell zu leuchten und uns Leben zu geben.

Wir sind oft versucht, uns von unserem ungeschützten, brennenden Herzen abzuwenden, von unseren gebrochenen Körpern, unserem verwirrten Geist und uns auf irgendein zukünftiges Ziel zu fixieren. Aber letztlich ist unser Brennen genau das, was unser Licht leuchten lassen wird, immer mehr. Wenn wir es nur schaffen könnten, dem nahe zu bleiben…

Nur die Liebe zählt, mein Freund. Unser ganzes spirituelles Wissen, alle unsere Errungenschaften, all das Drama des „Ich-weiß-schon-mehr-als-du", alles spirituelle Posieren eines verängstigten Egos verblasst im Vergleich zu der einfachen Freude wahrer Begegnung und dem Frieden, der aus dem Wissen kommt, dass du nichts weniger bist als eine brennende Sonne.

102 • Zwei und zwei

Eine große Flut wird kommen.
Baut einen sicheren Hafen für eure Liebsten.
Baut eine Arche, tief in euren Herzen.

Lasst alle Geschöpfe herein, zwei und zwei.
Zweifel und Gewissheit, Freude und Leid,
Verwirrung und Klarheit, Seligkeit und Langeweile.
Alles Heilige, alles Weltliche.
Alles Denken, alles Fühlen, alle Empfindungen.
Alle vernachlässigten Bruchstücke deines uralten Selbst.
Baut eine Arche der Liebe, groß genug, alles zu umfassen.

Lasst jedes Paar der Gegensätze ein Heiligtum finden
in eurer nondualen Weite.

Segelt dann in eine sanftere Welt.

103 • Neu geboren

In einer Krankenhausabteilung, an einem ganz gewöhnlichen Novembermorgen, hält mein süßer 80-jähriger Vater seine neugeborene Enkelin zum ersten Mal in den Armen. Nur einen Moment lang, aber ausreichend, damit dadurch ein Universum geboren wird.

„Wer bist du?", fragen sie einander, ohne Worte, und es gibt auch keine Antwort, weil vielleicht auch keine Antwort notwendig ist. Er hält sie einfach, genauso, wie er selbst vor langer Zeit gehalten wurde, und er lacht und spricht Worte, voll Sanftheit und Hoffnung und Gebete für ein gutes Leben und er vergisst die Vergänglichkeit der Dinge und den Kampf seines eigenen zarten Herzens. Als die Erinnerung meines Vaters wegdriftet, als er langsam in seinem eigenen Zuhause ankommt und ausruhen kann, genau hier, an der Schwelle dieser beiden Welten, treffen sich die beiden. Und obwohl sie so unterschiedlich zu sein scheinen, fühlen sie die lebendige Präsenz des anderen und erkennen einander als dieselben Wesen, nur in unterschiedlichen Körpern.

Liebe ist alles, was zählt, mein Freund, alles, was jemals zählte. Wir sind Narren, wenn wir etwas anderes glauben.

Väter, Enkeltöchter, die Geburt und der Tod von Sternen, Eltern, die erleichtert sind, ihre Liebsten wiederzufinden, gebrochene Herzen, verblassende Erinnerungen, Trennung und Vereinigung, die Welt, die sich fröhlich um ihre eigene Achse dreht, und, wie ich immer sage, Liebe, die sich nur selbst recyclen kann.

Ich gebe mich hin. Ich gebe mich allem hin. Selbst mitten in einem gebrochenen Herzen und einem neuen Anfang kennt Liebe keine Grenzen, keine Bindungen, kein Ende. Da ist so viel Schönheit hier auf diesem seltsamen Planeten, und wer würde gedacht haben, dass wir Glück genug haben, das bezeugen zu dürfen?

104 • Der Fall

Jeder Traum, den du jemals über die „Liebe“ gehabt hast, wird im Fallen verbrennen.

Die Sicherheit – die Sicherheit und die Hoffnung, die du für die Zukunft hattest, werden brennen und die Flammen werden in ihre Gesichter lachen, wenn du fällst. Und die Versprechungen – du wirst jedes einzelne von ihnen infrage stellen und kein Konzept unberührt lassen, unhinterfragt, wenn du absteigst.

Zu fallen… über die Zukunft hinaus, die du dir vorgestellt und vergessen hast, über die vielen Versionen der Vergangenheit hinaus, die du gesponnen hattest, und über die Dinge hinaus, mit denen du gefüttert worden bist, alle diese wunderschönen Lehren über die Liebe, die von Gott und den Gurus geschrieben worden sind….

Keine von ihnen wird dir jetzt helfen…

Durch viele Schichten von Ausfluss und Erbrochenem fällst du, durch Blut und Spucke, durch all die Schutthalden des Suchenden, heilig und weltlich, durch die verfaulende Masse unbeantworteter Gebete und Bedauern und durch alle die unausgesprochenen Worte, die Dinge, die du in deinem Herzen gespeichert hast, aber niemals demjenigen, den du liebtest, gesagt hast, die Geheimnisse, die du aus Furcht in dir bewahrt hast, die Sehnsüchte, vor denen du davongelaufen bist, das Herzzerbrechen, das du dich zu fühlen geweigert hast, die Liebe, vor der du dich selbst bewahrt hast in deiner Suche nach einer illusionären Sicherheit…

Und wenn du dann auf dem Grund aufschlägst und spuckend erwachst, überrascht, dass du immer noch lebst, voll Freude, immer noch lebendig zu sein, wird dir alles klar, dass nämlich die Liebe der einzige Grund war, die einzige Antwort, die einzige Bedeutung. Und du wirst den Boden küssen und du wirst den Boden feiern und du wirst den Boden niemals wieder vergessen.

Du wirst dich erinnern, die Erde hat dich aufgefangen, als du gefallen bist, sie hielt dich in ihren Armen, als du gefallen bist.

105 · Sei mein Liebstes, Welt

Liebe ist kein Gefühl. Wenn Liebe ein Gefühl wäre,
dann würde es kommen und gehen, wie ein großes Schauspiel.
Liebe ist kein Gedanke. Wenn Liebe ein Gedanke wäre,
dann würde sie ein Gegenteil haben. Liebe ist zu groß,
um in einem Gedanken enthalten zu sein.
Liebe ist keine Überzeugung. Wenn Liebe eine Überzeugung
wäre, dann würdest du sie bezweifeln.
Und wer würde das glauben?
Liebe ist kein Zustand. Wenn Liebe ein Zustand wäre,
dann würdest du ihn betreten oder auch wieder verlassen
können. Oder aus ihm herausfallen.
Liebe ist auch keine Erfahrung. Wenn Liebe eine Erfahrung wäre,
dann würde sie beginnen und enden, und du würdest
dich nach ihrer Wiederkehr sehnen.
Liebe ist nicht etwas, das du finden kannst. Wenn Liebe etwas wäre, das du
gefunden hättest, dann würdest du sie auch wieder verlieren können und
deshalb würdest du dich an ihr festhalten müssen, dein ganzes Leben lang.
Liebe ist viel einfacher, freundlicher, näher, weniger
dramatisch, weniger dringlich. Präsenter.
Liebe ist der Raum, in dem alles erscheint.
Jeder Gedanke, jede Empfindung, jedes Gefühl, genussreich oder
schmerzlich, seligmachend, langweilig erotisch, sanft und intensiv,
alle haben Platz in der warmen Umarmung der Liebe.

Ja, du bist der Raum für dies alles, in Intimität mit jedem Atemzug, verliebt in jeden Herzschlag, jeden Klang, jeden Geruch, jede Empfindung im Körper, jeden glühenden Drang, jeden Augenblick deines Lebens.

Zu fühlen, also, ob du nun verliebt bist oder keine Lust hast, verliebt zu sein, ganz gleich, du bist verliebt in die Seligkeit und die Langeweile der Existenz, in die Gewissheit und in den Zweifel, in den Genuss und in den Schmerz, in den Erfolg und in das Versagen, in das Suchen und in die Ruhe, in jeden heiligen Augenblick dieser erstaunlichen Traumwelt.

Alles, was man haben kann, kann man auch wieder verlieren. Alles, was du gewinnen kannst, kann dir auch wieder genommen werden. Alles, was du aufgebaut hast, kann sich über Nacht wieder in Staub verwandeln. Alles, was erschaffen wurde, kann auch wieder zerstört werden.

Nur die Liebe bleibt. Nur die Liebe.

Kein Gefühl, kein Gedanke, keine Überzeugung, kein Zustand, keine Erfahrung, nicht etwas, das du „haben" kannst, nicht etwas, an dem du Anteil hast oder nicht, nicht etwas, was du von anderen „bekommen" kannst (trotz all der romantischen Märchen, die man uns verkauft hat). Sondern die unendliche Umarmung aller dieser Aspekte.

Du bist Liebe. Du, bevor du noch deinen Namen bekamst, bevor du überhaupt geboren wurdest, bevor das Universum in seine Form kam.

Du. Du bist der Eine. Der Eine, den du immer gesucht hast.

Der unstillbare Ruf deines Herzens. Der Schrei aus deiner allertiefsten Tiefe. Die zerbrechliche Stille in der Mitte der Nacht.

Du wirst dich selbst nie wieder verlassen.

106 • Du bist nicht mehr aufzuhalten

Liebe ist nichts, was sich „sicher" anfühlt. Eine Supernova fühlt sich auch nicht immer „sicher" an.

Liebe ist nicht das Produkt, mit dem sie dich über das Fernsehen oder in den Filmen zwangsernährt haben. Liebe ist auch keine Grußkarte wie die von Hallmark, mit lauter lächelnden Gesichtern, warmen Gefühlen und Versprechungen, die wir ganz sicher nicht einhalten werden.

Liebe ist ein Brennofen. Zerstörend, schonungslos. Sie wird auf ihrem Weg alles verbrennen. Sie ist unsentimental, sie reduziert das Unwirkliche zu Asche, alle falschen Vorgaben, alle Lügen, Halbwahrheiten, alles, das nicht unmittelbar ist, lebendig, aus erster Hand, berührbar. Liebe wird alles kaputtschlagen, was eine ausgedachte Form von Liebe ist, wie die Märchen, an die wir so sehr glauben wollten. Liebe hat kein Interesse an unseren Hoffnungen, Fantasien, Plänen. Alles ist ihr Brennstoff. Sie nimmt alles, was da ist.

Die Größe der Liebe selbst kann nicht auf dein übererregtes Nervensystem reduziert werden, auf die Schmetterlinge in deinem Bauch, auf einige gestohlene Küsse und die Freude des Zusammenseins. Liebe nimmt auch in ihr uraltes Herz dieses rasende Gefühl von Einsamkeit in dir auf, eines Herzens, das aufgebrochen worden ist und nicht mehr reparabel. Sie nimmt in ihr Herz jeden auf – den Verlassenen, den Verlorenen, den Ungewollten.

Liebe kann die ganz elementare Panik in deinem Bauch umarmen, die Welle des Schreckens mitten in der Nacht, wenn die Kinder schlafen, deine allertiefste Langeweile, die aus dem Nichts zu erscheinen scheint.

Liebe ist auch Ungewissheit. Liebe heißt, dich so unsicher zu fühlen, wie du dich gefühlt hast, als du zum ersten Mal in diese ungemütliche Welt geworfen wurdest, herausgezogen aus der Sicherheit des Mutterleibes, des Kämpfens überdrüssig, aber von allein atmend, endlich, siegreich.

Vergiss deine Vorstellungen über die Liebe, mein Freund. Liebe wird dort am Kreuz zu dir kommen, unter dem Bodhi-Baum, auf den dreckigen Straßen von

Kalkutta oder im Gefängnis, wenn sie dir sagen, dass du niemals mehr entlassen werden wirst, auf dem Operationstisch, auf den Schlachtfeldern. Liebe kann nicht zerstört werden, zerstört aber alle Liebesträume des Geistes. Liebe kann nicht verlorengehen, sie kann nicht weggenommen werden und dennoch erlaubt sie auch den Verlust und überlebt alles, was dich nicht im Tiefsten ausmacht. Liebe ist kein Gefühl, denn Gefühle kommen und gehen und das tut Liebe nicht, denn sonst ist es keine Liebe, sondern nur ein flüchtiger Traum.

Dennoch ist dies alles auch nicht wahr. Denn Liebe würde auch die Formen all dessen annehmen, was nicht Liebe ist; das ist ihre geniale Einladung. Auch Bedingungen sind noch immer eine Bewegung des Bedingungslosen, denn nichts wird von ihr zurückgewiesen, nicht einmal die Zurückweisung selbst.

Weißt du eigentlich, wie groß dein Herz ist? Wie dein Herz geformt wurde, zusammen mit allen diesen anderen Herzen – an einem Ort unerträglichen Drucks im Kern eines sterbenden Sternes? Dass dein Herz aus demselben Stoff gemacht ist wie mein Herz und auch das Herz jedes anderen lebendigen Wesens? Des Dinosauriers, der Muschel, des Wals, der Kreaturen der Dunkelheit, die in den Tiefen des Ozeans herumkriechen? Des Heiligen und des Sünders? Wie alles in Wirklichkeit dasselbe Herz ist, klopfend wie der Herzschlag des Universums, Ausdehnung und Zusammenziehung, Gewinn und Verlust, Geburt, Tod und Wiedergeburt – ein Zyklus, so alt wie das Leben selbst, sich selbst wiedererfindend in jedem Augenblick.

Kennst du eine Liebe so riesengroß, dass sie aus sich heraus einen ganzen Kosmos ausspeien könnte, brennend, brennend, rasend für sich selbst, sich selbst verschlingend, sich selbst jagend, sich selbst suchend, rufend, winkend, kriechend, alles zerstörend, was nicht sie selbst ist, und dennoch auch dieses erschaffend, voll Entzücken an der Schöpfung? Eine vollkommen zerstörerische, unendlich schöpferische Liebe, die du in dir klopfen fühlen kannst, in jedem Augenblick? Eine Liebe, die niemals zulassen wird, dass du dich für weniger hergibst und niederlässt?

Deine Großmutter ist dorthin verschwunden. Sie alle haben es getan. Die Milliarden, die vor ihr gekommen waren, all die, die schon gegangen sind. Diejenigen, die du zu vergessen versucht hast. Sie sind alle in dein Herz zurückgekommen, haben dich genährt.

Dein Herz fließt über, dein Weg ist klar und du bist nun nicht mehr aufzuhalten.

107 • Liebeslied für mich selbst

Du bist die, mit der ich jeden Morgen aufwache. Die, mit der ich atme, die, deren Herzschlag ich fühle, Schlag für Schlag, wie meinen eigenen. Du bist die, mit der ich gehe, die, mit der ich spreche und singe, die, die bei mir ist während jedes Augenblicks, in dem ich an jedem heiligen Tag wach bin.

Du bist die, mit der ich krank werde, die, mit der ich weine, die, deren Wut und Freude und Zweifel durch mich strömen wie Feuer. Du bist die, mit der ich sterben werde, die, in deren Arme ich zurückkehren werde. Du bist die, die ich in jedem Gesicht sehe, die durch jedes Paar Augen hindurchscheint, die durch die Stille schimmert, durch die Pfade des Staubes und die Räume unter dem Baldachin. Du bist meine ständige Gefährtin, mein Heim, meine Vernunft, meine Freude, mein Leben. Wir können nicht getrennt werden, denn wir sind nicht zwei und selbst eins ist zu viel für uns.

Ich singe dieses Lied für mich, die ich in dieses Lied verschwinde, und ich bin niemals allein.

108 • Ein Meer der Liebe

In der Liebe gibt es Verlust. Dennoch gibt es dort auch Fülle, jenseits der Verwüstungen der Zeitlichkeit.

Liebe ist der Verlust der Zeit. Vergangenheit und Zukunft fallen weg und alles, was bleibt, ist Einfachheit, keine Trennung zwischen Liebendem und Geliebtem, Sehendem und Gesehenem. Ein Objekt hört auf, ein Objekt zu sein, ein Mensch hört auf, ein Mensch zu sein, denn in dieser Intimität kann keine Grenze existieren, keine Trennung, keine Dualität.

Eine Welt geht verloren, eine Welt bricht weg, ein Feuer brennt, in dem die Dramen der Zeit zu Asche werden. Und diese Liebe ist nicht persönlich, sie ist nicht abgegrenzt, sie kann nicht von einem Wesen zum nächsten weitergegeben werden. Sie kann nur erinnert werden, nicht erzeugt. Aufgedeckt, niemals empfangen.

Der Boden öffnet sich und wir fallen.

In den Augen eines Fremden oder während wir die Rätsel einer Blüte kontemplieren oder wenn wir in Ehrfurcht vor einem Kunstwerk in einer Kunstgalerie stehen und oft ganz plötzlich, unerwartet, ohne Vorwarnung, schluckt die Liebe dich ganz.

Du erkennst dich selbst. Das, was da draußen ist, ist in Wirklichkeit hier drinnen. Mauern brechen ein.

Irgendwo, weit draußen mitten auf dem Meer, in der Weite der Nacht, ruft etwas Ungesehenes und Unbekanntes dich aus den Tiefen.

Verlasse dich selbst nie, mein Freund. Du musst nirgendwo hingehen.

109 • Du selbst bist das Eine

Verlasse dich nie um der Liebe willen und suche nie in einem anderen nach Liebe.

Liebe ist kein Ding, denn sie kann nicht gegeben oder weggenommen werden.

Liebe ist kein Gefühl, kein Zustand, und auch keine Gipfelerfahrung, sondern sie ist das, was du bist, lebendige Gegenwart.

Verwechsele Liebe nicht mit Anziehung. Anziehung ist etwas, das kommt und geht, das im Laufe der Zeit abnehmen kann, was sich vermindert oder ausbricht, wie ein Vulkan, ganz unerwartet.

Verwechsele Liebe auch nicht mit Sehnsucht. Sehnsucht ist ebenso wenig dauerhaft, sondern vergänglich.

Verwechsele Liebe nicht mit Gefühlen von Seligkeit, Genuss und einem aufgeregten Nervensystem. Diese vorübergehenden Zustände können nicht anhalten, es entspricht nicht ihrem Wesen. Selbst Versprechungen, die heute mit solcher Gewissheit gegeben werden, in bester Absicht, können morgen vergehen, gebrochen werden oder vergessen worden sein.

Liebe dagegen vergeht nicht. Liebe kann im Laufe der Zeit nicht abnehmen. Denn Liebe ist kein Gut, keine veränderbare Sache. Liebe ist ein Feld, ein Feld im Inneren und im Außen und zwischen uns, ein Feld, in dem Gedanken, Gefühle, selbst die scheinbar solidesten Pläne für die Zukunft erscheinen und wieder verschwinden können. Liebe enthält Hoffnung ebenso wie Verlust, Aufregung ebenso wie Langeweile, zerbrechende Enttäuschung ebenso wie Seligkeit.

Liebe ist das Feld für die veränderlichen Formen, der Boden, der uns hält, wenn wir gehen, sitzen, sprechen oder nicht, fühlen, was wir in der Gegenwart des jeweils anderen fühlen, unsere Angelegenheiten des Tages regeln, planen, essen, hoffen, „Auf Wiedersehen“ sagen, versuchen zu lieben.

Liebe ist größer als wir. Wir erzeugen sie nicht mit unseren Worten und Taten und ebenso wenig mit unseren Absichten, aber wir werden ständig von ihr umfangen, sind in ihrer Größe enthalten – ganz gleich, was wir tun oder was wir nicht tun.

Wir sind verheiratet, wir lassen uns scheiden, wir sind Freunde, wir sind Liebende, wir machen Schluss, wir brechen zusammen, wir werden geboren, wir sterben – aber das Feld bleibt erhalten.

Niemand hat uns je Liebe gegeben, das ist die große Illusion. Wir haben uns manchmal einfach in Gegenwart des anderen an das Feld erinnert, haben die Ewigkeit wiedererkannt, mitten im Alltag, und dann dem andern etwas zugeschrieben. Die Liebe ist nie von etwas außerhalb von uns zu uns gekommen, sondern wir haben einfach unsere eigene Gegenwärtigkeit berührt, haben uns in die Liebe verliebt, die wir sind, und nicht in die, die wir nicht sein können. Niemand hat jemals seine Liebe von uns weggenommen, sondern wir haben einfach das Feld vergessen und dem anderen dafür „die Schuld“ gegeben und nach einer anderen Liebe Ausschau gehalten, ihr Fehlen bemerkt, uns in unseren Geschichten über eine „verlorene Liebe“ verstrickt und uns selbst gefangen nehmen lassen von unserem Drama des oder der „Verlassenen“ und „Einsamen“.

In Wirklichkeit war die Liebe immer noch da, selbst wenn es ganz offensichtlich nicht so war, sie war immer noch gegenwärtig, selbst in unserem Verlust. Denn sie kann gar nicht gebrochen werden – eine Welle kann den Ozean nicht zerbrechen.

Suche darum nicht die Liebe, suche nicht das Licht, sondern sei es, schenke es! Die Freude, jemanden zu lieben, ist so unendlich viel größer als die Angst, nach der Liebe eines anderen zu suchen oder sich daran festzuklammern! Denn ganz in der Tiefe weißt du sehr wohl, dass dies nur eine Illusion ist und dass das, wonach du immer gesucht hast, niemals von einer Quelle außerhalb deines eigenen Herzens kommen konnte. Du bist das Eine, du bist immer das Eine gewesen.

Die Suche endet genau da, wo sie begonnen hat – in der Gegenwärtigkeit. Aus der Perspektive der Liebe betrachtet, ist in der Zwischenzeit überhaupt nichts geschehen.

110 • Geister des Herzens

Niemand kann jemals aus deinem Herzen gelöscht werden, denn wenn du dich einmal von jemandem hast berühren lassen und ihn wiederum berührt hast, wenn du ihn einmal so zärtlich in deinen Armen gehalten hast und von ihm wiederum zärtlich gehalten worden bist, wenn du den anderen als dich selbst erkannt hast und ihn wirklich in dich eingelassen hast, erlaubt hast, von ihm *erkannt* zu werden, dann gibt es eine unauslöschliche Erinnerung in deinem Herzen – wie sehr du auch versuchen magst, den anderen zu vergessen, wie sehr du auch versuchen magst, ihn wegzuschieben. Denn das Herz kennt keine Zeit, keine Abwesenheit, keine Trennung, keine Fehler. Wir sind untrennbar, für immer, untrennbar von allem, was wir erlebt und erfahren haben oder vor dem wir weggelaufen sind. Wir werden von der Vergangenheit verfolgt, bis wir uns ihr stellen, wir werden von all dem verfolgt, was wir auszuschließen versucht haben. Das verschlossene Herz, das zuerst wie eine großangelegte Selbstschutzeinrichtung aussieht, fühlt sich bald an wie ein großangelegtes Gefängnis für das Selbst. Es gibt einen Schmerz, der größer ist als Schmerz – den Schmerz, der entsteht, wenn wir vor unserem Schmerz weglaufen, wenn wir uns von uns selbst abtrennen und einem abgenutzten Ideal der „Liebe" hinterherlaufen. Es kann keine zwei geben. Es gibt nur einen. Liebe kann nicht geteilt werden, auch wenn wir so weit rennen, dass uns die Beine wehtun.

Zuletzt fallen wir auf unsere Knie, erschöpft. Und dann, vielleicht, öffnet sich unser Herz. Wir können die Vergangenheit nicht ändern, wir können nicht auslöschen, was passiert ist, aber wir können uns in die Gegenwart verlieben, in das, was wir jetzt sind, in die Art unseres Niedersinkens, nach dem wir in den Grenzen der Zeit immer gesucht haben.

„Falle in mich hinein", flüstert das Herz. „Es ist doch ganz sicher, dich sinken zu lassen. Tu es einfach, lass los!"

Und die traurigen Geister, die auf dich zulaufen, wollen eigentlich immer nur Teil des Strahlens deiner Präsenz sein. Ihre Reise ist hier zu Ende, sie sterben einen wundervollen Tod in deinen Armen und lösen sich auf in Licht.

Dir wird vergeben, in der Gegenwärtigkeit, und eigentlich war da nicht einmal etwas da, was man vergeben musste.

111 • Die strahlende Wiederkehr der Liebe

Die Nacht gehört uns, wie auch die Morgendämmerung, und wir werden niemals wieder diese Gnade vergessen, derer wir teilhaftig geworden sind, niemals wieder diesen Tag verlassen, nur weil wir einem anderen hinterherlaufen. Liebe ist nicht etwas, was du finden kannst, sie ist wie eine Energie, fließend, manchmal zart, kaum wahrnehmbar, pulsierend, manchmal wogend, vulkanisch, nach allen Seiten ausbrechend, die Risse im Bürgersteig füllend, die Mauern, die wir aufgebaut haben, um uns getrennt zu halten, übersprudelnd wie ein Bach, der seinen Weg auch in den kleinsten Raum findet, unhaltbar, auf der Suche nach seinem Ursprung, auf der Suche nach seiner Heimat, fließend durch Bäume, durch Seen, durch Menschen, fließend in den offenen Himmel, über die Galaxien hinaus, rückwärts und vorwärts durch alle Zeiten hindurch.

Ein Baby wird geboren, ein Mann tut seinen letzten Atemzug irgendwo in einem Krankenhaus, wer weiß, wo, eine Armee erhebt sich, wird geschlagen, ein Sklave durchbricht seine Ketten, große Wildtiere stampfen auf der Erde, ohne zu wissen, wie nahe sie ihren Feuern gekommen sind. Sterne werden geboren und explodieren, dein erster Geburtstag, dein Universitätsabschluss, der Tod deiner Mutter, deines Vaters und du weinst in dein Taschentuch – Herausforderungen, die du kaum überstehen konntest und die du doch überstanden hast, und dann irgendwo, mitten in der Nacht, draußen irgendwo auf dem weiten Meer, irgendwo in den dunklen Überbleibseln deines Herzens oder vielleicht in der Nähe der Grenzen des bekannten Universums, ich weiß nicht, erinnerst du dich und wendest dich um, erinnerst dich nun an die Quelle und dann kommt sie zurück, ja, sie erinnert sich nun an die Quelle. Du wendest dich um, nicht suchend, sondern fallend, nicht schiebend, sondern dir selbst erlaubend, gezogen zu werden, und dann fällst du zurück, durch das Licht und durch die Dunkelheit, durch das Schmutzwasser einer Million verlorener Welten, durch Rätsel, durch Schichten von Schmerz und Seligkeit, in dich hinein, in dein uraltes Herz, in deine Heimat. Du bist bis ans Ende der Welt gereist, über Zeit und Raum hinaus, durch unbeschreibliche Schrecken und Ekstasen und du hast dich wiedergefunden, dort, wo du dich verlassen hattest, als die Suche begann.

Du nimmst jetzt einen Atemzug, du fühlst dein Herz schlagen, du fühlst, wie dein Bauch sich hebt und senkt, und das ist nicht nur irgendeine gewöhnliche Bewegung, eine Bewegung wie tausend andere, nein, dies ist die Ewigkeit in Bewegung, im Atmen, unendlich ihrem Wesen nach, wenn auch endlich in ihrer Form, aber unendlich im Herzen – und sie war immer du, verloren und wiedergefunden.

Es ist nur irgendein gewöhnlicher Tag in deinem Leben – die Kinder müssen versorgt werden, die Rechnungen bezahlt, Gefühle müssen gefühlt werden. Aber jetzt weißt du und kannst es nie wieder vergessen, trotz all deiner Träume, trotz deiner Reise, dass die Morgendämmerung dir gehört und die Nacht ebenso. Wie jeder Ruf eines jeden Geschöpfes, jedes Paar Augen, sodass auch du, wenn du schaust, wenn du erstaunst, wenn du an zu Hause denkst, niemals wieder diese Gnade vergisst, die dir geschenkt worden ist. Sodass du niemals wieder diesen Tag sich selbst überlassen wirst, um einem anderen hinterherzujagen, sodass du niemals wieder die Liebe außerhalb deiner selbst und außerhalb deines eigenen klopfenden Herzen suchen wirst, sodass du niemals wieder daran zweifeln wirst, was du intuitiv erkannt hast, als deine Mutter dich in diese Welt warf, strampelnd und schreiend, gebrochen und blutig, aber strahlend du selbst. Sodass du kein Fehler bist, sodass du kein verdammter Fehler bist, sondern die Natur selbst, ganz, wertvoll und wert, eine solche Liebe zu erfahren, wie sie Zeitalter überwindet und Lichtjahre und wie sie sich durch alle Schatten und allen Mist hindurchzieht, um wiederzukehren. Von dir ist sie geboren worden, zu dir kommt sie gerannt.

Nach Hause, Mutter, nach Hause!

112 • Nackte Liebe

Du sagst, du liebst mich. Du sagst, ich bedeute dir etwas. Du sagst eine Menge Dinge, aber Worte sind so leicht zu sagen und ich bin es wert, eine Liebe zu erfahren, die Galaxien erschaffen kann.

Wenn du meine offenen Wunden erkennen würdest, meine Narben, wenn du meine dunklen Stellen kennen würdest, meine Geheimnisse, wenn du meine Fantasien erkennen könntest, meine seltsamen Gedanken, die Impulse, die ich noch nicht auslöschen konnte, die unbequemen Gefühle, die ich zu verstecken versuche. Die verzweifelten Sehnsüchte, die Gefühle von Leere, die immer noch in mir sind.

Die Wut, die in mir brennt. Die Trauer, die so schmerzt.

Wenn du all diese Dinge kennen würdest, die ich in meinem Herzen begraben habe, all die Dinge, die ich nicht aussprechen kann. Wenn du die Falten sehen würdest, die kleinen und die großen, die Pigmentflecken, die Knoten und die Schnitte, die Flecken und die wunden Stellen. Die Übergröße, die Unvollkommenheiten, die falschen Haare. Die Flüssigkeiten, deren Fluss ich nicht kontrollieren kann, die Absonderungen, die Gerüche, die Schrecken der Nacht.

Wenn du mich ganz nackt sehen würdest, so ganz ohne das Bild von mir, das ich abgeben möchte, ohne mein Make-up, ohne meine Foundation oder mein Spray und mein überdeckendes Puder, ohne das, was ich vorgebe zu sein, ohne meine Mauern, ohne etwas zu verstecken, ohne Spiele, ohne Masken, ohne persona, ohne meine Rolle und ohne noch etwas zu verlieren zu haben.

Wenn du all das sehen würdest, ohne Tünche, unzensiert, unkontrolliert. Würdest du mich immer noch lieben? Würde sich dein Herz öffnen? Würdest du Hässlichkeit sehen oder Kunst?

Ein verletzliches Herz, voll Sehnsucht nach Begegnung. Vielleicht gerade in meinen Unvollkommenheiten.

Du sagst, du liebst mich. Du sagst, ich bedeute dir etwas. Du sagst eine Menge Dinge, aber Worte sind so schnell zu sagen und ich bin es wert, eine Liebe zu erfahren, die Galaxien ins Leben ruft.

113 • Was sie dir beigebracht haben

Sie haben dir beigebracht, dass du klein wärest.
Sie haben dir gesagt, du seist unvollkommen, begrenzt.
Dass da etwas fehlte. Dass ein Mangel an dir sei.
Etwas, das „falsch“ an dir war.
(Sie glaubten noch an „richtig“ oder „falsch“.)
Sie haben dir gesagt, dass du „weniger als“ wärest.
Während andere „mehr als“ waren.

Sie haben dich belogen.
Sie haben dich mit einem Alptraum beschenkt.
Ihre Liebe war nicht bedingungslos. Sondern du musstest dafür arbeiten.
Sie dir verdienen. „Gut genug“ dafür sein.
Weil die Quelle deines Selbstwertes außerhalb von dir liegen würde.
Und damit außerhalb deiner Kontrolle.
Abhängig davon, dass du es besser machtest. Schneller würdest. Klüger. Lauter. Ruhiger. Größer gewachsen, hübscher, mit mehr Ausbildungen. Bessere Noten nach Hause bringen müsstest. Die Karriereleiter nach oben klettern solltest. Oder herunter, wenn es dir jemand sagt. Mehr schaffen müsstest, mehr haben solltest. Geld. Auszeichnungen. Titel. Erfolg. Ein besseres Image aufbauen müsstest. Ein besseres Du konstruieren solltest. Eine bessere Version von dir. Ein Upgrade.
Es war alles eine Lüge.
Du warst liebenswert, genauso, wie du warst.
In deiner ursprünglichen Form.
Ganz von Anfang an warst du ganz. Vollkommen.
Vollständig. Wertvoll. Wert, geliebt zu werden.
Wert einer Aufmerksamkeit von wirklicher Güte.
Wert, Mitgefühl zu erfahren.

Wert, in Sicherheit zu sein.
Wert, gewürdigt zu werden und mit Respekt behandelt.
Deine Gefühle waren von Bedeutung. Selbst die unangenehmen.
Dein Körper war wunderschön, selbst in seinen Unvollkommenheiten.
Deine Stimme war heilig, selbst wenn sie etwas sagte,
mit dem sie nicht übereinstimmen konnten.
Dein Erfolg war von Bedeutung, und deine Misserfolge waren so rein.
Dein Einatmen war von Bedeutung. Und auch dein Ausatmen.

Sie haben dir beigebracht, dass du klein wärest.
Sie haben dir gesagt, du seist unvollkommen, begrenzt.
Dass da etwas fehlte. Dass ein Mangel an dir sei.
Etwas, das „falsch“ an dir war.
Dass du „weniger als“ seist. Während andere „mehr als“ waren.

Sie hatten nie Recht. Niemals.

Vater, vergib ihnen, denn sie wissen nicht, was sie tun.
Denn ihnen hat man dasselbe beigebracht.

114 • Wie du dein Herz öffnen kannst

Versuche nicht, dein Herz zu öffnen.

Das wäre nämlich eine subtile, aber dennoch vorhandene Aggression gegen dich und deine unmittelbare, verkörperte Erfahrung.

Sage niemals einem verschlossenen Herzen, es solle sich öffnen, denn genau dann wird es sich noch mehr verschließen, um sich zu schützen, da es deinen Widerstand spürt und deine Missbilligung. Ein Herz kann sich nur dann öffnen, wenn die Bedingungen dafür stimmen. Deine Forderung nach Öffnung bewirkt also genau das Gegenteil. Darin besteht die unglaubliche Intelligenz des Herzens.

Nein, verneige dich vor dem Herzen in dem Zustand, in dem es jetzt ist. Wenn es geschlossen ist, dann lass es geschlossen sein, mache dieses Geschlossensein zu etwas Heiligem. Mache es sicher, sicher sogar, weil es sich unsicher fühlt.

Vertraue darauf, dass das Herz, wenn es bereit ist (und keinen Augenblick früher), sich schon öffnen wird. Wie eine Blume in der Wärme der Sonne. Deshalb ist keine Eile nötig. Jedenfalls nicht für das Herz.

Vertraue dem Prozess des Öffnens und auch des Verschließens, der Ausdehnung und der Zusammenziehung, denn das ist der Prozess des Atmens für das Herz: *sicher, unsicher, sicher, unsicher*, die wundervolle Verletzlichkeit des Menschseins und alles umfangen von einer vollkommenen Liebe.

115 • Leben: Der Eintrittspreis

Du wirst auftauchen, blutig, gebrochen, voll Wunden, aber lebendig.
Sie werden dir sagen, dass du auf einem Planeten namens Erde bist.
Sie werden dir einen Namen geben. Den Namen von jemand anderem.
Sie werden dir beibringen, was sie für wahr halten.
Du wirst eine spezielle Sprache sprechen lernen, nicht die, die du gewählt hättest. Du wirst die Glaubenssätze deiner Familie lernen, ihre Werte, ihren Verhaltenskodex. Nimm dies alles nicht als die absolute Wahrheit an, es ist nur ihre Version der Wahrheit!
Sie werden dich loben oder dich verdammen. Sie werden dich unterstützen oder nicht. Sie werden dir Geschenke geben oder sie dir wieder wegnehmen. Sie werden dich falsch nennen, schlecht, egoistisch, böse. Sie werden dich den Besten nennen, wunderbar, ein Genie, ihren Retter.
Verrate dich nicht für solche Bezeichnungen, für solche Bewertungen, ob sie nun gut sind oder schlecht. Du bist lebendig, Du kannst nicht in eine Form gepresst oder kontrolliert werden. Oder durch Worte definiert.
Du wirst lieben und die Liebe verlieren. Dein Herz wird brechen, mehr als einmal. Du wirst die größten Ekstasen spüren, die größte Tiefe der Melancholie. Diejenigen, die du liebst, werden sterben.
Du wirst deine Wirklichkeit infrage stellen, deine Identität, selbst deine Gesundheit.
Du wirst manchmal das Gefühl haben, dass du nicht weitermachen kannst. Aber du wirst weitermachen.
Du wirst dich nach dem Sinn deines Lebens fragen. Du wirst vielleicht einen Sinn finden und ihn wieder verlieren. Du wirst eine Rolle einnehmen und sie wieder abgeben. Du wirst jemandem vertrauen und dein Vertrauen wird gebrochen werden. Oder es wird nicht gebrochen werden. Du wirst einknicken. Und wieder aufstehen. Und wieder fallen. Und wieder aufstehen. Und weitermachen.

Du wirst den ganzen Geschmack des Lebens schmecken, die
Dunkelheit kennenlernen wie auch das Licht. Das ganze Leben
wird sich durch dich entfalten, die Freude und das Leid, die
Langeweile und die Seligkeit, die Gewissheit und der Zweifel,
die großen Gipfelerlebnisse und die Schrecken der Tiefe.
Du wirst andere berühren und wiederum von anderen berührt werden.
Du wirst tanzen und singen und in Verzweiflung auseinanderbrechen.
Du wirst weinen und lachen und dem Rätsel anheimfallen.
Und am Ende wirst du ausrufen:
„Ich habe gelebt! Ich habe gelebt!“

116 · Mutter

Sie sagten, du würdest „in mir“ wachsen. Aber ich wusste es besser, du warst mir näher als das. Mein Körper war deiner. Dein Atem war mein Atem. Dein Herz war meins.

„Du musst doch glücklich sein“, sagten sie. „Glückwunsch! Du wirst eine wunderbare Mutter sein!“

Ich wusste es nicht. Große Schreckensmomente wallten in mir auf. Manchmal auch intensive ekstatische Momente.

Manchmal spürte ich eine so abgrundtiefe Einsamkeit. Niemand verstand das, selbst meine engsten Freundinnen nicht, meine Familie, mein Mann.

Mein Schmerz war dein Schmerz, mein Kleines. Meine Freude, mein Leid, meine Angst, mein Hunger, alles war auch deins. Und deine Empfindungen waren auch meine.

Seltsame Empfindungen. Schmerzen. Zärtlichkeit, Ablehnung. Stimmungsschwankungen. Übelkeit. Oh, mein Gott, diese ständige Übelkeit!, Blut, überall. Rückenschmerzen, Sodbrennen. Alles in mir brennt.

Wenn ich ehrlich bin, dann gab es Zeiten, in denen ich dir Vorwürfe machte, in denen ich nur noch wollte, dass du aus mir verschwindest, der schlimmste Verrat. Du hast mir das Herz gebrochen und meine Träume zerstört. Mein altes Leben war vollkommen verschwunden, während neues Leben in mir wuchs. Ein Tod, eine Geburt, eine Vertrauenskrise. Manchmal wusste ich nicht, ob ich dich immer noch wollte. Ich kann das jetzt zugeben.

Und dennoch gab es auch Zeiten, in denen ich dich so brauchte. Zeiten, in denen ich mir gar nicht mehr vorstellen konnte, ohne dich zu sein. Zeiten, in denen du alles warst, was ich auf dieser Welt hatte. Du warst der Grund dafür, dass ich den nächsten Atemzug tat, dass ich überhaupt hierblieb.

Aufgebrochen. Die Angst vor mir selbst. Die Angst vor den Dingen, die ich niemals mit jemandem würde teilen können. Dunkle Dinge. Visionen. Bewegungen mitten in der Nacht. Wie eine Schlange, eine Fledermaus, wie ein Dinosaurier. Dämonen, Teufel, die mich weglockten. Unbekannte Dinge, die gekommen waren, um meine Seele mitzunehmen. Unbewusstes, was plötzlich bewusst wurde. Botschaften. Die Toten, die plötzlich lebendig wurden. Die Bewegungen der Planeten im fernen Raum. Seltsame Verbindungen, Zufälle, unerklärliche Vorkommnisse. Poltern in der Leere. Die kollektiven Ängste, die alle Mütter in sich tragen. Versuche, alles zusammenzuhalten. Für dich. Für dich.

Was du isst, was du besser nicht essen solltest. Zu schlafen. Wach zu sein. Sich zu bewegen, zu ruhen. Um es sicher für dich sein zu lassen. Um es so sicher für dich zu machen. Um es für mich sicher zu machen. Wie ich mich bewegen sollte, während du wächst.

Und alle um mich herum geben mir Ratschläge. Lasst mich doch endlich in Ruhe! Haltet die Klappe. Verschwindet endlich! Alle!

Meine Hand auf dir. Haut, die sich enger zusammenzieht. Haut, die sich dehnt, sich faltet, sich pellt. Hautschichten, die sich losreißen.

Warst du das eben, der sich bewegt hat? Spüre ich dich? Seltsame Visionen, Gefühle, die ich nicht erklären kann. Neue Gefühle. Verwirrung. Manchmal unerträglich.

Halte es drinnen. Halte es alles zusammen. Setze dein mutiges Gesicht auf.

„Du musst so glücklich sein! Glückwünsche! Du wirst eine wunderbare Mutter sein!"

Und dann der Tag, an dem du herausgekommen bist. Treibend, drückend, pressend, und du, du kamst immer noch nicht, immer noch nicht. Pressen und ein Schmerz, den niemand je gekannt hat, und, nein, ich glaube nicht, dass Männer das verstehen können, wirklich nicht!

Reißen. Fleisch, das zerreißt. Überflutend, spuckend, das glühende Schneiden eines Universums.

Blutig, wund, nackt, aber lebendig, und da warst du! Jedes Denken hörte auf. Das Denken selbst war weg.

Meins. Und doch nicht länger meins. Und doch meins, so sehr meins. Und wunderschön. Wunderschön. Vollkommen. Sicher, zerschlagen. Aber vollkommen.

Mein Herz bricht in tausend Teile und du, du fügst es tausend Male wieder zusammen.

Du hast ein Gesicht, dein ganz eigenes. Ein solches Gesicht. Beine, Arme auch. Augen, die wissen. Augen wie meine. Du bist in mir gewachsen, aber jetzt bist du im Außen erschienen. Du Formveränderer, du Wunder, mein kleiner Junge!

Du atmest nun ganz allein. Mein kleiner Sohn, der ganz allein für sich atmet. Und plötzlich vermisse ich die Tage, an denen wir beide zusammen geatmet haben. Spüre eine seltsame Sehnsucht nach diesen Tagen. Aber ich war so froh, dass du allein geatmet hast. Freude und Leid, beides gleichzeitig. Ich kann es nicht erklären. Ich kann es lediglich in mir halten, in meinem erschöpften Herzen.

Abhängig, unabhängig. Eins, aber nicht dasselbe.

Mein Sohn, mein süßer kleiner Junge! Ich weiß nicht, ob du wirklich an jenem Tag geboren wurdest, ob du mich damals wirklich losgelassen hast oder ob nur mein altes Leben gestorben ist, oder alles zusammen. Warum nur ist mein Herz gebrochen, als alle um mich herum vor Freude geweint haben? Kanntest du die Antwort?

Mein kleiner Sohn, schleimig, blutig, um dein Leben schreiend, deine Ankunft auf dieser Welt allen kundtuend, die es hören wollten, mein kleiner Junge! Sie schneiden die Verbindung zwischen uns durch, und dennoch: Niemand kann sie je ganz durchschneiden. Wir sind zwei Herzen, die aus einem entstanden sind, zweierlei Atem, der einst nicht auseinanderzuhalten war. Ich würde für dich sterben, würde dir mein Herz geben, mein Gehirn, mein Gesicht, mein Alles.

Ich bin deine Mutter und du bist mein Sohn.

Und wenn König Salomon sein Urteil verkünden würde, würde ich nicht eine Sekunde darüber nachdenken müssen. Die Antwort ist Ja, mein Liebster, die Antwort ist immer Ja. Nimm ihn, nimm ihn, nimm ihn, du Lügner, nimm ihn ganz und nicht nur seine Hälfte, sondern nimm ihn ganz und lass ihn in Sicherheit sein und liebe ihn so, wie ich ihn lieben würde. Ich will ihn in meinem Herzen bewahren und er wird mich finden, ich weiß, er wird mich finden, eines Tages, eines Tages, wenn er seine Ketten zerbrechen wird und mich dann findet, er wird seinen Weg nach Hause finden, denn sein Körper war meiner, sein Atem war mein Atem und unsere Herzen schlagen immer noch wie eins.

117 • Wenn du verliebt bist, dann gewinnst du immer

Kind, wisse, dass ich dich immer lieben werde, wenn du Erfolg hast. Und wisse ebenso, dass ich dich gleichermaßen lieben werde, wenn du Misserfolge hast.

Denn Misserfolge sind nur etwas, was im Denken stattfindet, und dein Wert ist nicht an äußere Dinge gebunden. Du bist nicht weniger wert, weil du weniger verdienst oder weil du weniger weißt oder weil du weniger gewinnst oder weniger besitzt. Du bist auch nicht mehr wert, weil du mehr besitzt oder mehr erreicht hast oder erfolgreicher bist. Das Einatmen ist schließlich auch nicht besser als das Ausatmen, mein Schatz, das Abstürzen ist genauso schön wie das Aufsteigen. Der Schnee und der Regen sind gleichermaßen kraftvoll, genauso schön wie die Sommersonne, und das kleinste Wasserbecken ist genauso wertvoll wie der Pazifische Ozean. Der Erdkern hat schon die unglaublichsten Triumphe und Katastrophen überlebt.

Wenn du etwas ausprobierst und gewinnst, dann erlebe dies in seiner ganzen Fülle, schmecke es voll und lerne, diesen Geschmack zu lieben. Wenn aber Verlieren und Enttäuschungen zu Besuch kommen, wenn Herzzerbrechen und Verlust in deinem kostbaren Herzen aufkommen und wenn Verzweiflung und abgrundtiefe Einsamkeit wie aus dem Nichts in dir aufsteigen, wenn sie sich über dich mokieren und dich lächerlich machen, wenn sie dich vernachlässigen und dich verlassen, wenn sie dich nicht sehen, so sehr du dich auch danach verzehrst, dann wisse, ich werde dich nicht verlassen, denn für mich bist du ebenso wertvoll, wie du immer warst, ebenso liebenswert, ebenso unglaublich wunderschön und ebenso ganz und vollkommen. Lerne den Geschmack des Dunklen ebenso zu lieben wie den des Lichts. Schmecke das ganze Leben, mein Schatz, denn du bist dafür ausgestattet, alles in dir zu fühlen und zu bewahren, dein Herz ist weit genug dafür und dein Mut ist atemberaubend.

Ich möchte dich diese Liebe lehren und du wirst sie deine Kinder lehren und so weiter und so weiter, bis ans Ende der Welt.

Was die Liebe betrifft, bist du immer der Sieger!

118 • Unsere letzte Chance zu lieben

Da die Erde jeden Moment aufbrechen und uns alle in ihren feurigen Kern hineinziehen könnte und weil es so viele Dinge in unserem Herzen gibt, die wir niemals in Worte fassen können, und weil die Dinosaurier lebten und liebten und viel zu schnell ausgestorben sind und weil wir alle nur so vorübergehend hier sind, uns auf diesem zerbrechlichen blauen Planeten niedergelassen haben, der sich in unendlichem Staub um sich selbst dreht, und weil alle diese Dinge so sind, wie sie sind, lass heute den Tag sein, an dem wir endlich unsere Wahrheit sprechen, selbst wenn wir dabei zittern und schwitzen und uns wundern, was zum Teufel wir hier tun, lass es den Tag sein, an dem wir endlich wirklich zuhören, selbst wenn es uns nicht gefällt, was wir hören, lass es den Tag sein, an dem wir endlich das Geschenk des Lebens annehmen, den Sauerstoff in unseren Lungen, unsere Füße auf dem Boden, unsere Herzen offen füreinander, für den Schmerz ebenso wie für unsere Freude und für alle anderen Möglichkeiten, während die Erde bereit ist, jeden Moment aufzubrechen und uns alle in ihren feurigen Kern zu ziehen.

Teil 10

Ruhe in Stille

119 · Atme

Mache langsamer, mein Freund.
Atme.
Einatmen, ausatmen,
einatmen, ausatmen.

Sinke in die Weite der Gegenwärtigkeit.
Das Leben ist nichts als ein Moment.
Antworten erscheinen nicht, wenn wir es wollen.
Wir sind nach einem uralten Zeitplan hier.

Die Lehre ist einfach.

Mache langsamer, mein Freund.
Atme.
Einatmen, ausatmen.
Einatmen, ausatmen.

120 · Ein achtsamer Moment der Ruhe

Stopp! Halte an! Nur einen Augenblick lang.

Spüre die Magie des Einatmens, des Ausatmens, Atemzug für Atemzug. Spüre, wie dein Bauch sich hebt und senkt, in seinem eigenen süßen Rhythmus. Wie eine Welle im Ozean. Spüre die Luft, wie sie durch deine Nasenlöcher strömt und deine Kehle hinunter. Spüre, wie tief dein Atem in deinen Körper strömt.

Nimm wahr, was jetzt in deinem Körper ganz lebendig ist. Komme heraus aus deinen Geschichten über deine Vergangenheit und deine Zukunft, über Reue und Vorwegnahme dessen, „was nicht da ist", und dessen, „was da sein sollte". Schenke deine freundliche Aufmerksamkeit einen Augenblick lang dem Tanz dessen, was gerade im Augenblick geschieht, hier, wo du bist. Ein flatteriges Gefühl in deinem Magen, genau hier. Eine Spannung in deinen Schultern oder ein Druck in deiner Stirn, genau jetzt. Ein leichtes, aufgeregtes Gefühl in deiner Brust, ja, genau hier.

Wenn du einen Bereich entdeckst, in dem es Unbehagen gibt, dann ist das okay. Bleibe einfach dabei. Versuche es nicht loszuwerden, es wegzuschicken. Benenne es nicht einmal oder bewerte es als „schlecht" oder „negativ". Versuche, genau jetzt, nicht einmal, es zu „heilen". (Manchmal kann auch das Heilenwollen eine subtile Form von Widerstand sein.)

Und wenn du in dir jetzt irgendeinen Widerstand bemerkst, irgendeine Nichtannahme – dann erlaube auch diesen Empfindungen, da zu sein. Bleibe neugierig, fasziniert. Sei neugierig sogar auf dein Fehlen von Neugierde, fasziniert von deiner Langeweile. Jede Langeweile hat ihren Platz im Leben.

Erlaube allen Gedanken, zu kommen und zu gehen. Gedanken sind wie Wolken und du bist wie der Himmel, du bist der Raum für alle deine Gedanken, nicht ihr Feind. Versuche nicht, Gedanken zu entfernen oder sie zu beruhigen. Nimm ihren prächtigen Lärm an und spüre, dass sie nicht das sind, was du bist.

Versuche nicht, irgendetwas geschehen zu lassen. Du brauchst keine andere Erfahrung und auch keinen anderen Zustand zu suchen. Werde einfach neugierig auf diese deine Erfahrung, auf diesen Zustand, in dem du bist! An diesem Tag. In dieser Stunde. In diesem Moment. In dieser Unmittelbarkeit. Dort, wo du bist. Wie fühlt es sich an, lebendig zu sein, hier und jetzt? Wie fühlt es sich an, du zu sein, dein ganz einzigartiges Selbst? Begegne diesem Moment mit all seiner Frische.

Du kannst nicht wirklich neugierig auf deine unmittelbare, verkörperte, gegenwärtige Erfahrung sein und gleichzeitig feststecken in einer Geschichte der Angst und sie bedauern. Wenn frühere Bedingungen der Grund der Krankheit sind, wenn Angst und Stress die Symptome dafür sind, dann ist offenherzige Neugier die einzige wahre Medizin. Dieser Augenblick ist dein Anker, dein kosmisches Zuhause in dieser chaotischen, sich stets verändernden Welt, dein Ruhepol inmitten des Sturms und der Stürme, die immer schon vorübergegangen sind.

121 • Gedankenvögel

Gedanken sind nicht die Wahrheit. Und letztlich sind die Gedanken nicht einmal deine, sie sind nicht persönlich, nicht das, was du wirklich bist. Sie sind nichts als Stimmen, Klänge, Vorschläge, Bewertungen, Meinungen des Geistes, die ständig kommen und gehen, wie eine Schar Vögel, die singen, jeder Vogel mit einem anderen Klang, einer anderen Meinung, einem anderen Vorschlag, einer anderen Perspektive.

Du bist nicht der Vogel, du bist der weit-offene Raum, in dem die Vögel singen können, du bist die Achtsamkeit, die die Vögel umgibt, die Stille unter ihrem Lied und die Mitte zwischen jedem Ton, die Stille, die jeden Vogelgesang durchdringt.

Versuche nicht, die Vögel zum Schweigen zu bringen (denn das führt dazu, dass sie aus Protest sogar noch lauter singen) oder sie zu zerstören (denn sie sind nur Teile von dir, die sich danach sehnen, von dir etwas Freundlichkeit zu bekommen), sondern erlaube ihnen zu singen und wegzufliegen und wiederzukommen, denn darin liegt deine Macht und deine Freiheit und darum auch dein Frieden.

Der „Ich bin ein Versager"-Vogel kann singen wie auch der „Ich nehme anderen den Raum weg"-Vogel und alle ihre Freunde dazwischen können singen und du bist ihr gigantisches Nest der Bewusstheit, das Heiligtum der Vögel, niemals definiert durch ihren Chor der Meinungen, noch im Kampf mit ihnen. Du bist das große ICH BIN, das nicht definierbar ist, der kosmische Orchestergraben, verliebt in den Klang.

122 • Taumele zurück in die Stille

Wir versuchen, unsere verkörperten Leben zu erfassen, unsere sich stets verändernden Erfahrungen, von Augenblick zu Augenblick, unsere Stimmungen, unsere Gefühle, in Worte zu fassen. Wir versuchen, die unendlichen Tiefen unserer ungefilterten Erfahrungen zu erfassen, indem wir Konzepte, Gedanken benutzen, die endlich sind, kleine schwarze Schnörkel auf weißem Papier, benutzte, gelernte Klänge, die schon festgelegt sind und die sich von Tag zu Tag nicht verändern.

Worte sind Erinnerungen, und Erinnerungen werden niemals die Lebendigkeit, die wir als unsere Gegenwärtigkeit und als die Gegenwärtigkeit unserer unmittelbaren Welt erkannt haben, berühren. Das Brennen in unserem Bauch wird niemals durch das Wort „Trauer" beschrieben werden können, das Wort „Wut" wird niemals dieser namenlosen, feurigen Explosion in unserem Inneren nahekommen. Auf vielfältige Weise sind wir füreinander unbekannte Männer und Frauen, und ebenso uns selbst gegenüber. Darin besteht unsere Einsamkeit, darin liegt unser Potenzial.

Worte sind machtvolle Werkzeuge, ja, dennoch bleiben sie machtlos gegenüber der Unmittelbarkeit des Lebens selbst.

Es gibt so viele Dinge in unserem Herzen, die wir niemals werden in Worte fassen können. Kein Wunder, dass man in Hollywood-Musicals spontan zu singen anfängt.

Werde also zum Poeten, werde zum Künstler, einem wilden Liebhaber der Stille. Klettere in das Herz des anderen, indem du das Rätsel deines eigenen Herzens löst.

Tanze in das Herzzerbrechen und in die Freude, male mit deinen Worten ein Bild, das sich ständig verändert, und dann lasse sie gehen, taumelnd zurück in die Stille.

123 • Die Asche der Gedanken

Sie sagen, du bist nicht deine Gedanken. Was also bist du?

Bist du nicht die unveränderliche Heimat für deine Gedanken, die Fähigkeit, überhaupt Gedanken zu haben, der weite, offene Raum, in dem Gedanken aufkommen und sich auflösen können, wie Wellen im Meer, wie Wolken am Himmel an einem Sommertag? Deine Fähigkeit, Gedanken in dir zu haben, wenn sie geboren werden und sterben, erfordert selbst kein Denken und das ist es genau, was dich göttlich macht. Du bist nicht deine Gedanken und dennoch bist du untrennbar mit diesen intimen und vorübergehenden Erscheinungen deiner selbst verbunden. Deine Gedanken sind auch deine Kinder.

Gedanken sind nicht die absolute Wahrheit, sondern Erscheinungen dessen, was niemals erscheint. Sie kommen und sie gehen – das ist ihr Wesen. Sie sind Bruchteile – Stimmen, Perspektiven, Vorschläge, Vorstellungen, Theorien, Kommentare, Hoffnungen, Träume, Erinnerungen –, aber sie können die lebendige Weite dieses Augenblicks, die immense Größe des Lebens selbst, die Ganzheit, die man so leidenschaftlich ersehnt, nicht berühren.

Jeder Gedanke verbrennt im Feuer der Gegenwärtigkeit. Wir begegnen uns in der Asche der Gedanken, immer.

Und selbst das ist nur ein Gedanke.

124 • Du selbst bist das Angenommensein

Stelle dir eine perfekte Filmleinwand vor.

Sie verschwindet nie. Sie ist immer da, immer „an". Sie lässt zu, dass alle Arten von Filmen auf sie projiziert werden – Kriegsfilme, Horrorfilme, Komödien, Krimis. Traurige Filme, lustige Filme – die Leinwand stellt ein willkommen heißendes Zuhause für sie alle bereit. Die Filme kommen und gehen, aber die Leinwand bleibt immer da. Die Leinwand ist auch nie verletzt, beschädigt oder traumatisiert, selbst nicht durch die gewalttätigsten oder intensivsten Filme. Sie ist reine Sicherheit. Sie ist bedingungslose Liebe.

Wenn du einen großartigen Film anschaust, dich in seine unglaubliche Geschichte versenkst, nimmst du die Leinwand niemals wahr. Du wirst von dem Drama, das sich vor deinen Augen abspielt, hinweggefegt. Die Orte wechseln, die Szenen verändern sich, du gehst in der Zeit vorwärts oder manchmal auch rückwärts, Charaktere werden geboren oder sterben. Kriege werden geführt, Tränen fließen, Verbindungen werden hergestellt und wieder abgebrochen. All dies geschieht auf einer Leinwand, die sich nie verändert, nie bewegt, niemals mit in die Zeit reist, niemals geboren wird, niemals stirbt.

Das Einzige, was ausschlaggebend ist – die unveränderliche Leinwand – ist niemals Teil des Dramas. Und dennoch, ohne die Filmleinwand würde es gar keine Geschichte geben, die man sich ansehen könnte.

Wenn du dann das Kino wieder verlässt, denkst du vielleicht, dass du den ganzen Abend lang einen Film gesehen hast. Aber in Wirklichkeit hast du die ganze Zeit eine Leinwand gesehen, die sich nicht verändert hat. Du hast auf etwas gestarrt, was sich nicht bewegt hat, niemals irgendetwas getan hat, keine eigene Geschichte hatte. Und dennoch hattest du gleichzeitig das Gefühl, dass du auf eine wundervolle Reise durch Zeit und Raum gegangen wärest.

Das ist der Widerspruch in unserem Leben. Wir reisen, ja, und dennoch bewegen wir uns nicht von der Stelle.

Diese lebendige Filmleinwand ist das, was du wirklich bist. Reines Bewusstsein, lange bevor alle die Konzepte einsetzen, präsente Konstanz. Der Film, der unendliche Tanz der Konzepte, Gedanken, Empfindungen, Klänge, Bilder, Erinnerungen, Wahrnehmungen, Triebe, Impulse – alle kommen auf und verschwinden wieder in deiner zeitlosen Wirklichkeit, die alles umfängt. Der Film spult sich ständig ab, aber du selbst bleibst unbewegt, niemals Teil des Films, aber ohne Gegenwehr, zutiefst verwurzelt im Hier und Jetzt und radikal offen für die nächste Szene, wie auch immer sie sich darstellt.

Du kannst nicht akzeptieren, denn du bist bereits in dir reine Akzeptanz, reine Empfänglichkeit, Augenblick für Augenblick. Eine Einladung, eine Anrufung: *Komm her, Welt, erscheine in mir…*

125 • Gedanken und Gefühle

Gedanken und Gefühle
haben keine Macht über dich,
bis du ihnen die Macht gibst
und deine wahre Natur vergisst.

Du bist das Meer, sie sind die stets veränderlichen Wellen.
Du bist der unergründliche Himmel, sie sind die vorüberziehenden Wolken.
Du bist der unerfindliche Behälter,
sie sind die vorübergehenden Gäste deiner unendlichen Empfänglichkeit.

Gedanken und Gefühle sind nicht du, mein Freund.
Aber du bist groß genug, sie zu umfangen,
zu erlauben, dass sie kommen und gehen,
aufkommen und vergehen,
auftauchen, eine kurze Zeit bleiben und dann in einen tiefen Schlaf fallen.

Du aber bleibst, erwacht.

126 • Das Feld der Meditation

Was ist Meditation?

Reine Faszination für den aktuellen Augenblick,
genauso, wie er ist.

Ohne etwas hinzuzufügen.
Ohne etwas wegzunehmen.
Ohne Ziel.
Ohne Suchen.
Nicht einmal einen Meditierenden, wenn man es genau nimmt.

Gedanken erscheinen und tauchen wieder weg,
wie Wellen in einem weiten Meer.
Klänge kommen und vergehen wieder, gänzlich unerwartet.
Empfindungen tänzeln, summen,
in diesem weiten Feld, diesem weitgeöffneten Raum,
zeitlos, unsterblich, frei.

Was ist Meditation?
Sogar die Frage selbst löst sich auf…

Denn in deinem Herzen, dem Herzen der Herzen,
meditierst du immer.

127 • Das Erwachen des Du

Gestern bist du gestorben. Heute wachst du auf.

Öffne deine Augen – eine Welt erscheint.

Eine Welt der Farben, der Formen, der Bewegung, der Struktur, des Lichts und des Schattens. Ein Tanz des Formlosen als Form, ein erstaunlicher Karneval, der sich selbst in deiner Gegenwart präsentiert, bewegungslos.

Der Anblick eines fremden Gesichts. Das unmögliche blaue Blau im blauen Himmel. Das Gefühl feinster Verletzlichkeit, Stärke und Wahrscheinlichkeit, von Morgenstimmungen, die du nicht in Worte fassen kannst.

Schließe deine Augen. Lasse deine Aufmerksamkeit in die reichhaltige Welt deines Körpers fallen. Spüre das riesige Leben in alle Richtungen aufsteigen, spüre das Klingeln und das Klopfen, den Schmerz und das Leid, die Genüsse, Freudenwellen der Energie, namenlos und rätselhaft.

Beobachte die Lichtbildershow in deinem Kopf. Das erstaunlichste Kino, das du je besucht hast. Zeitreisen sind hier Wirklichkeit. Teleportation ebenso. In einem einzigen Gedanken, schneller als die Zeit selbst, kannst du Äonen überschreiten und Lichtjahre reisen und gleichzeitig genau da bleiben, wo du bist.

Gestern bist du gestorben. Heute wachst du auf.

Es ist immens, dieses Leben.

128 • Die Stille des Klangs, der Klang der Stille

Versuche in der Meditation nicht, die Klänge zum Schweigen zu bringen oder sie zu verscheuchen, versuche nicht einmal, sie zu ignorieren.

Bleibe direkt im Zentrum, sei die bedingungslose, empfängliche Bewusstheit, in der alle Klänge, ob nun angenehm, unangenehm oder neutral, kommen und gehen können. Sei allen Klängen gegenüber offen, ob sie nun nahe sind oder weit weg, laut oder leise. Erlaube ihnen allen, näherzukommen, so lange zu bleiben, wie nötig, und sich wieder aufzulösen, wenn sie bereit dazu sind.

Nimm wahr, wie die Klänge von ganz allein auftauchen, eine Weile bleiben und sich dann, in ihrer eigenen Geschwindigkeit wieder auflösen, in ihrem eigenen Tempo. Klänge gehorchen nur ihrem eigenen Wesen, denn sie sind sie selbst, vollkommen in sich, auf ihrem eigenen Weg, wie alle anderen Dinge auch.

Wenn ein bestimmter Klang dich ablenkt oder dich nervös macht oder dich ärgert, wunderbar! Dann nimm einfach deinen Ärger wahr, deine Irritation, deine Frustration, deine Enttäuschung und erlaube allem, da zu sein, denn es ist nichts weniger als mehr Korn für deine Mühle.

Nimm wahr, dass es nicht der Klang selbst ist, der diesen „Ärger" auslöst, sondern die Gegenwehr deines Geistes, die versucht, den Klang abzuwehren. Die Insistenz des Geistes, der darauf besteht, dass der Klang nicht da sein sollte. Ist aber dieser Widerstand letztlich nicht lärmender als der Klang selbst? Was für eine Art Stille würde denn versuchen, einen Klang zum Schweigen zu bringen? Wer lenkt hier eigentlich wen ab?

Sieh mal, wahre Stille ist nicht das Gegenteil von Lärm. Das ist die Version des Geistes über die Stille, mit seiner zwanghaften Haltung, dass alles aus Gegensätzen und Kontrasten und Dualitäten bestehen muss.

Wahre Stille aber erlaubt allen Klängen, zu kommen und zu gehen, sie ist die weite Bewusstheit, in der sogar das endlose Geplapper des Geistes ein Zuhause bekommt. Diese liebevolle, allumfassende Stille ist das, was du bist. Die natürliche Stille des Herzens.

Versuche nicht, deine Gedanken und Gefühle zum Schweigen zu bringen. Störe ihren kostbaren Frieden nicht, stelle dich ihnen nicht in den Weg oder mache es nicht sicher für sie, wenn sie sich bewegen wollen. Erkenne dich einfach selbst als die tiefe meditative Stille, in der alle Gedanken und Gefühle zugelassen sind und kommen und gehen dürfen, die bedingungslose Annahme jeder gegenwärtigen Erfahrung.

Das tiefste Leid, die größte Freude, erlaube ihnen allen zu fließen, in dein Herz und wieder heraus.

129 · Ein von innen erzeugtes Glück

Suche nicht nach dem Glück, es wird niemals von außerhalb deiner selbst kommen, ebenso, wie die Hitze der Sonne in ihrem Inneren erzeugt wird. Schau nach draußen, aus deinem wundervollen Selbst heraus, und du wirst für immer ein Suchender bleiben, dich an anderen festhalten oder sie ablehnen, ein Opfer des Schicksals oder des Zufalls oder der Stimmungen, Launen, Sehnsüchte und des Verlangens von Freunden und Fremden. Andere können nicht kontrolliert oder bestimmt werden und deine tiefste Erfahrung mit ihnen besteht darin, dass sie den Gesetzen der Unbeständigkeit folgen müssen. Sie lieben dich, sie vergessen dich, sie strafen dich, sie feiern dich, sie wollen dich, sie verlieren das Interesse an dir, sie bewegen sich auf dich zu, sie bewegen sich weg von dir. Sie agieren etwas aus, sie handeln für sich. Manchmal halten sie ihre Versprechen und manchmal nicht, manchmal sagen sie die Wahrheit und manchmal können oder wollen sie es nicht.

Das spielt im Moment eigentlich keine Rolle, denn sie sind nicht verantwortlich für dein Glück und waren es auch nie. Deshalb mache dich bitte nicht abhängig von ihnen. Dein Selbstwert wird in dir erzeugt, die Wärme deiner Gegenwärtigkeit ist immer in dir.

Mama und Papa haben dich gut oder böse genannt, haben dich gelobt oder getadelt, dich unterstützt und gefordert oder dich entfernt, sie wollten, dass du mehr wie sie bist oder genau das Gegenteil, sie haben dir zugehört oder nicht, sie waren überarbeitet oder zu sehr gestresst oder betrunken, sie haben dich mit Lob überschüttet oder haben dir ihre Zuwendung entzogen, ohne Warnung, sie haben dich ignoriert, vernachlässigt oder beschämt, sie haben dich geschlagen, dich berührt in einer Art, die sich falsch anfühlte, und du hast die innere Stimme in dir zum Schweigen gebracht, die das alles wusste, was da falsch lief (um ihre Liebe für dich zu erhalten, um deine Sicherheit zu gewährleisten, um selbst weitermachen zu können), aber sie waren nicht die Hüter der Wahrheit und waren selbst in tiefstem Leid verstrickt und sie wussten es nicht besser, sie wussten es nicht besser.

Und nun bist du frei, oder wenigstens bist du in Kontakt mit dem Teil von dir, der immer frei war. Denn du bist die Präsenz und dein Leben ist dein Leben und du bist der Atem und du bist von unendlichem Wert als Ausdruck des Universums und du hast das Recht zu fühlen, was du fühlst, ohne Scham, selbst wenn du dich schämst. Du hast so viel zu geben und du brauchst nicht zu ver-geben, denn Vergebung ist schon in der Präsenz enthalten und es gibt nichts zu vergeben, sondern nur unendlich viel zu fühlen, einschließlich deiner Unfähigkeit zu vergeben, jedenfalls heute.

Du hast immer schon gestrahlt, mein Kleines, warst immer schon die Quelle und die Sonne und das Licht und niemand konnte dir das nehmen, niemand konnte das wegnehmen. Und niemand wird es je tun.

130 · Eine Minute der Achtsamkeit

Nimm dir eine Minute Zeit, um deine Füße auf dem Boden zu spüren, nimm wahr, auf welche Weise sie sich sanft in die Erde drücken. Erinnere dich still: „Ich bin hier. Es ist jetzt!"

Spüre die Fülle und die Schwere deines ganzen Körpers, das Gewicht, das dich nach unten in die Erde zieht, die Folge der Schwerkraft. Lasse den Körper ruhen, schmelzen, sinken, fallen – hinein in die bedingungslose Umarmung der Schwerkraft.

Versuche nicht, deinen Atem zu kontrollieren, bemerke nur einfach, wie tief er fließt, wie schnell er ist, welche Eigenschaften er besitzt, wie dein Bauch sich hebt und senkt, sich hebt und senkt, während er sich mit Sauerstoff füllt, sich leert, sich wieder füllt. Spüre, wie tief verwurzelt dein Atem im gegenwärtigen Augenblick ist. Nimm wahr, wie der Atem sich verlangsamt oder vertieft, wenn du ihm deine sanfte Aufmerksamkeit schenkst.

Und nun, fange an wahrzunehmen, wie sich dein Körper in den verschiedenen Bereichen anfühlt – in deiner Stirn, auf der Rückseite deines Kopfes, in deinem Kiefer, im Nacken und in deinen Schultern, in deiner Brust, im Bauch, im Po. Wenn es irgendwo Spannung gibt, Enge, Zusammenziehen oder Schmerzen, dann lasse alle diese Empfindungen in ganzer Fülle zu, mache dich weich in sie hinein und um sie herum, atme in sie hinein, erlaube ihnen, sich zu verändern, sich zu intensivieren, sich aufzulösen oder zu bleiben. Du versuchst nicht, Empfindungen zu erzeugen oder sie zu vernichten. Es gibt keinen Grund dafür, sie zu charakterisieren oder sie zu bewerten. Bleibe einfach neugierig und präsent.

Erlaube allen Gedanken und Bildern deines Geistes, da zu sein. Versuche nicht, sie anzuhalten oder sie zum Schweigen zu bringen, wenn es Gedanken über die Vergangenheit, Gegenwart oder Zukunft sind, gib ihnen einfach Raum, atmenden Raum, jetzt und hier. Empfange die allzeit wechselnden Klänge des Jetzt, wie Gedanken, erlaube ihnen zu kommen und zu gehen, aufzusteigen und mühelos in deinen Bewusstseinsraum abzutauchen, wie Wellen in einem riesigen Meer.

Verbringe einen Moment, in dem du in ganzer Fülle diese Filmsequenz deines Lebens annimmst, schmeckst, willkommen heißt, während sie sich langsam entfaltet, Augenblick nach Augenblick. Füge dem nichts hinzu, nimm ihm nichts weg. Empfange einfach.

Indem du genau so einen Augenblick lang ruhst, merkst du vielleicht, wie du gähnst, wie dich ein Zittern überläuft oder du ein wenig schlapp wirst, wenn die Spannung sich löst.

Vielleicht fühlst du dich spontan traurig oder fröhlich, energetisiert oder müde. Vielleicht fühlst du dich präsenter, gegründeter, verbundener… oder vielleicht fühlst du all das nicht. Es ist alles okay, erlaube deinem Erleben, genauso zu sein, wie es ist, und vergleiche es mit nichts anderem. Du bist lebendig und wach für den gegenwärtigen Moment.

Teil 11

Ruhe in der Präsenz für andere

131 • Heilung geschieht, wenn du aus dem Weg gehst

Lasse die Menschen durch das hindurchgehen, durch das sie im Augenblick hindurchgehen müssen! Sie sind müde und sie wollen sich ausruhen. Sie sind erschöpft von all dem Kämpfen, von der Täuschung und von den Lügen, davon, alles in sich festzuhalten und hochzuhalten, und große Energiewellen bewegen sich nun durch ihre Körper.

Bleibe einfach nur präsent bei ihnen. Wellen des Leids, der Hoffnungslosigkeit, der Angst, der Scham und der Schuld kommen nun in ihnen hoch. Lasse zu, dass diese Energien hochkommen, lasse ihre ganzen Köper vibrieren und sich schütteln und zucken, wenn sie es brauchen, lasse sie jammern und heulen und wehklagen, schreien, brüllen, lachen. Biete ihnen nichts an, außer dem größten Geschenk von allen: deiner Präsenz, ohne Angst.

Bleibe bei ihnen, mit jedem Atemzug, mit jeder inneren Bewegung, in jedem Moment. Halte ihre Hände. Versuche nicht, irgendetwas zu reparieren, sie zu verändern, sie bei dem zu stoppen, was sie erleben, gib ihnen keine Antworten, um die sie nicht gebeten haben.

Wenn es dir ungemütlich wird oder wenn du das Gefühl hast, dass du herbeieilen und sie „retten“ möchtest, ihnen „helfen“ oder sie daran hindern möchtest, das zu fühlen, was sie fühlen, wenn du möchtest, dass doch alles „okay“ für sie ist und dass du dafür da bist, es zu erreichen, dann nimm es zu dir – es ist dein Bedürfnis, dein Leid, deine Angst, nicht ihre. Behandle sie nicht wie ein Opfer oder wie einen Patienten. Verwirre sie nicht mit dem, was du glaubst, wer oder was sie sind. Ehre die Kraft der Veränderung in ihnen, gib ihnen deine ganze Wertschätzung für ihre Erfahrung. Vertraue der unvorhersehbaren Intelligenz der Heilung und wisse, dass ihre Symptome sich auch verschlimmern können, bevor sie besser werden, die Energie kann intensiver werden, bevor sie sich beruhigt. Was heute als Chaos und Zerfall erscheint, könnte in Wirklichkeit ein notwendiges Lösen und eine intelligente Neuorganisation eines blockierten Systems sein.

Manchmal brauchen unsere Herzen es, weit aufzubrechen, damit wir in der Lage sind, mehr Leben, eine kraftvollere Liebe in uns aufzunehmen. Lasse darum deine warmherzige Präsenz deine Freunde an ihre eigene warmherzige Präsenz erinnern, so stabil, so furchtlos, so frei, so zutiefst verwurzelt, so gegründet im Hier und Jetzt. Wisse, dass diejenigen, die sie wirklich sind, niemals gebrochen werden können, nicht einmal von den intensivsten Energien, dass sie auch nicht repariert werden brauchen und dass das Leben niemals Fehler macht, selbst wenn es so aussieht, als sei es selbst ein Fehler.

Liebe ist alles, auf das es ankommt. Regen fällt, Sterne explodieren in Stille irgendwo draußen, in der Weite des Raumes. Hier auf diesem winzigen Planeten, den irgendjemand Erde genannt hat, treffen wir uns manchmal und halten einander.

132 · An die Empfindsamen

Schämt euch nicht eurer Empfindsamkeit!
Sie bringt euch so viele Reichtümer.
Ihr seht etwas, was andere nicht sehen,
ihr fühlt etwas, was andere aus Scham nicht fühlen wollen.

Ihr seid offener, weniger betäubt.
Ihr findet es schwerer, die Augen vor den Dingen zu verschließen.
Ihr habt euer Herz nicht verschlossen,
trotz allem.

Ihr seid in der Lage,
die allerhöchsten Höhen
und die dunkelsten Tiefen zu ertragen
und in eure liebevolle Umarmung zu nehmen.
(Ihr wisst, dass nichts davon euch wirklich ausmacht.
Alles durchläuft euch.
Ihr seid ein kosmisches Gefäß!)

Feiert eure Empfindsamkeit!
Sie hat euch flexibel gehalten und offen.
Ihr seid den Wundern nahe geblieben.
Und die Achtsamkeit brennt leuchtend in euch.

Vergleicht euch nicht mit anderen.
Erwartet nicht, dass sie euch verstehen.
Aber lehrt sie:
Es ist okay, zu fühlen, tief zu fühlen.
Es ist okay, nicht zu wissen.
Es ist okay, zu spielen,
auch wenn alles im Leben auf der Kippe steht.

Das Leben scheint manchmal „schwerer" für euch zu sein,
und oft fühlt ihr euch beinahe überwältigt.
Aber es ist noch schwerer,
eure überwältigenden Gaben zu unterdrücken.

Ihr Empfindsamen,
bringt etwas Sanftheit in diese beschwerliche Welt!
Strahlt mit eurer mutigen Empfindsamkeit!
Ihr seid Lichtträger!

133 • Die Nähe des Glücks

Wenn du nur dann glücklich bist,
wenn andere glücklich sind,
dann wirst du nie
wahrhaft glücklich sein,
weil die anderen nie so bleiben,
sondern sich aus eigener Kraft entwickeln.
Darum: Sei glücklich.
Sei derjenige, der hält und umfängt,
nicht derjenige, der gehalten wird, umfangen wird.
Sei die Quelle, nicht das Ziel.
Erlaube anderen, glücklich zu sein,
und erlaube ihnen auch, unglücklich zu sein.
Wie die vielen Wellen,
wobei du das weite Meer selbst bist,
das sich ständig verändert,
aber andere unverändert lässt.
Lediglich den Raum zur Verfügung stellend,
liebevoll und wertschätzend,
in dem sie sich aufhalten können.
Genau das könnte sie verändern
- für immer.
Denn damit könntest du sie erinnern,
an die Nähe
ihres eigenen Glücks.

134 • Wurzeln

Mein Freund, ich weiß, dein Herz ist gebrochen, ich weiß, deine Zukunft liegt ganz im Dunklen, ich weiß, du spürst, dass du zur Zeit keine Antworten hast, und ich weiß, dass du eine schreckliche Sehnsucht nach etwas hast, was du nicht einmal benennen kannst – aber ich bin da, hier, ganz nah bei dir.

Lass uns dort anfangen, wo wir sind. Wir wollen uns nicht auf die tausende Schritte konzentrieren, die noch vor uns liegen, sondern wir wollen wahrnehmen, wo wir auf unserem Weg genau jetzt stehen. In Wirklichkeit gibt es immer nur dieses Jetzt!

Wisse, dass viele andere auch durch das hindurchgegangen sind, durch das du jetzt durchgehst. Wisse, dass es manchmal am dunkelsten ist, bevor die Dämmerung kommt. Aber statt dich nach der Dämmerung zu sehnen und die Dunkelheit abzuweisen, lass uns gemeinsam diese dunklen Stellen mit Sanftheit und Licht berühren. Lass uns dasjenige zulassen, was hier ist, und nicht auf etwas zulaufen, was noch nicht da ist. Denn selbst in der dunkelsten Höhle kann es einen Schatz geben, und selbst die intensivsten und ungemütlichsten Gefühle können in Wirklichkeit eine noch unbekannte Medizin beinhalten.

Gehe deshalb mutig deinen Weg, mein Freund, und wisse, dass deine Geliebten an deiner Seite sind.

135 • Botschaft eines sterbenden Freundes

Ich brauche deine Antworten nicht, und auch nicht deine gutgemeinten Ratschläge. Ich brauche deine Theorien nicht, die erklären wollen, „warum“ und „wie“. Ich brauche dein Mitleid nicht. Deine Versuche, es für mich besser zu machen, machen es nur schlimmer für mich. Ich bin ein Mensch, genau wie du, und sehne mich nach Echtheit.

Sei doch ganz einfach nur bei mir. Höre mir zu. Gib mir Raum. Halte meine zitternde Hand, manchmal. Deine Aufmerksamkeit ist so kostbar für mich. Dein einfaches Sein spricht ganze Bände zu mir.

Wenn du dich unwohl fühlst, dann schäme dich nicht. Wenn du nicht weißt, was du zu mir sagen sollst, dann ist das in Ordnung, ich fühle mich manchmal auch so. Wenn du dich angeekelt fühlst, wütend, unsicher, ängstlich, dann ist auch das in Ordnung, ich liebe dich dafür. Denn das macht dich so menschlich.

Lege dein Handbuch über das Lernen mal einen Augenblick zur Seite. Versuche nicht, einen „bedingungslosen positiven Blick“ auf mich zu haben, das fühlt sich für mich so falsch an. Vergiss deine „Empathie“ – ich möchte, dass du näher kommst als das.

Sieh mal, ich bin du, nur verkleidet. Dies hier sind deine gebrochenen Knochen, dein flacher Atem, deine verdrehten Gliedmaßen. Ich bin dein Spiegel, du siehst dich selbst in mir.

Versuche nicht, stark und tapfer für mich zu sein. Ich bin kein Opfer. Zerbrich ruhig, wenn du musst. Weine, wenn du weinen musst. Trauere über diese geplatzten Träume, über diese verlorene Zukunft. Lass auch die Vergangenheit vergangen sein. Begegne mir hier, jetzt, im Feuer der Gegenwärtigkeit, in der ganzen Fülle deines Seins.

Ich spreche nun in einer sehr alten Sprache.

Ich möchte, dass du mein Zeuge bist.

136 · Wie du vergeben kannst

Du hattest keine Wahl. Und der andere auch nicht.

Das ist sofortige Vergebung – wenn du bereit dafür bist.

Denn durch das, was du erlitten hast, durch das, was du zu der Zeit gefühlt hast, durch die Gedanken, die durch deinen Geist rasten, und durch das, was du damals geglaubt hast, durch die Linse, durch die du die Welt wahrgenommen hast, durch die Angst und den Schmerz, mit denen du dich auseinandersetzen musstest, aufgrund der Wunden, die immer noch nicht geheilt waren, der Einsichten, die du damals noch nicht hattest, der Information, die dir zu jener Zeit fehlte, des Horizonts, der sich dir noch nicht gezeigt hatte, der Schritte, die du noch nicht getan hattest, hattest du keine Wahl, als so zu handeln, wie du musstest, das zu sagen, was du sagtest, das zu tun, was du tun musstest, das zu entscheiden, was du entschieden hast – und genauso ging es dem anderen.

Du hast das Beste getan, was du tun konntest, wenn man bedenkt, wer oder was du zu jener Zeit warst. Nur im Nachhinein sieht es so aus, als hättest du eine Wahl gehabt, und das ist genau das, was uns so verrückt macht und dazu führt, dass wir uns in Schuld und Reue verstricken.

Es gibt natürlich keine Erlösung von dem, was geschehen ist, keine Entschuldigung dafür, und man kann das hier jetzt auch nicht dazu benutzen, irgendeine Art von Gewalt zu rechtfertigen. Diese Einsicht widmen wir nur der wahren Vergebung, im Hier und Jetzt, dem Loslassen und Lernen und Weitergehen, dem Herauskommen aus der schmerzlichen und begrenzenden Überzeugung, dass die Vergangenheit hätte irgendwie anders gewesen sein können, als sie war, und uns stattdessen zu konzentrieren auf den Ort, an dem wirkliche Veränderung und Versöhnung stattfinden kann, an dem man sich weiter entwickelt, an deinen Ort wahrer Macht: den Moment des Jetzt, den unmittelbaren, lebendigen und in sich vollständigen Ort, ganz gleich, was in der Vergangenheit geschehen ist.

Lasse das zu, was geschehen ist, lerne aus deinen Fehlern, trauere über deine Träume von dem, was hätte sein können, und vertraue dich wieder heute deinem Weg an, denn dir vorzustellen, dass die Dinge wirklich anders hätten laufen können, ist eine Art Verrücktheit. Verneige dich also vor der Soheit dieses Tages.

137 • Wie du helfen kannst

Vielleicht ist es an der Zeit, zu versuchen, damit aufzuhören, denjenigen vor dir „reparieren" zu wollen, damit aufzuhören, ihm Antworten zu geben, die sein Problem lösen sollen. Du bist nicht sehr gut darin, mein Freund. Dein Wesen ist nicht Manipulation, sondern Präsenz, nicht Trennung, sondern Ganzheit.

Vielleicht ist es an der Zeit, damit aufzuhören, so zu tun, als wärst du die allwissende Autorität, der unfehlbare Lehrer, der vollständig geheilte Experte. Selbst mit den besten Absichten könntest du dich unbewusst in seinen ganz natürlichen Heilungsprozess einmischen. Du könntest ihn dadurch in eine Abhängigkeit von dir bringen, ihn ablenken von dem tiefen Vertrauen in seinen eigenen, ganz individuellen Heilungsprozess. Wenn du versuchst, ihn zu reparieren, dann könntest du ihm auch direkt sagen: „Du bist kaputt!"

Erinnere dich, es könnte sein, dass er sich erst einmal schlechter fühlen muss, ehe es ihm besser geht. Vielleicht muss er seinen Schmerz erst einmal in aller Tiefe wirklich zulassen, bevor er sich der Quelle der Heilung öffnen kann. Es könnte sein, dass das sterben muss, was er glaubte zu sein, bevor er wirklich leben kann. Wirklich für ihn natürlich, nicht wirklich für dich.

Das ist ganz sicher etwas, über das man nachdenken sollte.

Deshalb entspanne dich. Atme. Komme aus deinem Drama heraus. Nimm dein Verlangen an, etwas zu verändern, zu reparieren oder zu befrieden. Und nun höre einfach zu, ohne Beurteilung, und versuche zu verstehen, wo der andere jetzt gerade ist. Laufe in seinen Schuhen. Schau hin und erkenne klar, wer und was da vor dir ist.

Vielleicht besteht die größte Hilfe, die du genau jetzt anbieten kannst, in deiner Klarheit und deiner nichtbewertenden Aufmerksamkeit, deinem Interesse, deinem Verständnis, deiner Neugier. Bringe dies zum anderen hinüber, sei diese Präsenz, biete diese Offenheit an. Bleibe weit offen für Lösungen, die noch nicht einmal geboren worden sind. Sei die stille Absicht – und die richtigen Worte, die Handlungen, Interventionen, Entscheidungen werden ganz mühelos zu dir kommen.

Heilige den Augenblick des anderen, indem du nicht wegläufst.

Spiegele seine ureigenste Fähigkeit, präsent zu sein. Vertraue dem uralten Rätsel der Heilung.

Vielleicht kann die wahre Heilung sich dann entfalten, wenn „du" ihr nicht mehr im Wege stehst. Ja, Medikamente und gute Ratschläge können vielleicht betäuben und sogar die Symptome zum Schweigen bringen, aber eine Einladung zu einer tiefen spirituellen Heilung könnte direkt unter der Oberfläche schon warten.

138 • Wahres Verständnis

Wenn ein guter Freund leidet, wenn sein süßes und zärtliches Herz gebrochen ist und weit offen steht, wenn seine Welt außer Kontrolle geraten ist und er nicht mehr weiß, wohin er sich wenden soll, dann wirkt Einfachheit manchmal Wunder.

Oft ist ein einfaches „ich verstehe“, wenn es die Wahrheit ist, genug – und kann ein neuer Anfang sein. Denn du bist ein Mensch und hast vielleicht ein solches Herzzerbrechen und einen solchen Schmerz auch schon erlebt, kennst es, wenn eine Welt zusammenbricht, hast das Chaos auch schon gefühlt, das unter der Oberfläche der Dinge auf uns wartet.

Und so kannst du zu deinem Freund sagen: „Ich höre dich. Ich sehe dich. Ich bin jetzt hier bei dir“, und dann, nur einen Augenblick lang, stehst du an seiner Seite, ver-stehst ihn, ganz wörtlich genommen, du „stehst in seiner Mitte“ und dann, nur einen Augenblick lang, kannst du den Ort ehren, an dem er sich befindet, selbst wenn du mit seiner Entscheidung nicht einverstanden bist. Und manchmal ist dies der Ort, wo eine großartige Heilung beginnen kann, der Ort, wo ihr beide zusammensteht, der Ort, wo du dich nicht von ihm trennst.

139 · Wie man bei jemandem ist, der sich danach sehnt, zu sterben

Wenn du bei jemandem sitzt, der Selbstmordabsichten hat, dann ist deine echte Präsenz von ausschlaggebender Bedeutung. Versuche nicht, dem anderen vorgefertigte Antworten zu geben, sage ihm nicht, dass er falsch ist, weil er das denkt, was er denkt, und das fühlt, was er fühlt. Er würde dies als weitere Zurückweisung erleben, als Nicht-Anerkennung dessen, wo er gerade ist. Er hat sowieso die Nase voll davon, manipuliert zu werden, ist es müde, dass man ihm sagt, was er tun soll, wie er sich fühlen soll, wie er leben soll, und sogar, wie er sterben soll. Er sehnt sich jedoch verzweifelt nach echter, tiefer Verbundenheit, nach jemandem, der ihn in seinem allertiefsten Kern seines Seins wertschätzt. Er möchte einfach nur gehört werden.

Sei dir deines Unbehagens sehr bewusst, deiner Frustration, deiner Angst oder deines Gefühls der Ohnmacht, während du dich mit ihm zusammensetzt, und versuche nicht zu glauben, dass der andere sich genauso fühlt wie du. Sei radikal offen für seine Welt, seine Wirklichkeit, und übernimm dennoch auch für deine Welt die volle Verantwortung. Bleib mit dir verbunden, während du zuhörst. Spüre deine Füße auf dem Boden. Spüre, wie dein Bauch sich mit jedem Atemzug hebt und senkt. Es ist ganz wichtig, dass du dich gut um dich kümmerst.

Erinnere dich, so lange, wie er sich bis jetzt noch nicht umgebracht hat, ist er voll mit kreativem Potenzial. Konzentriere dich also nicht darauf, was geschehen oder nicht geschehen könnte. Texte ihn nicht zu mit Zitaten aus psychologischen Handbüchern oder spirituellen Klischees. Konzentriere dich auf das Jetzt. Dein Geist ist vielleicht voll mit alptraumhaften Bildern zukünftiger Szenen seines Lebensfilmes. Erinnere dich, dies ist jetzt gerade nur deine Fantasie. Höre auf, dich auf ihn zu beziehen wie auf einen Filmdarsteller, auf eine Rolle mit dem Titel „Das Opfer mit Selbstmordabsicht", auf das Bild in deinem Kopf. Stattdessen nimm Beziehung auf zu dem Menschen vor dir, zu dem, der jetzt noch da ist. Sei still und ganz da.

Er ist immer noch lebendig. Er ist hier, in deiner Gegenwart. In deinem furchtsamen Gedankenfilm ist er schon tot, aber in Wirklichkeit ist seine Präsenz immer noch da, immer noch hell leuchtend. Jetzt. Verbinde dich zutiefst mit demjenigen, der vor dir sitzt, ganz gleich, was er sagt, was er irgendwann in der Zukunft tun möchte oder nicht tun möchte, ganz gleich, wie entschieden er scheint, ganz gleich, wie ohnmächtig dich die Situation macht. Höre auf, ihn mit seiner Lebensgeschichte zu verwechseln. Seine Lebensgeschichte ist vielleicht ein totales Versagen, und seine Absicht ist sein Versuch, einen Ausweg daraus zu finden. Aber seine Präsenz kann niemals versagen. Lass deshalb seine Präsenz seine Präsenz sein. Konzentriere dich darauf, was leuchtet.

Erinnere dich, er will in Wirklichkeit gar nicht sein Leben beenden, denn er *ist* das Leben und wird es immer sein. Er möchte nur das „Selbst" töten – das Gedankenbild dessen, was er zu sein glaubt. Er möchte seine falsche Identität töten, das „Objekt", er möchte ein Ende machen mit dem, was er nicht ist, und lebendig für das werden, was er in Wirklichkeit ist. Er möchte eine Wiedervereinigung, möchte nicht länger „gespalten" sein.

Er möchte leben, weiß aber im Moment nicht, wie dies möglich sein könnte. Er möchte sich befreien, befreien von der Erschöpfung des Lebens als ein getrenntes Selbst, mit all seinen Pflichten und Erwartungen, seinem Druck und seinen Konflikten, seinem Bedauern und seinen Ängsten und stattdessen zutiefst ausruhen in der Wärme seiner eigenen Präsenz.

Aber im Augenblick kennt er keinen anderen Weg dorthin als durch seinen körperlichen Tod. Er hat vergessen, dass „dort" in Wirklichkeit „hier" ist. Er hat vergessen, dass er schon zu Hause ist.

Mache seine Erfahrung jedoch nicht lächerlich, schiebe ihn nicht noch weiter von seinem Zuhause weg, sondern verstehe, dass er ganz einfach mit etwas anderem identifiziert ist. Du kannst seinen Schmerz verstehen – er ist eine nur etwas extremere Ausgabe von dir. Er ist zutiefst menschlich. Sein Schmerz ist ganz real. Verneige dich davor.

Er möchte nicht sterben – er versucht verzweifelt zu erwachen. Er will eigentlich wirklich und endlich lebendig werden, das Leben schmecken, in einer Art und Weise, wie er es geschmeckt hat, als er noch sehr jung war. Tief unten kennt er diesen Geschmack des Lebens, aber er hat vergessen, wie er ihn jetzt schmecken soll. Die Erinnerung an das Leben verfolgt ihn, Das ist der wahre Grund, weshalb er sterben will – weil er das Leben so gut kennt.

Werte seinen Drang zu sterben nicht ab, denn im Kern steckt darin eine unendliche Intelligenz. Verstehe zutiefst seine missverstandene Sehnsucht. Höre ihm zu. Sei da für ihn. Gib ihm Raum. Biete ihm die Wärme deiner bedingungslosen Präsenz an. Deine Berührung. Dein stilles Verständnis. Deine Freundlichkeit. Begegne ihm in einer Weise, in der niemand anders ihm begegnen kann. Erinnere ihn an seinen unendlichen Wert als Ausdruck des „Einen Lebens", an sein unerforschtes Potenzial, an seine wahre Identität jenseits der Lasten des Ego.

Ich habe ganz erstaunliche Veränderungen erlebt, wenn ich in der Lage war, bei Menschen an diesem Ort tiefster Verbundenheit zu bleiben. Ich verstehe ihren Drang zu sterben so gut – ich habe mich im Laufe meiner Teenagerzeit und im frühen Erwachsenenalter oft so gefühlt. So oft war ich sicher, dass ich es nicht schaffen würde. Und ich verstehe auch, dass es einen anderen Weg gibt.

Unsere Geschichte ist niemals in Stein gemeißelt. Wir alle verfügen über ein großartiges Potenzial.

140 · Atmet zusammen

Es ist so leicht, zu lehren, zu predigen
und auswendig gelernte Antworten zu geben.
Es ist so leicht, ein Experte zu sein.

Es ist viel schwerer zuzuhören, wirklich zuzuhören.
Still zu sein und zu warten.
Jemandem Raum zu geben.
Ihn zu empfangen, mit deinem ganzen Sein.

Wenn du denkst, du weißt, was „das Beste“ für jemanden ist,
wenn du von deiner eigenen Vision ganz eingenommen bist,
wenn du gerne dazwischenfährst und deine eigenen Ratschläge gibst,
dann atme lieber tief.
Werde langsamer.
Vertraue.

Dein Freund mag vielleicht gar nicht brauchen, was du für „das Beste“ hältst.
Vielleicht braucht er nur einfach *dich*.

Freundschaft kann die kraftvollste Medizin sein, die es gibt.

Manchmal tauchen wahrhaftige Antworten auf,
wenn man den Fragen erlaubt zu atmen.

141 • Für dies und dies allein

Wenn es jemals einen Beweis dafür gäbe, dass nur die Liebe zählt – wenn es dafür überhaupt irgendeines Beweises bedarf – dann achte darauf, wie die Zeit nicht mehr weiterläuft, wenn deine 90-jährige Mutter in deinen Armen stirbt. Es ist fast wie eine Geburt, eine unglaubliche Intimität, eine Art Revolte gegen alle die vermuteten Kräfte der Dunkelheit. Es war doch erst gestern, als sie dich in ihren Armen hielt, so, wie du sie jetzt hältst. Wohin ist all die Zeit verschwunden? Das Licht ist beinahe unerträglich.

Springe hinein in diese Erfahrung, mein Freund. Lass sie dich aufbrechen.

Sich, wir sind keine Einzelwesen, wir sind nie allein, sondern Teil von etwas Großem und Unverstehbarem. Deine Mutter kehrt in den großen Uterus zurück, zurück in die Einfachheit – und ein winzig kleines Rotkehlchen zirpt sein erstes Lied voll Frische und Herzerweichen im Garten draußen vor dem Krankenhauszimmer, dem allerletzten unserer Zimmer, dem Tempel.

Schenke dein Leben dieser Öffnung.

142 • Bemerkung für einen Freund, der sich gerade erholt

Deine Erkrankung ist nicht gegen dich gerichtet. Die Schmerzen und das Weh in deinem Körper sind keine Strafen. Du hast nichts falsch gemacht. Du bist in deinem Geist nicht gebrochen, selbst wenn du dich immer noch sehr unbehaglich fühlst. Die Dinge sind genauso, wie sie sein sollten. Du bekommst heute gerade eine weitere Einladung – eine Einladung, langsamer zu werden. Dich auszuruhen. Dir selbst nahe zu bleiben, besonders in dieser herausfordernden Zeit. Jeden Augenblick so zu nehmen, wie er kommt. Dem Leben in seinen eigenen Begriffen zu begegnen. All das loszulassen, was nicht notwendig ist, einschließlich deiner Suche nach Antworten, nach Begründungen, nach Lösungen. Deine Prioritäten neu festzulegen, dich daran zu erinnern, was wirklich vorgeht. Dich dem gegenwärtigen Moment zuzuwenden, diesem Moment, dem einzigen, den es gibt, deiner wahren Heimat, deinem Ruheplatz, deinem Ort der Verbundenheit.

Hier verwurzelt zu bleiben, genau in dieser Filmszene deines Lebensfilmes. Aufzuhören, den Film zurückzuspulen, in jene vergangenen Szenen deines Bedauerns, deiner Reue, deiner verpassten Chancen und deiner falsch eingeschlagenen Wege. Aufzuhören auch damit, deinen Lebensfilm nach vorn zu spulen, in eine zukünftige Szenerie voll Schmerzen und Leid, weiteren verpassten Möglichkeiten, unerreichbaren Zielen, vielleicht sogar Tod. Zurückzukommen, genau hierhin. Die Ungewissheit zu deinem Freund zu machen, die Aufregung wiederzuentdecken, dass du nichts weißt. „Ja" zu sagen zu diesem Augenblick, selbst wenn er sich wie ein „Nein" anfühlt. Sondern dieses „Nein" ebenfalls in dein „Ja" einzuschließen, so, als ob es eins deiner Kinder wäre.

Deine Schmerzen und dein Leid zu nutzen und nicht von ihnen benutzt zu werden. Den Empfindungen in deinem Körper mit Sanftheit und Neugier zu begegnen, ihnen keinen Widerstand zu leisten oder zu versuchen, sie zum Verschwinden zu bringen. Zutiefst in diesen Augenblick zu sinken, nicht zu versuchen, ihm zu entrinnen – und dir selbst zu erlauben, dass du dir wünschst, ihm zu entrinnen, jedenfalls manchmal. Der Intelligenz dieses unglaublichen Körpers zu vertrauen, seiner ungewöhnlichen Fähigkeit, heil zu werden und mit allem umzugehen, das sich ihm entgegenstellt. Zuzugeben, dass du von dem Kampf erschöpft bist, ständig so zu tun, als wärest du „ich“, müde von den unzähligen Versuchen, dich anzupassen, die richtigen Worte zu sagen, Erfolg in der Welt zu haben, alles zusammenzuhalten und selbst zu versuchen, dies nicht zu versuchen. Du sehnst dich nach Ruhe. Schenke dir Ruhe.

Lass das Wort „krank“ einfach verschwinden, streiche die Worte „erkrankt“ und „gebrochen“ und „beschädigt“ aus deinem Wortschatz heraus, erkenne deinen Schmerz als einen Weg zu einer tieferen Heilung, über die rein körperliche Seite hinaus. Als einen Ruf zur Wahrheit. Stets ein Anfang, niemals eine Niederlage.

143 • An einen Freund, der geliebt und verloren hat

Dein kostbares Herz ist jetzt so ungeschützt und blutet so sehr, mein Freund. Keine Worte können dich trösten. Aber ich möchte, dass du weißt: Ich bin an deiner Seite. Mein Herz bricht wie deins. Du bist nicht allein an diesem uralten Ort.

Du bist bereit, diesen Schmerz des Verlustes zu fühlen, dieses Leid, die Trauer und den Schock, weil du sie wirklich geliebt hast und immer noch liebst, selbst jetzt, wo sie gestorben ist. Du fühlst nichts weniger als das Aufbrechen deiner Träume, den Träumen von gestern über die Freuden von morgen, die sich in Licht und Schatten auflösen. Eine neue Welt taucht jetzt auf.

Lass alles heute durch dich hindurchfließen, wehre dich nicht gegen den Zusammenbruch, ehre ihn sogar, verneige dich davor. Erinnere dich, deine Geliebte kann in Wirklichkeit gar nicht sterben. Sie hat nur ihren Körper verlassen, nur ihre körperliche Seite, nur all das, was sie nicht war. Deshalb ist sie in gewisser Weise immer noch bei dir, in Liebe, denn in der Liebe, als Liebe bist du immer verbunden und nicht einmal der Tod hat die Macht, das zu ändern.

Das aber nur intellektuell zu verstehen, ist nicht genug. Trauere heute über die Veränderung der Form, über deine zerplatzten Träume, über ihre neugefundene Freiheit. Versuche nicht, „glücklich" darüber zu sein. Glücklichsein wäre jetzt eine Lüge für dich. Beeile dich auch nicht, damit du geheilt wirst, versuche auch nicht, dich „besser zu fühlen". Das wird von allein kommen, irgendwann, das Morgen wird sich schon um dich kümmern. Heute ist ein Tag, um das Leid zu ehren und die Ungewissheit, die du jetzt spürst, die Macht des Lebens in den Gefühlen zu spüren, die du jetzt fühlst, und nicht zu glauben, dass alle deine Fragen beantwortet werden müssen oder dass du in einen Raum gehen müsstest, in dem du „schon okay" wärst oder in dem du „es geht schon" sagst. *Es ist vielmehr okay, dass du dich gerade jetzt gar nicht okay fühlst.*

Unsere Herzen sind jetzt bei dir, alle diejenigen von uns im ganzen Verlauf der Geschichte, die geliebt und verloren haben und ihre Illusionen loslassen mussten. Wir sind viele. Dies ist ein uralter Übergangsritus, kein Fehler, keine Strafe, obwohl gerade jetzt du dies nicht verstehen musst – nichts davon.

Weine ruhig. Schreie. Jammere. Falle auf die Knie. Du wirst von der Erde gehalten, wenn du mit ihr zusammentriffst, vielleicht tiefer als jemals zuvor. Der Tod hat keine Macht über deine Liebe!

144 • Wende dein Licht nach oben

Wenn jemand dich beleidigt, wenn dich jemand auf eine Sache reduziert, wenn dir jemand einen Rat gibt, um den du nicht gebeten hast, wenn dich jemand beschuldigt, an seinem Leid schuld zu sein, wenn dir jemand nicht zuhört oder endlos über sich selbst redet, wenn dich jemand mit anderen vergleicht, wenn jemand dich ignoriert, dich wertlos zu machen versucht, dich beurteilt oder dich beschämt, oder deine Gedanken und deine Gefühle…

Dann halte an. Atme. Spüre deine Füße in Kontakt mit der heiligen Erde. Spüre die Sicherheit dieses Augenblicks.

Wisse, es geht um ihren Schmerz, nicht um deinen. Wisse, dass der andere den einzigen Traum träumt, den er träumen kann, bis er erwacht. Wisse, dass er dein wahres Selbst nicht kennt, nur das seiner Fantasie.

Vielleicht ist es schwer für den anderen, sich selbst zu lieben. Vielleicht sucht er seinen Wert im Außen. Vielleicht ist er abgeschnitten von seinem Atem, von seinem Körper, von seiner kostbaren Lebendigkeit, von seinem wahren Ruf, seinem Weg. Vielleicht lebt er in einer dualistischen Welt, in der es Gut und Böse gibt, Richtig und Falsch, Erfolg und Versagen. Vielleicht hat er die pure Freude des Seins vergessen.

Vielleicht verstehst du das. Vielleicht ist es dir auch einmal so gegangen.

Versuche nicht, ihn zu ändern. Vielleicht ändert er sich nie. Versuche nicht, ihn zu reparieren. Er hat nicht darum gebeten, jedenfalls nicht jetzt, offensichtlich. Je mehr Druck du ausübst, umso mehr wird er sich wehren.

Lass dich nicht in sein Leidensnetz verstricken. Schau genau hin, habe Mitgefühl, aber übe keinen Druck aus.

Es ist ganz okay, dass er ärgerlich ist. Es ist wirklich okay. Gib ihm Raum, ärgerlich zu sein. Es ist auch okay, wenn er von dir enttäuscht ist. Gib ihm Raum, enttäuscht zu sein. Es ist auch okay, wenn er dich beurteilt. Gib auch seinen Bewertungen Raum.

Gib dir aber auch Raum für deine eigenen Gedanken und Gefühle! Erlaube dir, traurig zu sein, wütend, schuldig oder in Zweifeln. Lasse alle diese kostbaren Energien durch dich hindurchfließen. Sie werden dir nichts Böses tun, wenn du zulässt, dass sie sich in dir bewegen. Gib dem anderen nicht die Schuld für deine Gefühle, halte deine Gefühle bei dir, sie sind deine Kinder.

Ja, du wirst auf deiner Reise viele Torhüter treffen, viele Neinsager, viele Richter. Geh trotzdem auf deinem Weg weiter und erlaube anderen, auf ihrem Weg zu bleiben. Du brauchst deinen Weg nicht zu rechtfertigen oder zu verteidigen. Niemand kann dich davon abhalten, ihn weiterzugehen.

Bleibe dir selbst nah in diesen herausfordernden Zeiten. Bekämpfe die Dunkelheit nicht. Sie hat sowieso keine Macht über dich. Drehe einfach dein Licht nach oben, weit nach oben.

145 • Ein neuer Morgen

Du kannst niemanden retten. Du kannst nur bei dem anderen sein, ihm deinen Bodenkontakt anbieten, deine Gesundheit, deinen Frieden. Du kannst sogar deinen Weg mit dem anderen teilen, ihm deinen Standpunkt anbieten. Aber du kannst dem anderen seinen Schmerz nicht nehmen. Du kannst nicht ihren Weg an ihrer Stelle gehen. Du kannst keine Antworten geben, die richtig für den anderen sind, oder Antworten, die er jetzt gut verdauen kann. Er wird seine eigenen Antworten finden müssen, seine eigenen Fragen fragen oder sie verlieren, sich mit seiner eigenen Ungewissheit anfreunden müssen.

Er wird seine eigenen Fehler machen müssen, sein eigenes Leid erfahren, seine eigenen Lektionen lernen. Wenn er wirklich Frieden schließen will, dann wird er dem Weg vertrauen müssen, der zur Heilung führt und sich selbst Schritt für Schritt enthüllt. Du kannst ihn nicht heilen. Du kannst seine Furcht nicht auflösen, seine Wut, sein Gefühl von Ohnmacht. Du kannst ihn nicht retten oder die Dinge richtig für ihn machen. Wenn du zu viel Druck ausübst, dann verliert er vielleicht sogar seinen eigenen, ganz einzigartigen Weg. Dein Weg ist vielleicht nicht sein Weg, ganz gleich, wie sehr diese Möglichkeit dir wehtut oder dich jetzt verwirrt.

Du hast seinen Schmerz nicht erschaffen. Du magst vielleicht einige Dinge getan oder nicht getan haben, einige Sachen gesagt oder nicht gesagt haben und den Schmerz ausgelöst haben, der schon im anderen war. Aber du hast ihn nicht erschaffen und du bist nicht schuld daran, selbst wenn der andere sagt, dass du es bist. Du kannst die Verantwortung für deine Worte und Taten übernehmen, ja, und du kannst trauern über eine Vergangenheit und du kannst dich sogar dafür entschuldigen und es wirklich so meinen, aber du kannst das, was geschehen ist, nicht ungeschehen machen oder verändern, und du kannst die Zukunft nicht kontrollieren. Du kannst ihm nur im Hier und Jetzt begegnen, an deinem Kraftort. Du bist nicht verantwortlich für sein Glück und er ist nicht verantwortlich für deines.

Dein Glück kann nicht aus einer Quelle außerhalb von dir kommen. Wenn das passiert, dann ist es ein abhängiges Glück, ein zerbrechliches Glück, das so schnell zu Leid werden kann. Und dann wirst du dich verstricken in einem Netz aus Schuldzuweisungen und Schuld, Reue und Verfolgung. Dein Glück steht in Wirklichkeit in direkter Beziehung zu deiner Präsenz, deiner Verbundenheit mit deinem Atem, deinem Körper, der Erde. Dein Glück ist nichts Kleines und kann durch Angst oder Wut und auch durch die intensivste Scham nicht weggenommen werden. Dein Glück ist kein Zustand oder eine vorübergehende Erfahrung und auch kein Gefühl, das andere dir schenken können. Dein Glück ist riesig, allzeit präsent, der grenzenlose Raum des Herzens, in dem Freude und Leid, Seligkeit und Langeweile, Gewissheit und Zweifel, Einsamkeit und Verbindung sich wie das Wetter bewegen können, wie der Regen und der Sonnenschein, die alle in der Weite des Himmels Platz finden.

Du kannst niemanden retten und du kannst auch nicht gerettet werden, wenn du auch noch so sehr danach suchst. Es gibt kein Selbst, das gerettet werden müsste, kein Selbst, das geliebt werden müsste, kein Selbst, das verteidigt werden müsste, kein Selbst, das man perfekt machen muss oder vollkommen glücklich. Lass jedes unmögliche Ideal los. Du bist wunderschön in deiner Unvollkommenheit, außergewöhnlich vollkommen in deinen Zweifeln, liebenswert sogar in deinen Gefühlen, nicht liebenswert zu sein. Alle diese Teile sind dir gegeben worden, sie sind alle Teile des Ganzen und du warst niemals weniger als ganz.

Du atmest. Du weißt, dass du lebendig bist. Du hast ein Recht zu existieren, das zu fühlen, was du fühlst, das zu denken, was du denkst, deine Wahrheit zu sprechen, selbst wenn deine Stimme zittert. Du hast auch ein Recht darauf, zu zweifeln. Du hast ein Recht darauf, deinen Weg zu gehen. Du hast ein Recht darauf, Recht zu haben, und ein Recht darauf, Unrecht zu haben, hast ein Recht auf diese riesengroße Glückseligkeit, die du kanntest, als du klein warst.

Du atmest und du bist untrennbar von der Lebenskraft, die alle Dinge beseelt, die sich als alle Wesen kennt, die sich in jedem Moment dieser unmöglichen, wundervollen Existenz neu entdeckt.

Dein Selbstwert ist nicht daran gebunden, was andere von dir denken. Er ist gebunden an den Mond, an den unendlichen Raum des Kosmos, an Kometen, die auf unbekannte Ziele zurasen. An Momente, in denen du die Zeit vergisst oder deine Einsamkeit liebst. Und an diese unaussprechliche Dankbarkeit für jeden neuen Morgen, unerwartet, ein Geschenk.

146 • Gehe mit Mut deinen Weg!

Wenn jemand dich kritisiert oder beurteilt, dann erinnere dich bitte, dass der andere lediglich einen Teil seines eigenen Herzens kritisiert oder beurteilt – das, was du ihm von sich selbst spiegelst. Wir sind alle füreinander Spiegel, deshalb nimm die Kritik nicht persönlich. Der andere kennt das wahre „Du" gar nicht, sondern nur das Bild, das er von dir hat. Und wenn du glaubst, dass er jetzt etwas anderes glauben oder denken sollte als das, was er glaubt oder denkt, wenn du nicht willst, dass er genau das erlebt, was er im Moment erlebt, dann bist auch du in deinen Fantasien verstrickt. Erlaube dem anderen zu glauben, was er will, und erlaube dir dasselbe. Fühle deine Gefühle, denke deine Gedanken und wisse, dass Menschen nur aus ihrer eigenen Haltung heraus „Recht haben".

Wenn jemand glaubt, du seist schlecht oder falsch, dann heißt das nicht, dass du das auch in Wahrheit bist. Nimm diese Kritik oder diese Bewertung nicht in dich hinein – lass den anderen glauben, was er glauben will. Und vielleicht – wenn der andere bereit ist, zuzuhören und über sich selbst nachzudenken – hilf ihm dabei, dein eigenes Erleben, deine Stimme, dein Herz mehr zu verstehen, und lausche auf seins.

Du brauchst nichts zu verteidigen, denn die Wahrheit ist die Wahrheit und Lügen haben kurze Beine. Es gibt keinen Grund dafür, Dinge persönlich zu nehmen, und wenn du das tust, dann bist du immer noch nicht schlecht oder falsch, sondern nur menschlich und wunderbar in deinem Menschsein. Es kann sowohl beängstigend als auch aufregend sein zu erkennen, dass jeder nur einen Traum über dich hat, so lange, bis er erwacht ist, und dass er nur dann erwacht, wenn er wirklich erwacht. Und vielleicht wird er niemals erwachen.

Deshalb gehe mit Mut deinen Weg, im Bewusstsein, dass es immer auch diejenigen geben wird, die dir raten, dich abzuwenden und nach Hause zu gehen. Danke ihnen für ihre Meinung und gehe weiter, denn dein Herz sehnt sich nach dem, was du noch nicht kennst, und klopft vor Aufregung über einen echten Weg, findet sich selbst an jedem neuen Tag. Deshalb entschuldige dich nicht dafür, dass du das Leben so sehr liebst, oder für deine heiße Liebesaffäre mit dem Rätsel der Schöpfung.

Mit jeder Kritik, mit jeder Bewertung kannst du dich selbst klarer sehen.

Teil 12

Ruhe in der Ganzheit des Lebens

147 • Du!

Was ist Präsenz? Präsenz ist das gefühlte Spüren, lebendig zu sein, das Gefühl, zu existieren, hier und jetzt. Das lebendige Feld des „Ich bin“, das niemals geboren wurde und niemals sterben kann und von dem sogar das „Ich bin“ letztlich nur eine Übersetzung des Geistes von etwas anderem ist.

Gedanken, Empfindungen, Gefühle, Klänge, Gerüche, alle Arten von Zuständen und Erfahrungen, sowohl weltlich als auch tiefgründig, sind in deinem Leben erschienen und wieder verschwunden. Aber deine Präsenz ist niemals gekommen und wieder gegangen, ist niemals erschienen und wieder verschwunden. Der still unveränderliche Hintergrund jeder Erfahrung, der weite Ozean des Du, ist beständig und dauerhaft trotz allen Erscheinens und wieder Verschwindens der Wellen, die Ausdruck der manifesten Welt sind.

Du, im intimsten Sinn dieses Wortes. Du, wie du dich schon immer erfahren hast, näher, als dein Atem dir ist. Du, den es schon als Präsenz gab, als du deinen ersten Atemzug tatest, und der immer noch präsent sein wird, wenn du deinen letzten Atemzug nimmst, dieses Du, das präsent ist bei jedem Einatmen und jedem Ausatmen.

Präsent, als du deine ersten Schritte getan hast, präsent, wenn du deine letzten tust. Präsent an deinem ersten Schultag, bei deiner Hochzeit, und als du zum letzten Mal die Hand deines Großvaters hieltest. Präsent, selbst als es das Wort „Du“ noch gar nicht gab. Undenkbar in deinen Gedanken, unmöglich zu konzipieren und dennoch das Einzige, das du tiefer in dir gespürt hast als alles, was du sonst wusstest und kanntest. Das Eine, das Unbezweifelbare, das Eine, das du nie in Worte fassen konntest, das Eine, das dir immer auf der Zungenspitze lag, das Eine, das nicht einmal irgendetwas war.

Das Du, das du in jedem erkennst, dem du begegnest. Die Bedingung, die die Grundlage für alles war, was du erkannt hast. Unbezweifelbar, denn selbst der Zweifel ist in diesem Kommen und Gehen enthalten.

Das, was du immer gesucht hast, das, was auch während deiner Suche immer präsent war und ebenso während deines Leidens und deiner Sehnsucht nach Vereinigung.

Dein wahres Zuhause, dein tiefstes Gefühl von Ruhe, dein Geliebter, war immer nur Du.

148 · Coming-out

Ich bin schwul.

Ich bin in Ordnung.

Ich bin lesbisch, bisexuell, transsexuell, geschlechtsumgewandelt. Ich bin ein Mann, ich bin eine Frau, und alles dazwischen. Ich bin Christ, ich bin Jude, ich bin ein Hindu, ein Buddhist, ein Muslim, ein Sikh, ein Humanist, ein Heide, ein Satanist. Ich bin Agnostiker, ich bin Atheist, ich bin ein Nihilist, ein Dualist und Non-Dualist, ein Gläubiger und ein Nicht-Gläubiger, ein Jemand und ein Niemand.

Ich bin der Raum für Lachen, für Tränen, für tiefstes Leid und für Ekstase, für die größte ekstatische Seligkeit und das allertiefste Herzzerbrechen, für Verzweiflung und Enttäuschung. Ich bin der Raum für wunderbare Träume, für schreckliche Alpträume, für Erinnerungen, Visionen und die kreativsten Lichterscheinungen. Alle Gedanken, alle Geschichten, alle Konzepte, alle Empfindungen, alle möglichen Gefühle – menschliche und tierische, pflanzliche und mineralische – fließen durch mich hindurch, steigen auf aus mir und fallen in mich zurück.

Ich bin das Bewusstsein selbst. Ich bin, was du bist.

Ich habe mein Coming-out als reine Liebe.

149 • Der Guru

Derjenige, der dich zum Lachen bringt, bis dein Magen schmerzt, sodass du grunzt wie ein Schwein, der ist dein Guru.

Derjenige, der dich zu Tränen rührt, der dich dazu bringt, dass du alle deine Geheimnisse herausweinst, der ist dein Guru.

Derjenige, der dich herausfordert, der die alten Schmerzen in dir zum Vorschein bringt, der dich dazu bringt, dass du dir deine tiefsten Ängste und Sehnsüchte anschauen musst, und der dir hilft, die Wahrheit zu sprechen, der ist dein Guru.

Jeder Atemzug ist dein Guru. Jeder Herzschlag. Jeder Klang.

Die Morgenbrise, die deine Wange streichelt, ist dein Guru.

Das Auto, das nicht anhält, die verpasste Gelegenheit, das gebrochene Versprechen, der zerschmetterte Knochen, sie sind alle deine Gurus.

Diejenigen, die du liebst, diejenigen, die dich frustrieren wie nichts anderes, diejenigen, die dich zu Tränen langweilen, diejenigen, an die du dich nicht erinnern willst, diejenigen, die dich verlassen haben, sie sind auch deine Gurus.

Das gesamte Leben, so vorbeifließend, so präsent, so reich an Segen, ist dein Guru.

Du kannst deinen Guru in einem Ashram suchen, in einer Kirche, in einem Tempel, in einem wissenschaftlichen Labor, du kannst nach Erlösung suchen in einer Höhle oder auf der Spitze eines Berges in Indien, aber, mein Freund, wenn du wirklich ganz tief in die Gegenwart schaust, dann wirst du herausfinden, dass du schon da bist. Der wahre Altar ist dort, wo du jetzt stehst, und das heiligste Buch schreibt sich von selbst, Augenblick für Augenblick.

Das Königreich ist über die ganze Erde verteilt und wartet nur darauf, dass du die Augen öffnest.

150 · Wie du dich selbst wieder auf die Welt bringen kannst

Als du noch ganz klein warst, da warst du ein Ball reinster Schöpfungskraft, eine Explosion reiner und uralter Energie, einer Energie, die du nicht einmal benennen konntest, ganz zu schweigen davon, dass du sie nicht verstehen konntest, ganz zu schweigen davon, dass du sie nicht integrieren konntest.

Unbenannte Freuden, unbenanntes Leid kamen in dir ohne vorherige Warnung hoch. Praehistorische Sehnsüchte, Wutanfälle, unverdaute Schrecken – die Schlange, der Dinosaurier, die unbenennbare Bewegung in der Tiefe, wartend, lauernd. Das überwältigende Gefühl, lebendig zu sein. Deinen eigenen Geschmack zu schmecken, dein eigenes Sein zu sein, dich als Körper zu bewegen. Du warst ein Aufruhr von Licht und Klang, eine amorphe Masse reiner Empfindung, die sich oft erschreckte und überwältigt war von Freude zu gleichen Teilen, ohne Zeit und ohne Kontrolle, ohne die Sicherheit des Mutterschoßes, außerhalb der Mutter. Und dein Leben stand in jedem Augenblick auf dem Spiel – oder so kam es dir wenigstens vor.

Du bist im Kern auch jetzt noch nicht anders. Dennoch hast du gelernt, wie man ein guter Junge ist – oder ein gutes Mädchen. Freundlich, höflich, achtsam, rücksichtsvoll, nett, rechtschaffen, selbst „spirituell". Du hast gelernt, welches die richtigen Dinge sind, die du sagen oder wollen oder erbitten sollst, die du suchen oder fühlen oder denken oder tun sollst.

Du kennst deinen Platz. Verlange nicht zu viel. Bleibe klein. Lauf nicht zu weit von der Herde weg. Du bist zivilisiert geworden, hast gelernt, die Hälfte deines Wesens wegzuschieben. Hast eine Gehirnwäsche bekommen, damit du sogar glauben kannst, dass die Hälfte – oder sogar mehr – deines Wesens sündhaft ist, krank, schlecht, böse, gebrochen, dunkel, unerleuchtet, unerwacht, unspirituell, negativ, nicht vertrauenswürdig, pathologisch, nicht intelligent, beschädigt.

Sei nicht traurig, sagen sie. Sei nicht ärgerlich. Sei nicht furchtsam. Habe keine Zweifel. Gib keine Widerworte. Habe keine negativen Gedanken. Sei nicht in einer so niedrigen Schwingung. Suhle dich nicht in deiner Negativität. Gib vor, dass du jemand bist, der du nicht bist. Passe dich an. Sei wie wir. Sei heil. Stelle nichts infrage. Traue dir nicht. Werde erleuchtet. Und so weiter und so weiter.

Du hast dich im Namen der Liebe und der Freiheit in zwei gespalten. Und es war so intelligent, genau dies zu tun. Du hast doch nur Sicherheit für dich gesucht und Gefühl – in einer Welt, die oft keinerlei Sinn machte. Du hast nach Gesundem gesucht in einer Kakophonie des Kranken. Dein Widerstand war kreativ, nicht pathologisch…

„Halt die Klappe, Baby, hör auf zu weinen! Weine, Baby, weine, warum weinst du nicht? Warum willst du immer so viel? Fass das nicht an! Stehe auf! Steh nicht auf! Geh los, sitz still. Benimm dich! Warum sitzt du da so herum? Schlimmes Kind! Gutes Kind! Schlimmes Kind! Sei doch nicht so ein Kindskopf! Tu endlich etwas! Hör auf! Ich liebe dich. Ich würde dich ja lieben, aber nur, wenn du…Ich liebe dich. Ich hasse dich! Sprich lauter! Halt die Klappe! Du hast gerade erst gegessen. Geh in dein Zimmer. Iss! Warum bist du immer noch in deinem Zimmer? Wie kannst du es wagen, so etwas zu sagen? Still, Baby, still! Baby? Warum bist du so still? Ich bin doch da für dich. Ich bin nicht da für dich. Ich könnte vielleicht für dich da sein. Du bist schlecht. Du bist doch krank. Du bist lieb. Du bist nett. Du bist böse. Du bist vollkommen. Du brauchst mich doch gar nicht. Du brauchst mich. Ich brauche, dass du mich brauchst. Du bist so bedürftig! Werde endlich erwachsen! Komm endlich darüber hinweg. Komm sofort hierher. Lass mich in Ruhe! Komm doch zurück!"

Das alles machte doch keinen Sinn.

Wie soll man sich darin zurechtfinden, ohne verletzt zu werden? Wie soll man Mama und Papa bloß gefallen? Wie kann man das alles erfüllen?

Werde ich geliebt? Ist es sicher hier? Wann werden sie mich verlassen? Warum haben sie mich verlassen? Können sie mich erkennen? Was stimmt mit mir nicht? Bin ich kaputt? Sind sie kaputt? Bin ich ganz oder nur halb oder noch weniger? Existiere ich eigentlich wirklich? Ist das hier mein Leben? Kann ich mir trauen? Sollte ich ihnen trauen? Kann ich meinem Mangel an Vertrauen trauen? Warum kann ich nicht vertrauen? Was ist bloß mit mir nicht in Ordnung? Sollte ich reden oder nicht reden? Sollte ich bleiben oder besser gehen? Sollte ich fühlen oder nicht fühlen? Sollte ich lächeln oder nicht? Lachen oder weinen? Wegrennen oder stillsitzen? Vorwärtsgehen oder rückwärts? Die Wahrheit sagen? Lügen, um mich selbst zu schützen? Oder um den anderen zu schützen? Alles rauslassen? Es bei sich behalten? Was ist, wenn der andere herausfindet, was ich wirklich denke?

Kann der andere in mich hineinsehen? Werde ich beobachtet? Ist etwas Verrottendes in mir? Sollte ich stehenbleiben oder kämpfen? Sollte ich mich verändern oder so bleiben, wie ich bin? Auf wessen Weg bin ich eigentlich? Wird es immer so sein wie jetzt? Was habe ich falsch gemacht? Was habe ich richtig gemacht? Verdiene ich das? Was glauben die anderen, wer ich bin?

Mein Freund, du bist jetzt erwachsen, und es ist an der Zeit, deine grundlegenden Ängste im Leben infrage zu stellen, deine Programmierung, die auf Angst basiert. Das zu verlernen, was du gelernt hattest, als du noch klein warst und dich so sehr nach Liebe und Leben gesehnt hast, und anzufangen zu realisieren, dass Liebe nicht etwas ist, was einem gegeben wird, sondern was man lebt, etwas Tiefes und Uraltes und Vertrauenswürdiges in dir. Du bist nicht krank oder falsch oder schlecht oder böse oder wertlos oder verrückt oder beschädigt ohne eine Chance auf Reparatur, oder von Natur aus ein Freak, sondern du bist so verdammt lebendig, die Natur selbst und eine Explosion der Kreativität, eine formlose und intelligente Masse uralter Energien, die du nicht verstehen brauchst, der du nicht entrinnen kannst, der gegenüber du dich aber auch nicht verschließen kannst, sondern die du in deinem großen Herzen halten kannst, in sie hineinatmen kannst, der du vertrauen kannst.

Du bist kein kleines Wesen mehr, sondern du bist das Eine, groß und weit, wie du schon immer warst, trotz deines wachsenden Körpers, ein weitoffener Raum, in dem alle Energien der anderen, die du einst weggeschoben und verleugnet hast, sich jetzt feiern können, wie Wellen in deiner ozeanischen Umarmung tanzen können, und sich selbst befreien.

In einem Meer der Non-Dualität (der Nicht-Trennung), einem Einssein, das du bist, sind alle Gedanken, Klänge, Empfindungen nicht *gegen* das Leben gerichtet, sondern sie *sind* das Leben, keine Fehler oder Strafen oder Zeichen deines Versagens, nicht getrennt von dir, sondern kleine Feiern des Du, geliebte Wellen im Meer, umarmbar. Oder nein, sie sind bereits umschlossen, denn sie sind zeitlos, nicht deine und dennoch auf intime Weise deine, so wie Wolken nicht dem Himmel gehören, sondern in ihm tanzen.

Es gibt nichts, was du tun musst, um diese Gnade zu empfangen. Sie ist kein Zustand, nicht etwas, was du erreichen, gewinnen, oder bekommen könntest. Sie kann nicht von Gurus in Lendenschürzen übertragen werden. Sie ist auch keine Belohnung für deinen spirituellen oder materiellen Erfolg. Sie ist bereits da, scheint in dir in deinem ganz gewöhnlichen Leben.

Am Anfang warst du ein Kind menschlicher Eltern, aber jetzt bist du dein eigener Vater, deine eigene Mutter, die allzeit präsente Bewusstheit, die auf alle Entwicklungen scheint, in dir und außerhalb von dir, jene unsterbliche Präsenz, durch die du weißt, dass du immer geliebt bist, selbst wenn du alles falsch verstanden hast, selbst wenn du stolperst und fällst und zweifelst, selbst wenn du hungrig bist und müde und nicht weißt, wohin du dich wenden sollst.

Du wirst geliebt, weil du selbst Liebe bist, der Liebende und der Geliebte in Einem.

Ich bin hier bei dir, mein Kind, sagt sie, die Liebe. Ich bin hier. Du bist der Eine, mein Erwählter. Selbst wenn du dich ganz alleingelassen fühlst und weit von der Liebe entfernt, bin ich hier. Vertraue diesem Augenblick. Vertraue diesem Boden. Vertraue diesem Atemzug. Dieser Zerstörung. Dieser Geburt, diesem Verlust deiner alten Welt. Vertraue, selbst wenn du spürst, dass du nicht vertrauen kannst. Vertraue auch dem. Ich bin hier, bei dir, näher als dieses nächste Ausatmen.

Und ihre Stimme ist deine Stimme, dein Herz ist ihr Herz, und die Welt ist ihr Schoß und du wirst wieder und wieder geboren in jedem neuen Augenblick, wirst in das Leben geworfen, voll Wunden und keuchend, aber lebendig, erschöpft, aber lebendig, und du atmest mit jedem Lebewesen und niemand kann dir diese Liebe jetzt je nehmen, denn niemand kann deinen Geist brechen.

Du bist es so verdammt wert, zu leben.

Ich lehre dies und nur dies: eine bedingungslose Liebe, zeitloser als die Sterne.

151 • Hinter der Maske

Bilde dir über niemanden eine Meinung.
Es wird immer etwas geben, das dich überrascht.
Denn der andere ist lebendig und daher stets veränderlich.
Kein „festes Selbst“, das er sein Eigen nennt.

Er ist einer von Tausenden.
Form-Wandler. Aus einer Parade von Masken.
Tragisch. Komisch, Feurig. Ekstatisch. Ohne Gefühl.
Verwechsele ihn nicht mit dem, wie er aussieht.
Erkenne das universelle Selbst unter der Oberfläche.

Atme. Bleibe offen.
Du wirst etwas erleben, das dir Demut schenkt.

152 • Die Präsenz

Wenn du die Gegenwart Gottes nicht spüren kannst,
dann spüre deine eigene Präsenz
und wisse, dass sie Gott ist.

Wenn du die Liebe nicht finden kannst,
dann deshalb, weil du so danach suchst
in Zeit und Raum.

Wenn du deinen Weg nicht kennst,
dann deshalb, weil du schon auf ihm wandelst
(furchtlos, aber ohne eine Karte).

Wenn du jetzt keine Antworten auf deine Fragen findest,
dann deshalb, weil du dich an der Frage festhältst
(Antworten aber kommen zu ihrer eigenen süßen Zeit).

Wenn du dich weit von Gott entfernt fühlst,
Wenn zuhause sich wie eine weit entfernte Erinnerung anfühlt,
dann bist du ihm näher, als du vielleicht denkst.

Deshalb atme und liebe deinen nächsten Schritt.

153 • Verstehe den Todestrieb

Ich habe die erste Hälfte meines Lebens damit verbracht, sterben zu wollen. Und hier ist das, was ich dabei entdeckt habe: Der Todestrieb ist der Lebenstrieb, der sich nur auf geniale Weise verkleidet hat.

Der Todestrieb ist der Trieb, als getrenntes Selbst zu verschwinden, sich aufzulösen in die Weite des Seins, zutiefst zu ruhen in unserer wahren Natur. Es ist die Welle, die sich danach sehnt, wieder eins mit dem Ozean zu werden… und vergessen zu haben, dass sie niemals von ihm getrennt war. Ein unschuldiger Fehler, den man leicht korrigieren kann, wenn man ein wenig nachforscht.

Der Todestrieb ist nicht negativ, verrückt, krank, dunkel oder sündig, sondern falsch verstanden, tief, tief falsch verstanden, das kann man zuallererst einmal sagen. Wir ignorieren diesen Trieb, wir schieben ihn weg, wir verbergen ihn, geben Medikamente darauf, halten ihn geheim, beschämen ihn, versuchen uns ihm gegenüber abzustumpfen oder ihn wegzuphilosophieren. Aber wenn wir ihn zulassen, ehren, ihm zuhören, selbst dem Selbstmordtrieb, der nichts anderes will, als unsere falsche Haut abzuwerfen, dann enthält er eine unendliche Intelligenz. Alle Gefühle tun das!

Ganz im Geheimen ist der Todestrieb der Trieb, zu erwachen, lebendig zu werden, aufzuhören, sich als ein getrennter Körper-Geist zu identifizieren, sich an seine wahre Natur zu erinnern, weit und frei! Er ist der Trieb, das falsche „Ich“ abzuwerfen (das Ego, die Persönlichkeit) und aufzuhören vorzugeben, etwas zu sein, das wir nicht sind. All das loszulassen, weil es aus zweiter Hand und nicht authentisch ist, und zu leben, wirklich zu leben, angstfrei und frei, als reines Bewusstsein, voll von Leben und Potenzial und kosmischer Gewissheit!

Der Todestrieb ist nicht unser Feind – es geht dabei nicht darum, vernichtet zu werden, und deshalb braucht man auch keine Angst davor zu haben. Er enthält eine tiefe Botschaft des Erwachens und der Veränderung. Er sagt, ruft, schreit: „Du bist nicht so begrenzt, wie du denkst! Du bist ein Kind des Universums, erinnere dich, das alle seine Reichtümer verdient! Nur das Falsche in dir kann sterben, und du kannst gar nicht falsch sein!“ Können wir diesen Ruf hören? Können wir ihm zuhören, wirklich zuhören?

Die Welle kann nicht zum Ozean zurückkehren. Sie kann nicht nach Hause kommen. Sie war nie von ihm getrennt. Du bist bereits der Ozean, mein Freund. Und der wahre Selbstmord ist nicht das Abbrechen des Körper-Geist-Selbst, sondern die Erinnerung an deine ursprüngliche und makellose Natur, im Hier und Jetzt, jenseits des Zahns der Zeit.

Lebe! Lebe! Lebe! Du hast nichts zu verlieren!

154 · Ein Yogi der zerbrochenen Träume

Bete nicht einen bärtigen alten Mann im Himmel an oder ein graviertes Bild in einem Buch. Bete das Einatmen an und das Ausatmen, die Winterbrise, die dein Gesicht streichelt, den Frühverkehr in der U-Bahn. Das schlichte Gefühl, lebendig zu sein, ohne zu wissen, was auf dich zukommt. Erkenne Gott in den Augen eines Fremden, den Himmel im Zerbrochenen und Gewöhnlichen. Ehre den Boden, auf dem du stehst. Mache jeden Tag zu einem Tanz, mit Tränen in deinen Augen, wenn du das Göttliche in jedem Augenblick wahrnimmst. Sieh das Absolute in den relativen Dingen und lass sie dich verrückt nennen. Lass sie lachen und mit Fingern auf dich zeigen. Du bist der Yogi des Verkehrschaos und der weggeworfenen Apfelreste, der Einsamkeit und des unglaublich blauen Winterhimmels, ein Yogi der zerbrochenen Träume, verrückt nach Wahrheit und Hingabe und unaussprechlicher Freude, und du kannst jetzt nicht mehr gerettet werden.

155 • Eine neue Spiritualität

Wir würden uns gerne vorstellen:
Wir sind die neue Generation spiritueller Sucher.
Wir wollen keine vorgefertigten Antworten mehr.
Wir geben anderen nicht mehr die Schuld an unserem Leid.
Unsere Spiritualität geht über die kosmische Schuld und Strafe hinaus.
Über das „Wir und sie“-Denken.
Wir hängen uns nicht länger an heilige Bücher,
denn alle Bücher sind heilig.
Wir töten nicht mehr im Namen der Wahrheit,
denn Wahrheit ist überall um uns herum.
Wir sind bereit, furchtlos die Erfahrung des Jetzt zu machen -
ohne Schlussfolgerungen und ohne Vorurteile.
Nackt wie am Tag, als wir geboren wurden.
Offen für das, was auf uns zukam.

Wir warten nicht länger mehr auf das Leben
oder auf eine göttliche Erscheinung in der Zukunft,
denn wir erkennen das Leben in allem, was ist –
einschließlich im Warten darauf.
Gott ist in allem, das wir einst zurückgewiesen haben.

Aber nun träumen wir nicht mehr davon, wegzulaufen
oder einen vollkommenen „Himmel“ zu finden,
denn wir haben uns in die Ungewissheit hinein entspannt
und Zweifel ist zu unserem guten, alten Freund geworden,
Nicht-Wissen zu unserem Geliebten
und Unvollkommenheit ist uns zutiefst heilig.

Der Körper ist Teil davon,
und auch dein Geist ist nicht dein Feind.
Deine Gefühle sind heilig.
Deine Sexualität kann gefeiert werden.
Wir lieben das Chaos, das Menschsein bedeutet!

Und endlich verstehen wir
diese Weisheit und dieses Mitgefühl,
ob absolut oder relativ betrachtet,
ob dualistisch oder non-dualistisch,
transzendent oder immanent,
personal oder unpersönlich.
Menschlich oder göttlich –
waren niemals voneinander getrennt!

156 • Sonnenstrahlen durch die Wolken

Hast du jemals plötzlich
mitten in einem Konflikt
eine schier unerträgliche Welle des Mitgefühls
für die eine oder für die andere Seite gespürt?

Ist dein „Feind“ dadurch und ohne vorherige Warnung
dir plötzlich.... nahe gekommen?

Du bist nicht durchgedreht. Du bist nicht plötzlich ein „Softie“ geworden.
Du wachst einfach auf.

Du hast seinen Schmerz plötzlich als deinen gespürt, seinen Kampf als deinen.
Du hast jeden einzelnen guten Grund vergessen, aus dem du „im Krieg“ sein konntest.
Du hast das Interesse daran verloren, unbedingt gewinnen zu wollen.
Du hast dich daran erinnert, dass ihr einmal zu einer Familie gehört habt.
In einem anderen Leben, vielleicht in einer anderen Wirklichkeit, oder in einem anderen Moment.
Da war der andere dein Bruder, deine Schwester, deine Mutter, dein Freund, dein Sohn.

Es gab eine Zeit, da hast du ihn so zärtlich in deinem Arm gehalten.
Es gab eine Zeit, da habt ihr zusammen am Fluss gespielt.

Vielleicht spielt ihr irgendwann wieder zusammen.
Vielleicht seid ihr die Hoffnung dieser Welt.

157 • Dein himmelschreiendes Feuer

Versuche dich nicht zu definieren, mein Freund. Definitionen sind etwas Totes, sie stammen aus der Vergangenheit – und du bist so lebendig!

Du bist kein guter Mensch, aber auch kein schlechter Mensch. Du bist kein Weiser und auch kein Narr. Du bist kein Erfolgsmensch und auch kein Versager. Du bist nicht wunderschön und auch nicht hässlich. Du bist kein entspannter Mensch und auch kein gestresster. Du bist nicht erleuchtet und du kannst auch nie unerleuchtet sein. Du bist nichts von diesen Dingen, und auch nicht alle auf einmal. Du bist dein Potenzial. Deine Offenheit. Ein Gefäß für das Leben, lange vor irgendeiner Inkarnation als „diese Art Mensch“ oder „jene Art Mensch“. Du bist lebendig.

Kein Konzept kann deine Größe erfassen. Kein Mund kann deinen Namen aussprechen. Kein Wort kann dein himmelschreiendes Feuer erfassen. Du kannst dich nicht definieren, alle Definitionen kommen zu spät.

Du wusstest immer schon, dass du dich zu schnell veränderst, um dich irgendwo festzulegen.

158 · Warum du manchmal sterben willst

Wenn du dir jemals das Leben nehmen willst, wenn du jemals ein Verlangen in dir spürst zu sterben, wenn der Gedanke „Ich will mich umbringen“ ein ständiger Besucher in dir wird, dann fürchte dich nicht und verzweifle auch nicht. Feiere vielmehr, dass da eine tiefe Intelligenz in dir am Werke ist. Wisse, dass es die natürlichste Sache der Welt ist, sterben zu wollen, eine Art Übergangsritus, ein falsch verstandener Ruf. Es ist keine Sünde, es ist nicht falsch, kein Zeichen von Schwäche oder Versagen, kein Symptom einer schrecklichen Krankheit oder Dunkelheit in dir. Du bist nicht verrückt, gestört, nicht lebensunwürdig, nicht „schlecht“. Der Drang, zu gehen, ist ein Drang, der so alt ist wie das Universum selbst. Etwas, das alle Menschen auf die eine oder andere Art und Weise gekannt haben. Wisse also, dass du nicht allein bist, sondern in deiner Einsamkeit verbunden bist mit allen Menschen.

Dem Drang zu sterben muss nicht nachgegeben oder gefolgt werden, sondern vor allem sollte man ihn verstehen, nicht abtöten oder ausagieren, sondern ihn als das annehmen, was er ist. Übersetzt heißt „ich möchte sterben“ meist „ich habe Heimweh und ich will verzweifelt und endlich nach Hause gehen, aber ich weiß gerade nicht, wie“.

Der Drang zu sterben ist ein natürlicher Trieb, mit dem man die Illusion eines getrennten Selbst aufgeben möchte, die erschöpfende Last des „Ich und mein Leben“ loslassen will (was du nämlich gar nicht bist) und zutiefst in der Gegenwärtigkeit ausruhen möchte (was du in Wirklichkeit bist). Es ist ein Ruf, dich an dein wahres Zuhause zu erinnern jenseits aller weltlichen Orte – hier und jetzt. Deinen eigenen Geschmack wieder zu schmecken. Aus der Geschichte von Vergangenheit und Zukunft herauszukommen und ganz in diesem kostbaren Augenblick zu leben. Hier zu sein, furchtlos präsent, mutig im Leben, nicht länger im Kampf mit dem Schmerz und der Seligkeit des Lebens, nicht länger in Abwehr gegen die Schleudern und Pfeile des Lebens.

Nutze den Gedanken „Ich möchte sterben“, um eine tiefe Meditation über die Natur deines Selbst zu beginnen. Wer ist es, der sterben will? Wer würde dieses „Selbst“ umbringen wollen? Und wer ist es, der jetzt lebt? Wer atmet? Wenn das Selbst „getötet“ werden kann, wenn es geliebt oder gehasst werden kann – ist es dann das, was du wirklich bist? Welche Intelligenz in dir weiß, dass das „Selbst“ vergänglich ist und verloren gehen kann? Ist diese Intelligenz nicht genau jetzt vollkommen präsent, lebendig und erwacht?

Das „erfolgreiche Selbst“ und das „gescheiterte Selbst“, das „wunderbare Selbst“ und das „schreckliche Selbst“, das „Selbst, das nur sterben will“ und „das Selbst, das leben will“ – sind sie nicht alle Bilder, Fotos, Vorstellungen, Filme, die auf deine unsterbliche Leinwand strömen und nur gerade präsent sind? Und bist „du“ nicht jenseits aller dieser Konzepte? Bist du nicht der Raum, in dem sie alle Platz haben?

Wenn du das „Selbst“ dahin gebracht hast, dass es weniger bedeutet als das, was du in Wahrheit bist, dann willst du natürlich damit „Schluss machen“, denn es fühlt sich zu klein in deiner Größe an. Wenn du dein „Selbst“ als Selbst kennst, als deine eigene Präsenz jenseits von Geburt und Tod, dann kannst du dich doch eigentlich überhaupt nicht töten, denn deine Präsenz kann deine Präsenz nicht umbringen, ebenso wie ein Ozean das Meer nicht töten kann und die Sonne nicht aufhören kann zu scheinen, selbst wenn sie verbrennt.

Du bist so müde, mein Freund. Du fühlst dich ausgebrannt. Du scheinst so hell. Du sehnst dich nach deinem Zuhause. Also ruhe und wisse, dass deine Sehnsucht zu sterben kein Fehler ist, sondern ein Ausdruck einer großen Intelligenz, die dich an deine tiefe Liebe zum Leben erinnert, an deine grenzenlose Natur und deine kosmische Unschuld.

Du bist bereits zuhause. Ein neues Leben dämmert für dich herauf. Bleibe offen. Es warten unerwartete Geschenke auf dich, das verspreche ich dir. Und ich spreche als jemand, der viele Jahre lang sterben wollte.

159 · Was immer du auch träumst

Das anzunehmen, wo du in deinem Leben stehst, präsent zu sein gegenüber dem Unmittelbaren und Lebendigen, dich zu verlieben in das Hier und Jetzt ist nicht dasselbe wie die Möglichkeit aufzugeben, dass sich in Zukunft etwas verändert. Sondern ganz das Gegenteil.

Bitte, höre nicht auf, diese wundervollen Träume zu träumen, dir eine Zukunft für dich und die Welt vorzustellen, die dein Herz zum Klingen bringt.

Aber mitten in deinem Träumen vergiss bitte nicht „Das-was-niemals-träumt", den weiten, offenen Raum, der alles umfasst. Verliere nicht den Kontakt mit deiner wahren Natur, die schon jetzt vollständig ist und es für immer bleiben wird, die nichts braucht und zutiefst verbunden ist mit allem, was ist. Vergiss nicht diesen Augenblick, während du dem folgst, „was als Nächstes dran ist".

Denn es ist von diesem Moment aus, von einem Ort der allertiefsten Verbundenheit und Ruhe aus, dass dein neues Leben wachsen wird. Präsent zu sein, heißt nicht, die Möglichkeit einer Vergangenheit oder Zukunft auszulöschen oder zu verleugnen. Es bedeutet vielmehr, dich an den echten Boden unter dir zu erinnern, wo immer du auch bist, wovon immer du auch träumst.

Es ist aus der Leinwand des gegenwärtigen Augenblicks, von der alle zukünftigen, noch zu malenden Bilder deiner Zukunft ausgehen. Du kannst nicht auf die zukünftige Leinwand malen, denn das Morgen kommt nie. Es gibt nur das Heute, nur das Heute – und das ist das fantastische Paradox des Erwachens.

Träume also und lass gleichzeitig deine Träume los, ohne dass dies ein Widerspruch ist, komme ganz hierhin. Denn in dieser Traumwelt ist alles möglich.

160 · Es gibt nur die Gnade Gottes

Selbst der Obdachlose auf der Straße ist von edler Geburt und trägt ein unglaubliches Erbe.

Wenn du in seine blutunterlaufenen Augen schaust, dann siehst du göttliche Dinge und ein Potenzial, das über alles Verstehen hinausreicht, selbst wenn er selbst es vergessen hat. Weniger in ihm zu sehen, ist reine, meldepflichtige Geisteskrankheit.

In Wirklichkeit siehst du in ihm nichts weiter als Aspekte deines ursprünglichen Gesichtes, mein Freund. Seit du ein Kind warst, wusstest du, dass das getrennte „Ich“ die größte Illusion von allen war.

161 • Der ständige Lehrer

Du bist nie ohne Lehrer gewesen, nicht einmal für einen Moment. Durch all dein Leid und deinen Schmerz hindurch, durch alle deine Visionen, Besuche des Transzendenten, durch deine Astralreisen, deine ekstatischen Erlebnisse, das Erwachen, Träumen und deine tiefen Schlafphasen, durch alle Zeiten großen Loslassens und Zeiten, in denen du dachtest, du würdest es nie schaffen, war dein Lehrer immer die Präsenz selbst und die Präsenz warst immer du.

Denke daran, wie viel deines Schmerzes in der Vergangenheit angesiedelt ist, mein Freund, und wie wenig du im Vergleich in der Gegenwart lebst. Denke an all die Ängste, die sich nie verwirklicht haben, an die Alpträume, die Alpträume blieben, an das fantasierte Morgen, das sich auflöste in heutiges Lachen oder Tränen.

Erinnere dich, dass Liebe kein Gefühl ist, das kommt und geht, und auch kein Zustand, der sich nähert und zurückzieht, und auch keine vage Erinnerung an etwas, das lange vergangen ist, noch etwas, das gegeben oder wieder genommen werden kann, sondern das Anerkennen, dass wir alle dasselbe Leben sind, dasselbe Rätsel, das aus einzigartigen Augen schaut und dennoch denselben Schock und denselben Puls und dasselbe Summen der Existenz kennt.

162 · Liebe ist stärker als der Tod

Wann „geht“ ein geliebtes Wesen – wenn es stirbt?
Wann „geht“ eine Welle – wenn sie auf das Ufer aufprallt?
Nirgendwohin. An keinen Ort.

Die Welle war ursprünglich niemals vom Meer getrennt, deshalb kann sie auch nicht zu ihm „zurückkehren“. Das Wasser kann das Wasser nicht verlassen, noch kann es zu ihm zurückkehren.
Aus der Perspektive unserer wahren Natur ist überhaupt nichts geschehen.
Der Tod ist schlicht die tiefste Entspannung in unsere ungeborene, unsterbliche Gegenwart.

Dein Geliebter ist nicht irgendwohin „gegangen“, mein Freund. Er ruht jetzt nur mehr in seiner wahren Natur, die auch unsere Natur ist, die die Präsenz selber ist. Nicht zwei. Niemals zwei.
Er ist jetzt da, wo er immer schon war – in deinem Herzen aller Herzen. Und von dort kann er niemals weggehen.

Du wirst ihn bei dir tragen.
Liebe ist stärker als der Tod.

163 • Du atmest nicht allein

Als du noch ein ungeborener Fötus warst, konntest du nicht allein atmen. Deshalb hat deine Mutter für dich geatmet.

Ihr Atem war dein Atem. Ihr Blut war dein Blut. Ihr Leben war deins.

Es gab ein winzig kleines Loch in deinem Herzen, genannt „das Foramen Ovale". Wahrscheinlich hat es sich bei deiner Geburt geschlossen, als du selbst deinen ersten Atemzug getan hast.

Du hast dabei geschrien. Du hast dabei gejammert. Du warst im Schock. Du warst vielleicht zerschrammt, wund, geschwollen, blutig, winzig, du weintest um dein Leben, warst voll Trauer über deinen Verlust der Welt in der Gebärmutter.

Du warst erschöpft, aber du warst lebendig.

Also wusstest du schon früh, dass das Leben nicht nur aus Seligkeit bestand oder aus Ekstase. Es bestand auch aus Schmerz. Und es war überwältigend. Es war auch der Verlust des Mutterbauches.

Aber in all dem Überwältigenden war auch Schönheit. Und in all dem Verlust war auch Liebe. Und Hoffnung. Und Entdeckung.

Mein Freund, manchmal musst du einfach weinen und Worte heraussprudeln und schreien und Chaos um dich verbreiten und alles über die Zukunft vergessen und auch alle alten, vergangenen Welten.

Und dann wieder jubelst du bei einem einzigen Atemzug.

Bei dem frohen Klopfen eines heiligen Herzens.

Bis zu diesem Tag atmest du nicht allein.

164 · Die Wurzel des Verlangens

Die Wurzel jeden Verlangens ist das Verlangen nach uns selbst.

Wir tendieren dazu, zu glauben, dass etwas von außen – ein Mensch, ein Objekt, eine Substanz, eine bestimmte genussreiche oder intensive Erfahrung – unser Verlangen stillen kann.

Insgeheim ist das, was wir wirklich ersehnen, natürlich das Gefühl von Entspannung, Ruhe, Befriedigung, Zuhause, das aus einem erfüllten, befriedigten Verlangen resultiert. Denn wenn wir endlich das bekommen, was wir wollten oder was wir dachten, dass wir es wollten, dann können wir uns endlich entspannen, wir sind nicht länger im Wollen, nicht länger gefangen im Mangel oder Unbehagen. Wir sind endlich präsent in uns selbst, suchen nicht länger im Außen nach Befriedigung, sondern spüren die Befriedigung in unserem Inneren, in unserer eigenen Präsenz, der sie innewohnt, dieses Gefühl kosmischen Richtigseins, endlich Zuhauseseins, ohne länger das Bedürfnis zu haben, dass wir etwas von außen brauchen, das uns selbst vollständig macht.

Wir sind nicht mehr in zwei gespalten, nicht in „einen, der etwas verlangt" hier auf dieser Seite, getrennt in Zeit und Raum von dem anderen, „dem Verlangten" da drüben, sondern ganz, in sich ruhend, zufrieden, eins. Das Brennen ist vorbei, wir können uns ausruhen in unserem eigenen Wesen, jedenfalls zeitweise, eine kurze Weile ausruhen von unserem Verlangen.

Aber wie wir alle wissen, hält diese Art Befriedigung nicht sehr lange an. Es ist eine Illusion, anzunehmen, dass Verlangen jemals Verlangen beenden könnte. Das Ganze beginnt einfach von vorn, ein neues Verlangen beginnt zu brennen, wir müssen uns erneut auf die Suche machen, um es zu befriedigen, und so weiter und so weiter, eine Welt, die nie zu Ende geht.

Deshalb erlaube dem Verlangen, das zunächst nach außen in Zeit und Raum gerichtet war oder auf Objekte oder Menschen oder Orte projiziert wurde, in sich selbst zurückzukehren, in seine eigene Quelle zurückzufallen. Erkenne die Natur deines Verlangens immer tiefer als ein Verlangen nach Präsenz, nach Zuhause.

Jedes Verlangen ist im Kern auf das Selbst gerichtet. Deshalb versuche nicht, es zu betäuben oder es auszulöschen, in einer Art Selbstabtötung. Versuche aber auch nicht, das Verlangen zu einem Ende zu bringen, indem du versuchst, es jedes Mal befriedigen zu müssen, in einer Art Selbst-Nachgiebigkeit. Nimm vielmehr dein Verlangen als das an, was es wirklich ist, halte es ganz im gegenwärtigen Augenblick und schneide es einfach von seinem fantasierten Inhalt ab, von der Geschichte, der Erzählung, der Zukunft. Ehre das Brennen in deinem Bauch, in deiner Brust, in deiner Kehle, spüre all die verletzlichen Empfindungen dort, ohne sie zu beurteilen, sie zu benennen oder zu versuchen, sie zum Verschwinden zu bringen. Spüre das Brennen des Lebens selbst. Und lasse dieses Brennen zu. Sei das Zuhause für dieses Brennen. Erkenne dein Verlangen wie ein Kind, das sich verlaufen hatte, brennend vor Liebe, bettelnd, endlich dabei sein zu dürfen und nicht ausgelöscht zu werden, gehalten, nicht geheilt, angenommen, nicht verlassen.

Du brennst für dich selbst, mein Freund, und wenn du aufhörst, danach zu suchen, bist du niemals in Wirklichkeit weit weg. Du bist deinem Selbst viel näher als jedes Objekt, jeder Mensch, jede Substanz, jede Erfahrung. Das ist die wahre Erfüllung, voll zu sein von deinem Atem, erfüllt von deinem Leben, dir selbst ganz nah. Für immer eins mit dem, was du immer ersehnt hast.

Lass alles Verlangen dich zurück zu der Quelle des Verlangens lenken – zu dir selbst.

165 • Der Zug nach Hause

Manchmal sind die Wege nur schlecht beleuchtet. Wir stolpern im Dunkeln über unsere eigenen Füße. Verhedderte Gliedmaßen, die wild um sich schlagen. Hände, die nach irgendetwas greifen, um sich festzuhalten.

Seltsame Dinge dort, unbenennbar, einsam, voll Sehnsucht.

Bleib nahe bei mir, meine Liebste. Lass meine Hand nicht los.

Nein, ich kenne den Weg auch nicht! Ja, ich habe mich ebenso verirrt wie du. Aber ich fühle... ich fühle diese Liebe. Ich kann es nicht erklären.

Und da ist Licht in dieser Dunkelheit. Da ist ein Ruf des Herzens, den ich schon jahrelang gespürt habe. Sie ist mein einziger Führer, diese Sehnsucht. Sie ist der Zug nach Hause.

Wir haben uns verirrt, ja, aber wir werden gehalten. Etwas sehr Altes winkt uns zu.

Bleib nahe bei mir. Atme, meine Liebste.

Ich werde dich nicht verlassen.

166 • Ich bin

Das Meer ist immer da, sogar in den kleinsten Wellen.

Und in den größten Wellen ist das Meer vollkommen sichtbar.

Deine Gegenwärtigkeit, dieses unveränderliche Gefühl des *Ich bin*, dieses einfache, intime Gefühl, lebendig zu sein, hier und jetzt, das niemand dir beibringen kann, das keinen Beweis braucht, keine äußere Bestätigung, das du intuitiv als dein allertiefstes Identitätsgefühl kennst, als deine Würde, als deine Macht, ist niemals fort, selbst nicht mitten im Schrecken, in der Verzweiflung, in der Wut, im allertiefsten Zweifel, in Wellen der Trauer, in der Scham. Es kann dich nicht verlassen. Keine Erfahrung kann es zerstören. Und jeder Gedanke, jeder Klang, jede Empfindung, jeder Traum, jede Erinnerung kommt auf und fällt zurück in diese grenzenlose und unzerstörbare Umarmung.

Es ist die Quelle. Es ist da, in der Stille und im Lärm. Es ist da, im Chaos und in der Ruhe. Es ist da, selbst in der Suche.

Es ist dir näher als dein nächster Atemzug. (Es atmet mit dir, als du.)

Es ist kein Objekt, keine Form, keine definierbare „Sache" und nimmt dennoch die Form aller Dinge an, tanzt wie Welten.

Und wenn du dich verloren hast, kannst du immer hier gefunden werden. Und wenn du zweifelst, dann ist hier die große Gewissheit. Und wenn du dich selbst nicht halten kannst, dann wirst du hier gehalten. Und wenn du dich von der Liebe abgeschnitten fühlst, dann wird auch dies geliebt, an diesem Ort.

Es ist, was du bist. Es ist das Leben selbst, unzerstörbar, frei.

Es ist die lebendige Wurzel jedes Gedankens, jeder Empfindung, jedes Traums. Es kann nicht verstanden werden, dennoch ist es sogar in jeder Verwirrung da.

Auf eine Million unterschiedliche Arten und Weisen hast du letztlich immer nur dich selbst gesucht.

Teil 13

Ruhe auf dem Weg, nicht am Ziel

167 • Der Ruf des Kriegers

Folge niemandem. Lausche, nimm auf, was du aufnimmst, aber folge ihm nicht. Wenn du jemandem folgst, dann fängst du an, dich zu fürchten. Folgen macht dich abhängig. Du schaust nur nach außen. Und derjenige, der dich führt, ist vielleicht selbst blind.

Verlasse den Weg, den man dir vorgeschrieben hat. Lasse die Landkarte einfach fallen. Sie gehört immer jemand anderem.

Fühlst du dich zurückgewiesen? Dann fühle dich halt so. Fühlst du dich wie ein Außenseiter? Dann fühle dich halt so. Fühlst du dich einsam? Dann fühle dich halt so. Tauche ein in diese Einsamkeit. Erforsche ihre Tiefen. Folge ihrem heiligen Rhythmus, schau, wohin er dich führt. Folge dem Atem, wie er aufkommt und abschwillt. Folge deinen Füßen, wie sie den Boden berühren. Folge dem Tanz der Empfindungen in deinem Körper.

Im Schweigen könntest du endlich in der Lage sein, ihn zu hören: Den wilden Ruf deines Herzens. Die Kraft in deinem Alleinsein. Diese unzerstörbare Verbindung zur Erde.

Dein Weg hat vielleicht viele Prüfungen, aber dein Ruf ist stark.

168 • Der Weg ist das Ziel

Plötzlich, aus welchem Grund auch immer, während du auf einem altbekannten Weg wandelst, nimmst du wahr, dass das Ziel wichtiger geworden ist als die Reise selbst. Dein Drang, das Ziel zu erreichen, hat jeden kostbaren Schritt unkonzentriert werden lassen. Du bist gegangen wie blind, unbewusst, nicht wirklich präsent, während du gingst, hypnotisiert von einer Zukunft, abgeschnitten und allein, aber auf einem altbekannten Weg.

Dann wechselt deine innere Ausrichtung, von einer vorgestellten zukünftigen Szenerie im Film deines Lebens zur wirklichen, gegenwärtigen Szene, hier, jetzt. Von dem, was dir nicht bewusst war, zu dem, was dir jetzt bewusst ist. Du spürst erneut deinen lebendigen Körper. Das Klopfen deines Herzens, deinen Atem, wie er ein- und ausströmt, die Weichheit des Bodens unter deinen Füßen, die sanfte Brise auf deinem Gesicht. Du hörst das Rascheln der Bäume um dich herum und das Bellen der Hunde in der Entfernung. Du fühlst dich unterstützt, endlich wieder, verbunden mit allem und jedem. Das Leben ist überall um dich herum explodiert, aber du warst auf etwas anderes konzentriert, auf eine andere Zeit, einen anderen Ort. Du bemerkst Spannung und Ermüdung in deinem ganzen Körper, Anspannung in deinen Schultern und deinen Ohren. Du vergibst dir dafür, wie sehr du dich vernachlässigt hast. Du bringst deine liebevolle, warme Präsenz zu den vernachlässigten Stellen und dies erlaubt der Spannung, sich zu entspannen und sich aufzulösen, so, wie sie es vermag.

Du bist erleichtert, endlich wieder zuhause zu sein, dir bewusst zu sein, dass du auf deinem Weg bist. Deine Hoffnungen und Ängste über die Zukunft verblassen im Vergleich zu dieser Unmittelbarkeit, zu dieser Lebendigkeit.

Du wirst schon zum Ziel kommen. Vielleicht. Aber genau jetzt ist der Weg das Ziel. Jeder Schritt erinnert dich, wie du leben willst. Jeder Atemzug ist ein kleiner Guru.

169 • Jetzt bist du wild

Manchmal gehst du ganz allein, und es ist spät, und du hast dich wieder verloren in deinen Traum der Vergangenheit und Zukunft, der Verluste des Gestern und des ungelebten Morgen, der Entscheidungen, die du getroffen oder eben nicht getroffen hast, der Worte, die du gesprochen oder nicht gesprochen hast. Die Erleuchtung von gestern fühlt sich an wie Millionen Jahre weg und die spirituelle Klarheit, von der du dachtest, du hättest sie gewonnen, verflüchtigt sich in den Abend.

Nun ist da nur noch das Geräusch deiner Schritte auf einem kalten Fußweg, das Rascheln der Bäume, bevor du einschläfst, das nackte Glühen der orangefarbenen Straßenlaternen und eine tiefe Melancholie, die in dir brennt. Du bist aus der Zeit herausgetreten, aus deinem Körper heraus, du findest dein Zuhause weder in deiner Form noch im Formlosen. Vielleicht bist du der einzige deiner Spezies auf dem ganzen Planeten. Vielleicht existierst du nicht einmal mehr. Vielleicht ist dies der Preis, den du für dein Erwachen zahlen musst, für dein Versprechen, dein Herz für alles zu öffnen, diese nie endende Frage, ob es überhaupt etwas Stabiles gibt, dieses Aufgeben jedes einzelnen Referenzpunktes.

Und dann, ganz plötzlich, erinnerst du dich: Dies ist das Leben! Aus welchem Grund auch immer: Du wendest dich deiner gegenwärtigen Erfahrung zu. Du hältst sie erneut wie eine Mutter, die ihr neugeborenes Kind in den Armen hält. Du konzentrierst dich auf das, was du hast, nicht auf das, was du verloren hast, auf das, was du siehst, und nicht auf das, was du vielleicht nie wieder sehen wirst. Deine Einsamkeit ist heilig, erinnerst du dich? Auch deine Zweifel sind nichts weniger als heilig. Der Abendwind streicht sanft über deine Wangen, wie ein Streicheln, wie ein Kuss, nicht wie eine Blockade gegen eine nur vorgestellte Zukunft.

Es ist in Ordnung, dich so zu fühlen, wie du dich fühlst. Es ist in Ordnung, dich vom Leben ein wenig gebrochen zu fühlen. Es ist okay, die Tiefen deiner selbst auszuloten. Es ist okay, zu vergessen und dich zu erinnern, dich zu erinnern und zu vergessen. Alle Bewegungen, alle Entwicklungen sind in der Weite angenommen, so wie der Boden die Bäume annimmt und wie der Himmel den Planeten annimmt, wie das Haus die Familie annimmt und wie die Geschichte deines Lebens in der unberührten Achtsamkeit dieser Nacht, der Nacht aller Nächte, willkommen ist.

Selbst deine Verbindungslosigkeit ist so verdammt verbunden. Es liegt etwas sehr Demut Vermittelndes darin, niemals in der Lage zu sein, zu einer endgültigen Schlussfolgerung zu kommen, etwas sehr Berührendes in deiner ursprünglichen Verletzlichkeit dem Abend gegenüber, in der Art und Weise, wie du von allem jetzt berührt wirst, in deiner Empfindsamkeit auch für die kleinsten Entwicklungen des Bewusstseins, für dein Herz, das sich einfach nicht mehr schließen kann.

Du schwörst, dass du niemals deine Liebe zu diesen Abenden verlieren wirst. Sie haben dir so viel gebracht.

Deine Präsenz ist kein Ziel, mein Freund, sie ist dein Boden.

Du bist jetzt wild und ungebunden.

170 • Kehre um, sofort!

Wenn du dich die ganze Zeit „gutfühlen“ willst,
dann bitte, glaube nicht, dass du je erwachen wirst.

Wenn du erwachen willst,
dann höre auf, dich „gutfühlen“ zu wollen.

Wenn du nach der ursprünglichen Wahrheit der Existenz strebst,
dann bitte, bereite dich auf das Zerplatzen deines Status quo vor.
Bereite dich vor auf dein Herzzerbrechen,
auf die Zerstörung deiner Träume.

Alles, was du über dich weißt,
wird in Millionen Stücke zerplatzen.

Bereite dich darauf vor,
ein unvorstellbares Leid in dir zuzulassen.
Das Leid aller einsamen Kreaturen,
die aus weit entfernten Universen nach dir rufen.
Es wird durch dich fließen, dich durchdringen,
bis in deinen tiefsten Kern.

Bereite dich auch vor auf unerträgliche Freuden,
du wirst dich fragen, warum dein Herz noch nicht explodiert ist.

Bereite dich vor auf eine Liebe, die deine Tränenkanäle ausdörren wird.
Bereite dich vor, auf deine Knie zu fallen, wieder und wieder,
voll Ehrfurcht, in Schrecken und in Dankbarkeit, in tiefster Ruhe.
Bereite dich vor, niemals wieder auf etwas vorbereitet zu sein.

Wenn du dich aber immer „gutfühlen“ möchtest,
wenn du Genuss ohne Schmerz willst, Freude ohne Leid,
Licht ohne Nacht, wenn du dich spirituell „gutfühlen“ willst,
dann bitte, bitte ich dich:

Kehre um!
Kehre um, sofort!

171 • Zu sterben, um zu leben

Warte nicht, bis du stirbst.
Du stirbst gerade jetzt.
Deshalb lebe.

Lebe diesen Tag, diesen kostbaren Tag, diesen unmittelbaren Tag, so schwanger mit seinem Potenzial, so voll mit seinen Wundern.

Morgen ist nur ein Wunsch, ein Versprechen, eine Hoffnung, eine Sehnsucht, eine Erwartung, ein glücklicher Traum.

Gestern hat seinen Zweck erfüllt.
Heute ist alles, was übrig ist.
Heute ist alles.
Spüre das Leben heute durch deine Venen pumpen.
Riskiere, sprich deine Wahrheit. Vergiss, dass es jemals so etwas gab wie Normalität.
Habe keine Erwartungen. Veranstalte ruhig ein Chaos. Ruiniere dein Image.
Lache über die Vorstellung eines festen „Selbst".
Opfere deine Gewissheit auf dem Altar der Lebendigkeit.

Sei hier, an diesem Tag.
Feiere seine Schmerzen und seine Freuden.
Sie sind dein, für immer.

172 • Dein Leben kann nicht schiefgehen

In Wirklichkeit ist deine Welt so eingerichtet, dass nichts *dir* geschehen kann, sondern dass alles *für* dich geschieht – für dein Erwachen, für dein Wachstum, für deine Inspiration, für deine Forschungsreise – selbst wenn du das vergisst oder es manchmal nicht sehen kannst, oder wenn du manchmal in Ablenkung oder Verzweiflung fällst.

Wenn es kein vorgegebenes Ziel gibt, dann kannst du dein Ziel niemals aus dem Auge verlieren und du kannst auch deinen Weg niemals verlieren. Deshalb kann nichts, das in deinem Leben geschieht, dich von deinem Weg abbringen. Denn dein Weg *ist* das, was geschieht, und das, was geschieht, *ist* dein Weg. Es gibt keinen anderen.

Alles ist ein Geschenk auf diesem unzerstörbaren Weg, den du dein Leben nennst – das Lachen und die Tränen, die Zeiten großen Leids und die Erfahrung allertiefsten Verlustes, der Schmerz und die Verwirrung, die Zeiten, in denen du glaubst, dass du es niemals schaffen wirst, selbst das überwältigende Herzzerbrechen deiner Liebe – selbst wenn du das manchmal vergisst oder absolut das Vertrauen in die ganze Show verlierst.

Aber selbst der Verlust deines Glaubens an die Show ist Teil der Show und selbst die Szene, wo „etwas ganz falsch läuft“, ist kein Zeichen davon, dass in der Show etwas falsch läuft. Deshalb bist du immer genau da, wo du sein sollst, glaube es oder nicht.

Du kannst dem Leben absolut vertrauen, selbst wenn das Vertrauen eine Million Lichtjahre entfernt scheint. Das Leben kann nicht falsch laufen, denn alles ist Leben und Leben ist alles. Verstehe dies, wisse es in deinem Herzen: Spiritualität ist zutiefst einfach, so einfach wie das Atmen, so natürlich wie das Nach-oben-Schauen zu den Sternen in der Nacht und das Fallen in eine stille Ehrfurcht.

Das Universum ist viel schöner, als du es dir jemals hättest vorstellen können

173 • Der unwegsame Weg

Glaube nicht, dass ein Gedanke oder ein Gefühl, wie negativ oder intensiv auch sie für dich sein mögen, eine Blockade auf deinem Weg darstellt. Sieh sie vielmehr als Verbündete, als einen Freund, als ein Willkommen oder als Führer auf deinem Weg. Einen unerwarteten Besucher, einen Mitreisenden.

Da der Weg kein festgelegtes Ziel hat, gibt es keine „richtige" Version des gegenwärtigen Augenblicks. Jeder Augenblick, ganz gleich, wie ungemütlich er sich auch anfühlt, ist nichts weniger als eine brillante Erscheinung deines Weges, der dich nicht von dem wegführt, wo du gerade bist, sondern dich im Gegenteil befreit von dem erschöpfenden Drang, irgendwo anders zu sein. Der Weg ist zwar kein sichtbarer Pfad und hat kein Ziel, nur eine aufregende Reise, aber kein Augenblick entlang des ganzen Weges ist ein Fehlschritt.

Es geht darum, dich in den Ort zu verlieben, an dem du gerade bist, in den Schritt, den du gerade tust. Und genau hier gibt es nur Verbündete, Führer, Freunde und Menschen, die dich weiterleiten. Neue Arten, etwas zu sehen, geniale Wege, an die du dich erinnern kannst.

Herausforderungen natürlich. Aber eine Bereitschaft, sich dem zu stellen, was immer sich am Wegesrand zeigt.

Das Einzige, das dich nie verlassen wird, mein Freund, ist das Eine, das du immer gesucht hast.

174 • Dein Leben, wenn du es wirklich annimmst

Widme heute dein Leben der Liebe, denn der Tod kommt näher. Das ist nicht deprimierend, das ist eben die Wahrheit und es ist immer die Wahrheit gewesen.

Der Tod kommt zu uns allen, zum Heiligen ebenso wie zum Sünder, zum Reichen ebenso wie zum Armen, zur Amöbe und zur Milchstraße, er kommt in der Nacht oder im strahlenden Tageslicht, er kommt unerwartet, oft ohne Warnung, er hat kein Interesse an deinen Plänen, deinen Träumen, was sein könnte. Er ist absolut unsentimental, ehrlich, ein freier Geist, ein Liebender – und hoffnungslos fehlinterpretiert.

Er kann den Film mitten in irgendeiner Szene ausstellen, wirklich in jeder Szene. Er macht keinen Unterschied. Die größte Liebesszene, die Szene unerträglicher Ekstase, die Szene, wo sich endlich alles in Wohlgefallen auflöst, die Szene des größten Erfolgs und der unendlichen Schmeichelei, die Szene, in der der Tod am weitesten entfernt scheint, auch mitten in der Szene, und er wird in dein Ohr flüstern: „Das ist es jetzt…lass los."

Ohne ihn würde das Leben seine ganze Bedeutung verlieren, denn die Bedeutung kommt nur in Verbindung mit oder durch den Tod, seine Endlichkeit und seine Gebundenheit. Unendliches Nichts kann für ein unendliches Nichts nichts bedeuten. Bewusstsein hat in sich keine Bedeutung. Der Tod verwurzelt uns alle in den Rhythmus des Lebens.

Wenn wir nie sterben würden, dann würden wir alles als gegeben hinnehmen. Jede Begegnung mit einem Freund oder einem Geliebten würde ihre Kostbarkeit verlieren. Wir würden unendlich viel Zeit haben, Scharten wieder auszuwetzen, gesund zu werden, zu dienen, zu lernen, zu geben, was wir zu geben haben. Es würde keinen Grund geben, kein Verlangen, unsere Trauer zu fühlen oder unsere allertiefsten Sehnsüchte oder unsere Wunden. Wir könnten das alles um 10 000 Jahre nach hinten verschieben.

Die Worte, die wir heute unbedingt sprechen wollten, die Wahrheit, die wir zum Ausdruck bringen wollten – wir könnten sie alle unendlich lange aufschieben und es würde nichts ausmachen. Unsere Tage würden ihre bittersüße Dringlichkeit verlieren. Wir würden uns vom Mysterium unserer Herzen abschneiden. Das Ego, mit seinen Ängsten, würde auf ewig regieren.

Unendlich viel Zeit, Leben ohne Tod, Yin ohne Yang würde das Leben auf vielfältige Weise nicht lebenswert machen, den Film nicht anschaubar, die Geschichte todlangweilig oder zu schrecklich, um sie sich anzuschauen. Wir würden uns selbst in der Kontemplation der wahren Möglichkeit des Schmerzes ohne Ende verlieren, der Sorgen ohne Stillstand, kein Ausweg mehr.

Für viele macht der Gedanke an ein Ende den Tag überhaupt erst erträglich, denn er bringt Erleichterung. Das Wissen über unsere Vergänglichkeit kann manchmal in unsere Tage eine Süße bringen und kann uns helfen, uns in Dankbarkeit zu verbinden, diesem wunderbaren Balsam, ohne den das Leben kalt und leer ist.

Endlichkeit ist kein Feind. Der Körper und seine Begrenzungen sind nicht unsere eigenen, dennoch sind sie auch Lehrer der Gnade.

Endlichkeit mit Unendlichkeit. Grenzen tanzen in der Grenzenlosigkeit. Eine Gleichung, die der menschliche Geist noch nie lösen konnte und es nicht einmal zu tun braucht.

Der Tod kommt näher, deshalb widme dein Leben jetzt dem, was niemals stirbt – der Liebe, dem Mitgefühl und der sanften Präsenz. Dehne dich aus in deine Weite der Liebe, nimm ein Universum in dein Herz. Wende dich dem Augenblick zu, deine Aufmerksamkeit macht ihn heilig.

Und wenn der Film abgeschaltet wird, dann wirst du dich vielleicht erinnern, dass der Film ein Geschenk war, egal, ob du ihn nun mochtest oder nicht. Und dann, gemocht oder gehasst, wird der gesamte Film auf eine einzige Erinnerung reduziert werden, und diese eine Gedankenform wird ins Nichts verschwinden und das Nichts wird sich auflösen in…

Oh. Ist das alles wirklich passiert? Ist dies ein Tod oder eine Geburt? Falle in das Nichtwissen. Ungetrennt vom Rätsel selbst. Zurück in die Große Gebärmutter, von der du nie getrennt warst, erlöst von den Stürmen der Zeit…

Du hast geliebt, mein Freund, und du bist deinen Weg gegangen und manchmal bist du auch gestolpert und du hast nicht alles geschafft, was du vor deinem Ende schaffen wolltest. Es gibt Aufgaben, die nicht erfüllt sind, Fragen, die übriggeblieben sind, Worte, die niemals ausgesprochen wurden, letzte Szenen, die niemand gesehen hat. Aber vielleicht war die totale Lösung eine Lüge, vielleicht waren deine Tage nur da, um geschmeckt zu werden, nicht um schön eingepackt zu werden.

Konzentriere dich auf das, was geschenkt wurde, nicht auf das, was dir weggenommen wurde und auch nicht auf das, was niemals sein wird.

Du hast geliebt, du hast es versucht, du hast mehr gegeben als nur dein Bestes, du hast andere berührt und wurdest umgekehrt zutiefst berührt, du hast deine Tage voll gelebt, alle die Tage, die dir geschenkt wurden, du hast gelacht und du hast geweint und nichts davon war weniger bedeutend, nur weil es irgendwann vorbei war.

Das Licht der Aufmerksamkeit ist jetzt heller, die Neugier stärker, die Präsenz wärmer, die Nähe tiefer. Es ging immer nur um die Reise, mein Freund, niemals darum, etwas zu erreichen, kein Ziel, niemals darum, die Ziellinie zu überschreiten. Du bist viel zu mutig für Ziellinien, viel zu lebendig für ein bestimmtes Ziel.

Die Bedeutung deines Lebens ist dein Leben, voll und ganz gelebt.

175 • Es gibt kein Ende

Es gibt nichts Ruhmreicheres als den Beginn des Weges. Dein Herz ist voll von Möglichkeiten, du tust deinen ersten Kinderschritt ins Unbekannte. Zitternd, aber lebendig, gehst du.

Es ging niemals darum, irgendwohin zu kommen, darum, eine Ziellinie zu erreichen, es ging immer nur darum, dich in die Anfänge zu verlieben. Und das Leben ist immer ein Anfang. Jeder Schritt, jeder Atemzug, jeder brandneue Tag, jede Einladung, dich hinzugeben, jeder Sonnenuntergang, jede Morgendämmerung, jede Welle der Freude oder des Leids, jede Möglichkeit zu vertrauen.

Die Wellen des Meeres hören nie auf. Sie fallen nur zurück ins Meer, ihre Quelle. Und dann kommen sie wieder, bäumen sich hoch auf, fallen zurück, spielen wie Kinder der Unendlichkeit, gehalten in unaussprechlicher Liebe. Von der Perspektive der Quelle aus gesehen ist überhaupt nichts geschehen, außer dem Tanz. Das Ende ist der Anfang und der Anfang ist das Ende, jedenfalls in der Weite der Präsenz.

In der Pause treffen wir uns. Ich kenne dich nicht und du kennst mich nicht. Zusammengebracht durch das Schicksal oder die Möglichkeiten tanzen wir in der Tiefe des Ozeans.

Und wenn du keinen Sauerstoff mehr hast, dann atme ich dich.

176 • Dein neuer Weg

Du weißt nicht genau, wohin du gehst. Und du kannst nicht zurückgehen zu dem Ort, von dem du gekommen bist. Es ist ganz natürlich, dass du nun Angst hast, und Angst braucht überhaupt nur gefühlt zu werden. In jedem Jetzt werden eine Milliarde zukünftiger Möglichkeiten geboren und sterben, eine Milliarde möglicher Leben werden bis zur Vollendung gelebt oder nicht und du wanderst hier, am Ursprung davon, weiter. Bleibe dem Leben nah, am Ort, wo es sich abspielt. Schaue nur zurück, um deine Unschuld zu feiern.

Du kannst erwarten, dich manchmal bodenlos zu fühlen, denn alles wird in Ungewissheit fallen, während du weitergehst. Leiste dem Drang zu wissen keinen Widerstand, aber suche dein Heiligtum nicht dort. Denn es gibt in Wirklichkeit eine Sicherheit darin, wenn du fällst – du kannst immer nur tiefer in dich selbst hineinfallen.

Manche mögen diese Reise ein Risiko nennen, aber das einzig wahre Risiko besteht darin, in Selbstzufriedenheit zu leben. Der einzig wahre Schmerz besteht in der mangelnden Bereitschaft, ihn zu fühlen. Du wirst alle deine alten Sicherheiten verlieren, aber du wirst bald entdecken, dass sie nie, niemals real waren.

Müde der Lügen, angewidert von den einfachen Antworten, wirst du voll Erstaunen zusehen, wie der alte Weg zusammenbricht und ein strahlender neuer Weg sich seinen Weg bahnt, mit jedem Schritt, den du tust. Dein einziger Führer jetzt ist dein Herz, und deine Atemzüge und der Klang deines eigenen Lebens (das dir jetzt so nahe ist) und eine Weisheit, die gegründet ist in ruhmreichem Zweifel.

Dein Herz klopft vielleicht stark, deine Beine zittern vielleicht, und vielleicht fühlst du dich unsicherer als jemals zuvor, aber du bist lebendig, meine Liebste, du bist lebendig.

177 • Warum du nicht scheitern kannst

Du kannst nicht scheitern.

Du kannst vielleicht manchmal auf deine Knie fallen, ja, und du kannst dich in den Krümeln zerplatzter Träume wiederfinden. Träume, die noch gestern so real schienen, als du jünger warst als heute, und voll Hoffnung, als du noch Zeit zum Träumen hattest und alles so sicher schien, wie eine Kindheit, so reich an Licht und Farbe und Anfängen, an denen das Ende so weit weg scheint, und es dennoch endete.

Und dann schreist du: „Altes Leben, wohin bist du verschwunden, warum hast du mich verlassen, wo bin ich in die Irre gegangen?“ Aber du kannst nicht scheitern.

Du kannst einen Weg gehen oder nicht gehen, den du kennst oder nicht, du kannst umkehren, deine Richtung verlieren, dich wundern, an welcher Stelle du den Weg verlassen hast, die Karte verlieren und die anderen verlieren und dich selbst verlieren, indem du dich wunderst, du kannst stolpern und in der Dunkelheit hinfallen. Aber du kannst nicht scheitern.

Du kannst deine Zukunft verlieren, oder wenigstens deinen Traum von der Zukunft, oder wenigstens die Hoffnung auf einen Traum über das Morgen, das kommen oder nicht kommen mag, du magst die Träume von gestern über das Morgen verlieren, die in keiner Weise wie das Heute aussahen, aber du kannst nicht scheitern.

Du kannst anhalten, einmal tief durchatmen, spüren, wie dein Herz in deiner Brust schlägt, du kannst den Schwall des Lebens in deinem Körper spüren wie den Schwall eines gebrochenen Herzens, Enttäuschung, Verzweiflung oder irgendein anderes, uraltes Verlangen, das du niemals auch nur benennen konntest, ganz zu schweigen davon, dass du es befriedigen konntest, dich so offen und verletzlich und ohne Antworten zu fühlen, wie du es tatest, als du ein kleines Baby warst, das von der unkontrollierbaren Kakophonie des Lebens völlig überwältigt war und nicht wusste, ob der nächste Schritt nach vorn dich nach hinten bringen würde oder der nächste Schritt rückwärts dich nach vorn brächte – aber du kannst nicht scheitern.

Du kannst in der Tat auf den Boden fallen, erschöpft, die Nase voll von dem ewigen Gegenteil der Möglichkeiten und des Chaos, mit all den Entscheidungen und Erwartungen und dem Druck, der niemals aufzuhören schien, dem Klang und der Wut, ein Mensch zu sein, der sich zu schnell bewegt, und du fühlst dich so langsam und du kannst dich selbst auf dem Boden spüren, und du kannst spüren, wie der Boden dich hält, und du kannst seine Stabilität spüren, die Art und Weise, wie er dich hält, ohne dass du jemals darum gebeten hättest, aber du kannst nicht scheitern.

Du kannst nicht scheitern, weil du jetzt einen Atemzug nimmst, du hast einen weiteren Atemzug geschenkt bekommen, dein Herz schlägt und du weißt, dass du lebendig bist. Viel mehr weißt du nicht, du weißt auch nicht, was der nächste Schritt sein wird, aber vielleicht, irgendwo tief in deinen Knochen, gibt es eine Ahnung eines Schrittes, den du jetzt machen sollst, und vielleicht ist der nächste Schritt der, überhaupt keinen Schritt zu tun, sondern der, dass du endlich deinen Atem wahrnimmst, dass du endlich spürst, wie dein Bauch sich hebt und senkt, an diesem neuen Tag deines neuen Lebens, und spürst, wie deine müden Füße endlich fest auf dem Boden aufgepflanzt sind, auf einer neuen und stabileren Erde, die immer noch aus dem Dünger der alten Erde hervorgeht und von deinen Ahnen, die hier begraben sind – ein Boden, der dich aufrecht hält, der dir zu atmen erlaubt und zu stehen oder nicht zu stehen oder zu fallen oder dich zu wundern, was die Zukunft für dich bringen wird, weil alles in die Ungewissheit gestürzt ist, zurück in das Chaos, aus dem alles kam. Aber du kannst nicht scheitern.

Deine alte Art zu leben ist endgültig vorbei, aber du kannst nicht scheitern. Eine Art zu leben, die nicht mehr für dich funktionierte, über die du hinausgewachsen warst, die jetzt zu klein für dich geworden war, die deine Größe begrenzen würde, die du bist, die das ist, was wirklich gescheitert ist, verwelkt, gestorben, zurückgekehrt in den fruchtbaren Boden. Aber du bist nicht gescheitert. Eine alte Identität, eine Rolle ist verschwunden, ein Charakter, den du gespielt hast, hat sich ausgespielt, ein überholtes Drehbuch aus einem überholten Film ist dir weggenommen worden, mit Worten, die sowieso niemals deine eigenen Worte waren, Worte, die du gestern gesprochen hast, aber die du auch gestern schon nicht wirklich so gemeint hast, weil du vielleicht in deinen Zellen selbst schon wusstest, dass das Morgen kommen und die Wahrheit mit sich bringen würde, die Wirklichkeit, die dich aufbrechen würde, so, wie du dir das niemals hättest vorstellen können. Aber du kannst nicht scheitern. Die Formen mögen sich verändert haben, die Rollen haben sich gewandelt, die alten Identitäten haben sich aufgelöst in eine größere Einheit, das ist alles, eine, die mehr Möglichkeiten enthält und Leben und Kreativität, als du dir jemals hättest vorstellen können, aber du kannst nicht scheitern.

Du kannst nicht scheitern, weil du lebendig bist und du atmest, den Atem eines sprudelnden Kosmos, jedes Einatmen ein Sieg, jedes Ausatmen eine Feier, nicht deine, wie du werden solltest, sondern wie du, wie du wirklich bist. Du kannst nicht scheitern, weil du jetzt in deinem Herzen präsent bist, dem Herzen, das so lange vernachlässigt worden ist. Du bist gezwungen worden, mit deinem Herzen in Kontakt zu sein, und all die Erfolge der Welt hätten dir niemals das Geschenk geben können, das du nun bekommen hast. Das Geschenk des Scheiterns und dich zu wenden an dieses Scheitern, die Möglichkeit, dir selbst nahezukommen, dich selbst zu halten und nicht länger darauf zu warten, gehalten zu werden, das Geschenk des Einatmens und des Ausatmens und des Bemerkens, welch ein Wunder dieser Atem ist, des Gefühls, wie dein Bauch sich hebt und senkt, und das nicht länger als selbstverständlich hinzunehmen. Des Fühlens der primitivsten Gefühle, die voll Weisheit sind und durch deinen Körper strömen und nicht länger von ihm weg in eine Art Zukunft, an die du sowieso nur teilweise geglaubt hast.

Du bist nicht gescheitert, weil du endlich angekommen bist. Du bist nicht gescheitert, weil du dich wieder an dich selbst erinnert hast, hier und jetzt, dich an das Geschenk erinnert hast, das du vergessen hattest, aus Angst zu scheitern. Das Schlimmste aber ist schon geschehen, deshalb kannst du dich jetzt in dieser auftauchenden neuen Welt ausruhen.

Es gibt kein Scheitern außer dem, dich selbst im Stich zu lassen, wenn du die Kostbarkeit jedes Moments ignorierst. Du kannst dich vielleicht wie ein Versager fühlen, ja, du kannst weinen und schreien und Gott verfluchen und das Universum und das Schicksal und das Karma und die Einheit der Planeten und das ganze Drumherum, aber du kannst nicht scheitern. Denn selbst deine Tränen, dein Weinen, dein tiefstes kehliges Jammern ist heilig und wird vom Leben umarmt, und die Tatsache, dass du jetzt in Kontakt mit dir selbst bist, nicht länger abgestumpft, sondern deiner Abgestumpftheit gegenüber lebendig, erwacht in deinem Schmerz und deiner Freude, ist ein Zeichen, dass du endlich auf dem richtigen Weg bist.

Und der Weg, von dem du dachtest, es sei der richtige Weg, der richtige Weg, der sich als der falsche Weg herausstellte, weil er dich zum Scheitern brachte, war letztlich der richtige Weg, weil dein Scheitern dein Durchgang war, und genau deshalb bist du nicht gescheitert. Es gibt keinen richtigen Weg und auch keinen falschen, sondern nur den Weg, auf dem du bist.

Alles löst sich sowieso irgendwann in Erinnerungen auf, in die Nacht, und du weißt jetzt, wie du dir selbst nahe bleiben kannst. Jeder Weg, auf dem du gehst, wird dich nur hier hinführen. Du magst vielleicht wieder den falschen Weg wählen und wieder von einem Scheitern träumen und dann wirst du aufwachen und atmen und die Kostbarkeit eines weiteren Momentes auf diesem seltsamen und wunderschönen Planeten spüren, der sich um seine Achse dreht, und du wirst erneut wissen, dass du auf deinem Weg bist. Der Weg endete und fing an nur mit dir, und jenseits von Erfolg oder Scheitern bist du nun erwacht und fragst Fragen, die du vorher niemals gefragt hättest, und kommst dem nahe, was wirklich zählt, und fühlst Dinge, die du ein Leben lang vermieden hast, und es fühlt sich eigentlich gar nicht so schlecht an. Über das Scheitern nachzudenken, ist tausendmal schlimmer, als es tatsächlich zu erleben. Und du brauchst nur einen Augenblick davon zu erleben.

Was einst wie ein Alptraum erschien, ist gar keiner. Es ist einfach der nächste Atemzug und das nächste Klopfen des Herzens und diese Empfindungen, die in deinem Bauch tanzen und in deiner Kehle und der Klang der Vögel, die vor dem Einschlafen singen und die Abendbrise und die Katze, die sich auf deinen Füßen zusammenrollt und dieses uralte Gefühl, gebrochen, aber lebendig zu sein, gebrochen, aber so verdammt lebendig und letztlich ungebrochen.

Bereit, hier zu sein, den Mut zu haben, hier zu sein, trotz deiner ganzen Geschichte, trotz all dem, was geschehen oder nicht geschehen kann, wenn du diesen unbeschrittenen Pfad in eine neue Zukunft entlanggehst. Du wirst diesen Augenblick, unvollkommen, wie er sein mag, keinem Moment vorziehen. Du wirst dieses Leben annehmen, dieses Scheitern, diesen Erfolg, diese Freude, diesen Schmerz, diesen Mut, dieses Rätsel, diese großartige Geschichte, die sich entfaltet, und du wirst sie lieben – du wirst sie lieben, sogar, wenn du es schwer findest, sie zu lieben, selbst wenn du sie überhaupt nicht lieben kannst. Du wirst das lieben, du wirst deine Unfähigkeit lieben, es manchmal nicht zu lieben.

Du kannst nicht scheitern, denn du kannst nicht definiert werden, du kannst nicht eingeschlossen werden, du kannst nicht etwas sein, was du nicht bist. Und du bist das Leben, du bist jeder einzelne heilige Atemzug, du bist jenes Gefühl des Wunders, das du hattest, als du ein Kind warst und noch nicht gelernt hattest, was Scheitern ist, du bist Abenteuer und die Bereitschaft, zu fallen und wieder aufzustehen, erneut zu fallen und wieder aufzustehen, zu fallen… aufzustehen und dich abzubürsten und dich aufzurichten, weil es letztlich eine Würde im Fallen gibt und eine Würde im Zugeben, dass es mit dir noch nicht zu Ende geht, darin, dich selbst zu erinnern, dass du nicht über alles, was passiert, die Kontrolle hast und dass du manchmal ein wenig mehr Demut lernen musst, was du noch nicht wusstest.

Deine Geschichte ist noch nicht abgeschlossen. Alle großen Helden fallen und zweifeln manchmal an sich und stehen oft an dem Punkt, aufzugeben. Mut ist keine brutale Stärke und auch nicht die Abwesenheit von Angst, sondern die Bereitschaft, dich wieder wie ein kleines Baby zu fühlen, alles in Zweifel zu ziehen und dann aufzustehen, aufzugeben und dann aufzustehen, zu scheitern, zu fallen, auszuruhen. Und weiter auszuruhen. Und aufzustehen. Und zu atmen. Und dann, aus der Asche deines Seins, wird ein neues „Ja!" zum Leben entstehen, kraftvoller als jemals zuvor, weil du die gesamte Kraft dessen, was sie dein Scheitern nannten, absorbiert hast.

Aber was wissen sie denn schon von deinem Mut?

Und vielleicht wirst du wieder scheitern und wieder, aber dir macht es nichts mehr aus, denn du bist bereit, zu scheitern, erfolgreich zu sein und zu scheitern, weil du nun in deiner Tiefe weißt, dass du nicht scheitern kannst. Das Leben ist nun ein Abenteuer geworden, nicht der Versuch, niemals zu scheitern, nicht die Verzweiflung, erfolgreich sein zu müssen, sondern die Möglichkeit, dich nun genau an der Stelle zu lieben, dich selbst so nah zu halten, während du nun endlich den Weg deines Herzens gehst, vielleicht angstfreier jetzt als jemals zuvor, der gelegentlichen Zerstörung vertrauend und den unausweichlichen falschen Abbiegungen, die sich dann als der richtige Weg herausstellen.

Du hast deinen Weg nicht verloren, sondern gefunden. Du hast dein Herz nicht verloren, sondern bist ihm näher gekommen. Du hast die Furcht nicht überwunden, sondern hast sie dir endlich zum Freund gemacht. Du bist nicht gescheitert, denn du kannst nicht scheitern. Dein Herz hat sowieso noch niemals von einem Scheitern gehört. Diese menschliche Sprache war sowieso immer zu klein für dich.

Die Dinosaurier sind auch nicht gescheitert. Sie haben gelebt und bis das Feuer kam, haben sie jeden Moment genossen. Und die letzten wenigen Dinosaurier, die nach oben in den brennenden Himmel sahen, sahen vielleicht voll Wundern nach oben. Danke euch, dass ihr mir das Leben geschenkt habt. Danke euch, dass ihr mir das Leben geschenkt habt.

Und siehe da, eine neue Erde.

Über den Autor

Jeff Foster studierte Astrophysik an der Universität Cambridge. Mit Mitte 20, nach einer langen Zeit der Depression und Krankheit, wurde er süchtig nach der Vorstellung von einer „spirituellen Erleuchtung“ und brach auf zu einer spirituellen Suche nach der letzten Wahrheit des Lebens.

Diese spirituelle Suche brach zusammen, als er die non-duale Natur von Allem klar erkannte und das Außergewöhnliche im Gewöhnlichen entdeckte. In der Klarheit dieser Erkenntnis wurde das Leben zu dem, was es immer schon war: offen, liebevoll, nahbar und spontan. Jeff blieb zurück mit einem tiefen Verständnis der grundlegenden Illusion, die dem menschlichen Leid zugrundeliegt, und einer Liebe zum gegenwärtigen Moment.

Jeff gibt derzeit weltweit Seminare und private Einzelsitzungen.
Besuche ihn auf lifewithoutacentre.com

Weitere Bücher aus dem Verlag Via Nova:

Radikales Erwachen

Nimm dich im Alltag ganz an

Jeff Foster

2. Auflage

Hardcover, 256 Seiten, ISBN 978-3-86616-282-2

Jeder spirituell Suchende sehnt sich nach Einssein, Freiheit und bedingungsloser Liebe, „anzukommen" und im Hier und Jetzt vollständig aufzuwachen. Wer es liest, begegnet keinem neuen spirituellen Konzept, keiner Theorie, sondern der Einfachheit, Schönheit und Tiefe einer überwältigenden Erfahrung. Lebensnah, humorvoll, berührend und im besten Sinne radikal in seiner Direktheit zeigt Jeff Foster, wie die vollkommene Akzeptanz des Lebens und der Gefühle zur Freiheit führen und alles verwandeln kann. In jeder Zeile ist spürbar, dass er aus der eigenen lebendigen Erfahrung schöpft, und so geraten wir schon beim Lesen in den erfrischenden Sog der Freiheit.

Der Gesang des Windes

Eine Parabel vom Leben und der Liebe

Jill A. Moebius

Hardcover, 216 Seiten, ISBN 978-3-86616-310-2

Omar, ein junger Hirte, sehnt sich nach Wahrheit und einem erfüllten Leben. Als er einem wandernden Weisen begegnet, beginnt eine spannende Reise, umrahmt von der magischen Welt des Orients. Auf der Suche nach dem größten Schatz lernt er den Zauber wahrer Liebe kennen, entdeckt die verborgenen Geheimnisse der Schöpfung und findet zu tiefstem inneren Glück. Eine poetische Erzählung voller Weisheit, die die Seele träumen lässt.

Sinn finden auf der Fahrt des Lebens

Freude, Frieden und Glück in sich erfahren

Urs-Beat Fringeli

Taschenbuch, 176 Seiten, ISBN 978-3-86616-291-4

Machen Sie sich bereit für eine abwechslungsreiche, fantastische „Sinn - reise" und lassen Sie sich - ganz entschleunigt - zu den wunderbarsten inneren Orten navigieren, die zeigen, wie wir in jedem Moment unseres Lebens, Vertrauen finden können. Denn Sinn zu erfahren, kann tatsächlich gelernt und trainiert werden! Nicht nur das zeigt dieses Buch, sondern es schärft auch die Sinne dafür, im Alltäglichen stets das Wesentliche und Sinnhafte zu erkennen. Lassen Sie sich mitnehmen auf eine der vielleicht sinnvollsten Leseerfahrungen Ihres Lebens und lassen Sie sich inspirieren von einem neuen Blick auf die Welt, der Ihnen dauerhaft innere Freude und Erfüllung schenken kann.

Aufbruch zum Durchbruch

Die 10 Prinzipien ganzheitlicher Lebensgestaltung
Boris Pikula

Hardcover, 192 Seiten, ISBN 978-3-86616-314-0

„Viel wichtiger als das, was Sie einmal waren, ist, wer Sie vorhaben zu sein". Und jetzt - immer nur jetzt! - ist der Moment, aus dem Gewohnten herauszutreten und sich neuen Erfahrungen zu öffnen. Worauf warten? Nutzen Sie dieses wegweisende Buch zum intensiven Überdenken und „Nachspüren" Ihres gegenwärtigen Lebens! Zu allen Lebensthemen gibt es nicht nur wertvolle Inspirationen und Impulse, sondern auch ganz pragmatische Hinweise, sein Leben sinnvoll und rundum erfüllend zu gestalten. Denn der Wandel beginnt immer in einem selbst. Nutzen Sie eine grandiose Chance für sich selbst, um endlich „aufzubrechen" in eine neue Dimension des eigenen Daseins! Die Zeit ist reif!

Über den eigenen Schatten springen

Vom Ego in die Liebe zum Leben
Claus Eurich

Hardcover, 224 Seiten, ISBN 978-3-86616-315-7

Leben wir in einer Zeit des Übergangs? Vieles spricht dafür! Alte Denkweisen und Handlungsstrategien scheinen den heutigen Herausforderungen der Menschheit nicht mehr gerecht zu werden. Was braucht es also für den nächsten Schritt der menschlichen Evolution? Jedenfalls ein grundlegend neues Verständnis über das Menschsein, der psychologischen, philosophischen und spirituellen Hintergründe seiner bisherigen Entwicklung und vor allem: heilsame Einsichten und Erkenntnisse! Dies alles finden Sie in diesem Buch, das uns im Tiefsten erinnern lässt an die großartigen schöpferischen Potentiale, die in uns stecken, wenn wir nur lernen, unser Ego-Bewusstsein zu transzendieren. Entdecken Sie notwendig neue und heilsame geistig-spirituelle Horizonte - tiefgründig, empathisch, hoffnungsvoll!

Burnout durch Ayurveda vorbeugen

Ganzheitliche Empfehlungen für einen stressfreien Alltag
Manuela Kaps / Dr. Liane Kornberger

Paperback, 240 Seiten, 30 Fotos, 5 Tabellen, ISBN 978-3-86616-320-1

Die Zahl der Menschen, die sich von den Anforderungen des Berufslebens und des Alltags überfordert fühlen, steigt rapide. Das indische Gesundheitswissen des Ayurveda kann hier auf vielfältige Weise vorbeugend unterstützen und neue Sicht- und Umgangsweisen vermitteln, wie wir unser Leben entspannter und gelassener meistern können Die Autorinnen dieses Buch kennen als ehemalige Manager in einem Konzernunternehmen sowohl die Belastungen des modernen Berufslebens als auch die tief heilsamen Wirkungen des Ayurveda, insbesondere zur erfolgreichen Burn-Out-Prävention. Das Buch vermittelt nicht nur wichtige Grundlagen der traditionellen indischen Heilkunst, sondern gibt viele leicht umzusetzende Empfehlungen, wie wir unsere innere Balance wiederfinden oder erst gar nicht verlieren.

Partnerschaft und spirituelles Leben

Gemeinsam in ein höheres Bewusstsein

Chuck Spezzano

Hardcover, 272 Seiten, ISBN 978-3-86616-329-4

Mit gewohnt durchdringender Bewusstseinsklarheit und mitfühlender Menschenkenntnis öffnet der weltberühmte Weisheitslehrer mit den Botschaften dieses Buches unsere Herzen und unsern Geist für ein tiefes spirituelles Verständnis von Partnerschaft. In seiner unvergleichlichen Weise erinnert er uns daran, im Anderen, in uns selbst und in allen Prozessen, die in der Begegnung stattfinden, das Göttliche zu erkennen. Welche Widerstände und Schwierigkeiten wir auch immer in und durch unser Partnerschaft erfahren, sie sind die großen Wegweiser für unsere Heilung. Und wahre Heilung kann nur in und durch die Liebe geschehen. Dieses grandiose „Meisterwerk der Liebe" zeigt uns, wie wir gemäß unserer göttlichen Natur ein erfüllendes Miteinander leben können.

Weckruf für die neue Zeit

Bewusstseinswandel zum wahren Selbst

Wolfgang G. Esser

Paperback, 288 Seiten, ISBN 978-3-86616-332-4

Das vorliegende Buch konfrontiert uns mit den harten Fakten einer dramatischen Weltsituation und ruft zugleich auf mit neuem Bewusstsein selbst „der Wandel zu sein, den man sich in der Welt wünscht". Unbewusst übernommene und selbstentfremdend wirkende Lebensweisen, gilt es aufzulösen und den „Ego-Tunnel zu verlassen" (Thomas Metzinger). Lassen Sie sich bestärken von diesem pragmatisch-spirituellen Weckruf „endlich aufzuwachen" und lassen Sie sich an die Essenz Ihres Mensch-Seins erinnern. Schonungslos ehrlich. Informativ, tiefgründig, voller Hoffnung und Zuversicht ermuntert uns dieses Buch, hier und heute im Licht eines neuen Bewusstseins zu handeln, und sein Leben zu gestalten.

Sanftmut

Ein effektiver Weg, Egoismus abzubauen

Ingrid Antons

Paperback, 224 Seiten, ISBN 978-3-86616-360-7

Wenn in unseren Herzen Transformation stattfindet und wenn Qualitäten wie Empathie, Empfindsamkeit, Geduld und Wertschätzung in unser aller Leben mehr Raum bekommen, dann wird sich diese Welt verwandeln, so das Credo dieses Buches. Die Autorin stellt dar, wie Sanftmut als gestaltende Kraft und wahrhaftige Stärke mit Zukunft krankhaften Egoismus überwinden und zu einem neuen Umgang mit sich selbst und im Miteinander führen kann. Das Buch macht deutlich, wie wertvoll Sanftmut für viele Menschen heute schon ist, und zeigt, wie man sich als Sanftmütiger in dieser Welt behaupten kann, ohne seine innere Haltung aufgeben zu müssen. Es enthält alltagstaugliche Tipps, die helfen, egoistische Verhaltensweisen zu überwinden, sanftmütiger zu werden und neue Werte in die Welt zu bringen.

Erfahre dein wahres Selbst

Eine Reise in die Weite des Seins

Matthias Dhammavaro Jordan

Paperback, 224 Seiten, ISBN 978-3-86616-361-4
E-Book: ISBN 978-3-86616-411-6

„Wer bin ich eigentlich wirklich - hinter all den Gefühlen, Gedanken, Persönlichkeitsanteilen, Masken und inneren Stimmen?" Haben Sie sich diese Frage auch schon mal gestellt? Dann haben Sie mit diesem Buch nun die gute Chance, darauf wirklich eine Antwort zu finden. Denn dem ehemaligen buddhistischen Mönch gelingt es hier, tiefe spirituelle Weisheit und zeitlose Wahrheiten in großer Leichtigkeit und Lebendigkeit für jeden unmittelbar verständlich und erfahrbar darzustellen. Anhand praktischer Anleitungen, anregender Inspirationen, alltäglicher Geschichten und wirkungsvoller Übungen werden wir geleitet und motiviert, uns selbst zu erforschen und unser wahres Selbst zu finden. Und da wartet eine ganz neue Freiheit, Stille, Kraft, Klarheit, Freude und der weite Raum. Willkommen zuhause!

Aufstand für das Leben

Vision für eine lebenswerte Erde

Claus Eurich

Hardcover, 120 Seiten, ISBN 978-3-86616-378-2

Keine Frage: Wir leben in einer sehr besonderen Epoche der Menschheitsgeschichte und vielleicht entscheidet sich jetzt gerade die Zukunft unserer Spezies. Sich ungeschönt all die negativen Entwicklungen zu vergegenwärtigen und zugleich Mut und Hoffnung zu bewahren, scheint kein leichtes Unterfangen. Dass dies möglich und nötig ist - und zwar in tiefgründigster Weise - ,zeigt dieses Buch mit Bravour. Anspruchsvoll reflektiert, nuanciert betrachtet und profund in historische und gegenwärtige Zusammenhänge gestellt, begegnen wir hier der unveränderlichen Kraft des Visionären. Diese Erkundungen am Rande des Möglichen und Machbaren sind ein überzeugend kraftvolles Plädoyer für das lichtvolle „Sichausrichten" in Gegenwart und Zukunft. Ein einzigartiger philosophisch - spiritueller Lesegenuss!

Das Wasser des Lebens

Zen – Weisheit in den Märchen

Ermin Döll

Paperback, 144 Seiten mit 10 farbigen Bildern, ISBN 978-3-86616-388-1

Ermin Döll zeigt uns in diesem wundervoll gestalteten „Schatzbuch der Lebensweisheit", wie wir unsere altbekannten Märchen ganz neu lesen und erfahren können. Zugleich gelingt es dem Autor, im westlichen Leser Verständnis für die Spiritualität des Zen zu wecken. Die bunte Welt der Geschichten wird zu einem lebendigen Abbild unserer eigenen inneren Reise. Das tiefe Wissen über Zen, Meditation und Selbstentwicklung spiegelt sich wieder in der faszinierenden Weise, wie der Autor die Märchen neu zu interpretieren vermag. Denn ob Märchen oder „reale Welt" – wir sind alle auf der Suche nach Glück und Erfüllung, nach Heilung und Ganzwerden. Die zeitlose Weisheit der Märchen kann uns den Weg zur eigenen inneren Quelle offenbaren und für den Alltag Hilfe und Orientierung sein! Die farbigen Bilder der Künstlerin Martini Rieser-De Veen verstärken die Wirkung.